ABITUR-TRAINING DEUTSCH

Fritz L. Hofmann

Gedichte analysieren und interpretieren

STARK

ISBN 978-3-89449-881-8

© 2009 by Stark Verlagsgesellschaft mbH & Co. KG
www.stark-verlag.de

Das Werk und alle seine Bestandteile sind urheberrechtlich geschützt. Jede vollständige oder teilweise Vervielfältigung, Verbreitung und Veröffentlichung bedarf der ausdrücklichen Genehmigung des Verlages.

So soll es sein

Zwecklos und sinnvoll
soll es sein
zwecklos und sinnvoll
soll es auftauchen aus dem Schlamm
daraus die Ziegel der großen Paläste
entstehen um wieder zu Schlamm zu zerfallen
eines sehr schönen Tages

zwecklos und sinnvoll
soll es sein
was für ein unziemliches Werk
wäre das
zur Unterdrückung nicht brauchbar
von Unterdrückung nicht widerlegbar
zwecklos also
sinnvoll also

wie das Gedicht.

Günter Kunert

Aus: Günter Kunert: Im weiteren Fortgang.
München: Carl Hanser 1974

Inhalt

Vorwort

Grundlagenkapitel
Gedicht und Interpretation 1
1 Lyrisches Gedicht und poetischer Text 1
2 Spezifische Gestaltungsmittel eines Gedichts 6
3 Interpretation lyrischer Texte 12
3.1 Textbedeutung und Interpretation 12
3.2 Die Gedichtinterpretation als Aufsatz 15

Interpretation eines Dinggedichts
Conrad Ferdinand Meyer: Zwei Segel 19
Text 19
Aufgabenstellung 19
1 Erschließen der Aufgabenstellung 20
2 Verfassen der Einleitung 21
3 Untersuchung der äußeren Form des Textes 23
4 Analyse der inneren Form des Textes 24
5 Gesamtdeutung 25
6 Abschließende Wertung 25

Interpretation eines Erlebnisgedichts
J. W. v. Goethe: Willkommen und Abschied 27
Text 27
Aufgabenstellung 28
1 Erschließen der Aufgabenstellung 28
2 Verfassen der Einleitung 28
3 Untersuchung der äußeren Form des Gedichts 29
4 Analyse der inneren Form 30

Interpretation eines hermetischen Gedichts
Ingeborg Bachmann: Dunkles zu sagen 33
Text 33
Aufgabenstellung 33
1 Erschließen der Aufgabenstellung 34
2 Verfassen der Einleitung 36
3 Untersuchung des äußeren Aufbaus und
  der inneren Form des Gedichts 37
4 Gesamtdeutung 40

Interpretation einer Hymne
Johann Wolfgang von Goethe: Prometheus 41
Text 41
Aufgabenstellung 42
1 Erschließen der Aufgabenstellung 43
2 Verfassen der Einleitung 44
3 Untersuchung der äußeren Form des Textes 45
4 Analyse der inneren Form 46
5 Gesamtdeutung 48
6 Das Gedicht im Kontext der Epoche 49

Interpretation einer Ballade
Friedrich Schiller: Die Bürgschaft 51
Text 51
Aufgabenstellung 54
1 Erschließen der Aufgabenstellung 55
2 Verfassen der Einleitung 56
3 Textbeschreibung: Darbietungsform und äußere Form 57
4 Analyse der inneren Form 58
5 Die Ballade in ihrem geistesgeschichtlichen Kontext 60

Interpretation eines Sonetts
Rainer Maria Rilke: Spätherbst in Venedig 61
Text 61
Aufgabenstellung 61
1 Erschließen der Aufgabenstellung 62
2 Verfassen der Einleitung 63
3 Untersuchung der äußeren Form des Gedichts 64
4 Analyse der inneren Form 65
5 Einordnung in die literaturgeschichtliche Epoche 67

Interpretation eines Großstadtgedichts
Georg Heym: Die Stadt 69
Texte 69
Aufgabenstellung 70
1 Erschließen der Aufgabenstellung 71
2 Verfassen der Einleitung 72
3 Untersuchung der äußeren Form 73
4 Analyse der inneren Form 73
5 Sprecherhaltung als Aspekt der Gesamtdeutung 74
6 Das Gedicht in seinem Kontext 76
7 Schluss 76

Exkurs: Barockes Lebensgefühl und lyrische Kunstfertigkeit
Christian Hofmann von Hofmannswaldau: Vergänglichkeit der Schönheit... 77
Text 79
Aufgabenstellung 79
1 Erschließen der Aufgabenstellung 79
2 Verfassen der Einleitung 80
3 Untersuchung der äußeren Form 81
4 Analyse der inneren Form 81

Der Gedichtvergleich als Prüfungsaufgabe: J. W. v. Goethe: Der Musensohn /
Bertolt Brecht: Schlechte Zeit für Lyrik 83
Die Aufgabe der vergleichenden Gedichtinterpretation 83
Vorgehen bei der Materialsammlung (Stoffsammlung) 84
Der Aufbau des Aufsatzes (Niederschrift) 84
Texte 85
Aufgabenstellung 86
1 Erschließen der Aufgabenstellung 87
2 Verfassen der Einleitung 88
3 Aspektorientierter Textvergleich 90

Lösungen 93
Conrad Ferdinand Meyer: Zwei Segel 93
J. W. v. Goethe: Willkommen und Abschied 105
Ingeborg Bachmann: Dunkles zu sagen 114
Johann Wolfgang von Goethe: Prometheus 124
Friedrich Schiller: Die Bürgschaft 140
Rainer Maria Rilke: Spätherbst in Venedig 151
Georg Heym: Die Stadt 162
Christian Hofmann von Hofmannswaldau:
    Vergänglichkeit der Schönheit.. 175
J. W. v. Goethe: Der Musensohn /
    Bertolt Brecht: Schlechte Zeit für Lyrik 182

Fachbegriffe 193

Literaturhinweise 197

Bildquellenverzeichnis 198

Autor: Fritz L. Hofmann

Vorwort

Liebe Schülerin, lieber Schüler,

die **Gedichtinterpretation** und der **Gedichtvergleich** zählen zu den zentralen Aufgabenarten im Deutschunterricht der Oberstufe und in der Abiturprüfung. Da es sich bei lyrischen Texten im Vergleich mit Texten anderer literarischer Gattungen um besonders dicht strukturierte, komplexe sprachliche Gebilde handelt, ist Erfahrung im Umgang mit Gedichten hilfreich. Dieser Trainingsband möchte Sie deshalb dabei unterstützen, systematisch den Sinngehalt von Gedichten zu analysieren und Ihre Ergebnisse überzeugend und klar gegliedert in einem Interpretationsaufsatz darzulegen.

Die grundsätzlichen Besonderheiten des Gedichts und ihre Bedeutung für die Interpretation werden im einleitenden **Grundlagenkapitel** ausführlich thematisiert.

In den **Übungskapiteln** 1 bis 3 wird zunächst am Beispiel dreier Gedichte unterschiedlicher Art die **textimmanente Interpretation** trainiert, also jener Ansatz, der sich allein auf den Inhalt und die sprachliche Gestaltung eines Gedichts konzentriert. Dabei wird auch darauf eingegangen, wie der subjektive Verstehenshorizont des Lesers einbezogen werden kann beziehungsweise einbezogen werden sollte.

Anschließend werden in den Übungskapiteln 4 bis 7 komplexere, **werkübergreifende Erschließungsverfahren** geübt, die textexterne Faktoren wie beispielsweise biografische, geistesgeschichtliche oder historisch-soziale Kontextbedingungen berücksichtigen und so zu einem vertieften und umfassenderen Textverständnis führen. Da hierbei die im weitesten Sinne historische Dimension der Gedichte von besonderer Bedeutung ist, sollen die herangezogenen Texte gleichzeitig auch verschiedene literaturgeschichtliche Epochen und ausgewählte lyrische Genres repräsentieren. Die Anordnung ist deshalb chronologisch und erlaubt Ihnen, wichtiges Grundwissen zu einzelnen Epochen und Gedichtformen aufzubauen.

In dem letzten Übungskapitel geht es um die **vergleichende Interpretation von Gedichten**, eine in der Abiturprüfung ebenso beliebte wie ergiebige Aufgabenvariante, weil der eine Text immer eine Folie bildet, auf deren Hintergrund sich die Eigenart des anderen umso besser abhebt. Diesem letzten Teil ist in einem Exkurs die **Interpretation eines Barocksonetts** vorangestellt, die zugleich eine Wiederholung der typischen Eigenheiten dieser Epoche bietet. Aufgrund der streng formalisierten und normierten Machart von Barocklyrik lassen sich diese Kennzeichen gut lernen und in einer Prüfung reproduzieren.

Sie sollten bei der Arbeit mit dem Trainingsband die einzelnen Teilaufgaben selbst lösen. Im hinteren Teil des Buches finden Sie dann **ausführliche Lösungen**, die Ihnen die Selbstkontrolle ermöglichen.

Die hier angebotenen Lösungen wollen Ihnen möglichst viele interpretatorische Aspekte vorführen. Wahrscheinlich wird Ihr Aufsatz nicht den Umfang haben, den die Summe der hier angebotenen Teillösungen umfasst. Wichtig ist jedoch, dass Sie Ihren Blick für die Eigenheiten lyrischer Texte schulen und lernen, das gefundene Material in eine **sinnvolle Ordnung** zu überführen. Diese bildet die Grundlage für eine **ausführliche Deutung** und damit für einen inhaltlich und sprachlich gelungenen Aufsatz.

Die **Merkkästen** in den einzelnen Kapiteln und das **Glossar** am Ende des Buches enthalten Grundwissen zu lyrischen Texten und ihrer Interpretation. Dieses sollten Sie unmittelbar vor der Prüfung noch einmal gezielt wiederholen.

Verfasser und Verlag wünschen Ihnen viel Durchhaltevermögen, aber auch Freude beim Interpretieren der Gedichte und natürlich bei der Abiturprüfung viel Erfolg!

Fritz L. Hofmann

Grundlagenkapitel: Gedicht und Interpretation

1 Lyrisches Gedicht und poetischer Text

Voraussetzung für das Verfassen einer Gedichtinterpretation ist ein angemessenes Verständnis für die besondere Art des Gegenstandes in Abgrenzung zu Epik und Dramatik. Ebenso sollte man sich über die Aufgabe der Interpretation als eine auf Verstehen zielende Auseinandersetzung mit dem dichterischen Text im Klaren sein.

Die folgenden Vorüberlegungen gehen von einer idealtypischen Ausprägung von Lyrik aus. Man muss sich jedoch stets bewusst halten, dass es daneben zahlreiche Misch- und Grenzformen des Lyrischen gibt (und literarisches Verstehen einer Eigengesetzlichkeit folgt).

Was Gedichte von anderen Gattungen der ästhetischen Literatur wie z. B. Roman, Novelle oder Kurzgeschichte am auffälligsten unterscheidet, ist ihre äußere Form: Sie sind in aller Regel in metrisch gebundener Sprache und – schon im Druckbild erkennbar – in **Versform** abgefasst, im Unterschied zur Prosa also der **Poesie** zugehörig. Die Gattung Gedicht bietet jedoch

Paul Gauguin (1848–1903): *Stillleben mit Früchten*

selbst wieder ein breites Spektrum an poetischen Genres, die sich hinsichtlich ihres poetischen Ausdruckswertes teilweise deutlich unterscheiden und deren Grenzen fließend sein können, wie sich etwa an Lessings Untertitel „Ein dramatisches Gedicht" zu seinem Schauspiel *Nathan der Weise* zeigt.

Am Beispiel der beiden folgenden Gedichte (beziehungsweise Ausschnitte aus Gedichten) soll diese Bandbreite näher illustriert und insbesondere der Frage nachgegangen werden, was das Besondere lyrischer Texte ausmacht.

Text A

Herr von Ribbeck auf Ribbeck im Havelland,
Ein Birnbaum in seinem Garten stand,
Und kam die goldene Herbsteszeit
Und die Birnen leuchteten weit und breit,
5 Da stopfte, wenn's Mittag vom Turme scholl,
Der von Ribbeck sich beide Taschen voll,
Und kam in Pantinen ein Junge daher,
So rief er: „Junge, wiste 'ne Beer?"
Und kam ein Mädel, so rief er: „Lütt Dirn,
10 Kumm man röwer, ick hebb 'ne Birn."
So ging es viel Jahre, bis lobesam
Der von Ribbeck auf Ribbeck zu sterben kam.
Er fühlte sein Ende. 's war Herbsteszeit,
Wieder lachten die Birnen weit und breit;
15 Da sagte von Ribbeck: „Ich scheide nun ab.
Legt mir eine Birne mit ins Grab."
Und drei Tage drauf, aus dem Doppeldachhaus,
Trugen von Ribbeck sie hinaus,
Alle Bauern und Büdner mit Feiergesicht
20 Sangen „Jesus meine Zuversicht",
Und die Kinder klagten, das Herze schwer:
„He is dod nu. Wer giwt uns nu 'ne Beer?"
So klagten die Kinder. Das war nicht recht –
Ach, sie kannten den alten Ribbeck schlecht;
25 [...]

Aus: Theodor Fontane: Herr von Ribbeck auf Ribbeck im Havelland. In: Theodor Fontane: Werke, Schriften und Briefe. Herausgegeben von Walter Keitel und Helmuth Nürnberger. Abteilung I. Band 6. 2. Auflage. Darmstadt: Wissenschaftliche Buchgesellschaft 1978, S. 255 f.

Text B

Oktoberbüsche, kahl und nass,
verfaulter Nüsse Riss.
Im rauhreifübereisten Gras
des Nebels kalter Biss.
5 Wie eine Wabe, ausgeleert,
die Sonnenblume starrt.
Der Wind, der durch die Dornen fährt,
klirrt wie ein Messer hart.

Aus: Peter Huchel: Herbst der Bettler. In: Peter Huchel: Gedichte. München: Piper Verlag 1967, S. 18

(Das Gedicht erschien 1933. Inzwischen werden meist nur noch die hier angeführten beiden letzten Strophen unter dem Titel „Herbst" als selbstständiges Gedicht veröffentlicht.)

Aufgabe 1 Lesen Sie die beiden Texte. Inwieweit erkennen Sie in der äußeren Form und in der Sprachverwendung Gestaltungselemente, die Ihnen typisch für ein Gedicht erscheinen?

Lösungsvorschlag:
Auf die Gattung Gedicht verweisen in beiden Texten Eigentümlichkeiten der äußeren Form und der Gebrauch sprachkünstlerischer Mittel:
- Versstruktur des Druckbildes,
- Metrum und Reim (auch Binnenreim in Text A: V. 8),
- teilweise vom standardsprachlichen Gebrauch abweichende (aber nicht als fehlerhaft empfundene) besondere Sprachverwendung: Wortwiederholungen, gleichförmige Satzstrukturen (Parallelismus) in Text A und ausgeprägte Bildhaftigkeit des Sprechens sowie teilweise elliptischer Satzbau in Text B; in beiden Texten finden sich Inversionen.

Es handelt sich somit beide Male um eine **poetische** Textkonstitution.

Aufgabe 2 Versuchen Sie ansatzweise, beide Gedichte in Prosa umzuwandeln und eine Inhaltsangabe zu verfassen. Inwieweit gelingt dies?

Lösungsvorschlag:
Ein grundlegender Unterschied ergibt sich beim Versuch der Umwandlung in eine andere Darbietungsform:
- Bei Text A gelingen die Umwandlung in Prosa und die Inhaltsangabe problemlos. Abgesehen von der Qualität des Kunstcharakters, bleiben Aussage und Sinn unverändert.
- Bei Text B gehen dagegen durch die Umformulierung entscheidende Aspekte von Aussage und Wirkung verloren; ganz unmöglich ist eine Inhaltsangabe, denkbar allenfalls eine Textbeschreibung.

Aufgabe 3 Prüfen Sie, inwieweit sich beide Texte in ein anderes Medium (zum Beispiel einen Film oder einen Comic) übertragen lassen.

Lösungsvorschlag:
- Möglichkeit der Übertragung in ein nichtsprachliches Medium bei Text A: zum Beispiel (Stumm-)Film, Zeichentrickfilm oder Bilderserie;
- keine Möglichkeit zu solchen Transformationen oder (trotz der Bildhaftigkeit des Textes) zu einer bildlichen Darstellung (z. B. Stillleben) ohne Verlust entscheidender Wirkungsmomente.

Die beiden Gedichte repräsentieren offenbar verschiedene poetische Genres.

Aufgabe 4 Vertiefen Sie diese Beobachtung durch einen Vergleich der Sprechersituation und der Rolle der Natur in beiden Gedichten.

Lösungsvorschlag:
Sprechersituation und Rolle der Natur in **Text A**:
- Ein auktorialer Erzähler (vgl. den kommentierenden Einschub in V. 23 f.) erzählt einem gedachten Leser/Hörer ein vergangenes (fiktives) Geschehen im epischen Präteritum: eine „Geschichte".
- zahlreiche Zeitangaben im Text und die eine ganze Zeitspanne zusammenziehende Raffung (V. 11) als Verweis auf das **kontinuierliche Fortschreiten von Geschehen** und Erzählvorgang in der Zeit;
- Herbstnatur als äußerer Rahmen für die Wohltaten des Protagonisten (symbolischer Verweis auf Erntezeit und Fülle);

Sprechersituation und Rolle der Natur in **Text B**:
- Der (im Text nicht anwesende) Sprecher erzählt keine Geschichte: z. B. fehlen handelnde Figuren, der gestaltete „Vorgang" unterliegt keinem zeitlichen Kontinuum.
- Gestaltung eines aus dem zeitlichen Nacheinander herausgenommenen **Augenblicks** der Natur im Spätherbst (Präsens der Zeitlosigkeit);
- keine „Beschreibung" dieses Augenblicks, die sich auf eine schon vor dem Gedicht vorhandene außertextliche Wirklichkeit bezieht, sondern „Evokation" (Erweckung) einer entsprechenden Vorstellung des Lesers (Hörers) durch spezifisch **lyrische Gestaltungsmittel**;
- die im lyrischen Vorgang sich entfaltende „Welt" (hier: Naturausschnitt) als Ergebnis der vom Dichter eingesetzten Gestaltungsmittel;
- der Sprecher (das lyrische Ich) als Vermittler dieses Vorgangs nach außen hin: selten an einen außenstehenden Adressaten gerichtet, meistens monologisch zu sich selbst sprechend, oft ohne als Subjekt explizit in Erscheinung zu treten.

Die bisher festgestellten Unterschiede lassen sich dahingehend zusammenfassen: Bei Text A handelt es sich um ein **Erzählgedicht**, im vorliegenden Fall um eine **Ballade**, bei Text B um ein **lyrisches Gedicht** im eigentlichen Sinne. Poetische Texte dieses Genres zeichnen sich vor allem dadurch aus, dass sie auf keiner (nacherzählbaren) Geschichte gründen und unlösbar an das Medium der Sprache gebunden sind.

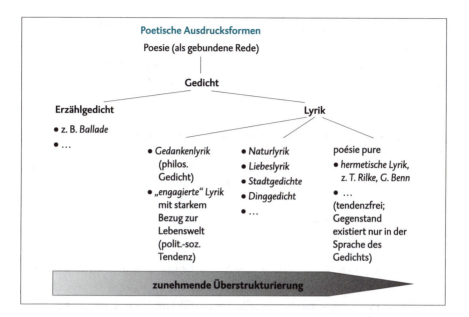

UNTERSCHIEDLICHE GEDICHTARTEN

Je nach Unterscheidungsaspekt kann man Gedichte unterschiedlichen Gruppen zuordnen. Wählt man die äußere Form als Kriterium, erhält man eine begrenzte Gruppe von Gedichten, die jeweils einer festen Bauform folgen und dadurch auch einen eigenen, genretypischen Charakter erhalten. Die häufigsten Gedichtformen dieser Art sind:

- die **Ballade** als Abfolge mehrerer gleichförmiger Strophen, in denen ein Geschehen episch, das heißt erzählend, und mit poetischen Mitteln dargeboten wird;
- das **Lied**, speziell das Volkslied, das in seiner schlichten äußeren Form (meist vier- bis sechszeilige Strophen mit einfachem Reimschema und Versmaß) und seinem einfachen, oft volkstümlichen Inhalt vor allem als gesungenes Lied mündlich überliefert wurde;
- das **Sonett**, bestehend aus zwei Quartetten und zwei Terzetten, die durch ein kunstvolles Reimschema verbunden und überwiegend im fünfhebigen Jambus (im Barock: Alexandriner) abgefasst sind. Aufgrund seiner klaren äußeren Zweiteilung transportiert das Sonett häufig einen antithetischen Gedankengang.
- die **Ode** als strenge, strophisch gegliederte Form (oft in antikem Metrum, so bei Hölderlin), behandelt erhabene Gegenstände, meist in feierlicher Anrede an ein Gegenüber. Eng verwandt mit der Ode in der (quasi-religiösen) Haltung des lyrischen Ich zum Gegenstand ist die **Hymne**, deren intensivem Gefühlsausdruck seit der Empfindsamkeit und dem Sturm und Drang eine Auflösung der strengen Odenform entspricht.

Geht man dagegen vom Gegenstand des Gedichts (auch seinem Thema) oder seinem Motivbestand aus, ergeben sich beispielsweise Gruppen wie **Liebes-**, **Natur-**, **Großstadt-** und **Gedankenlyrik** oder etwa **politische Gedichte** und **Dinggedichte**.

Bevor Sie sich in den Übungskapiteln dieses Buchs den für das Abitur typischen Aufgabenstellungen zuwenden, ist es sinnvoll, sich zunächst die Untersuchungsbereiche von Gedichten bewusst zu machen. Sie bilden das Grundwissen, über das Sie verfügen müssen, um lyrische Texte erschließen zu können.

2 Spezifische Gestaltungsmittel eines Gedichts

Welches sind nun im Einzelnen die Gestaltungsmittel, die Peter Huchels Gedicht *Herbst* zu einem spezifisch lyrischen (Herbst-)Gedicht machen?

Aufgabe 5 Sprechen Sie das Gedicht einmal oder mehrmals laut. Wie wirkt es auf Sie?

Lösungsvorschlag:

- Abweichend von vielen anderen Herbstgedichten, in denen diese Jahreszeit als Zeit der Ernte und Fülle der Natur erscheint, ist das bei diesem Gedicht in der Vorstellung entstehende Bild bestimmt von Leere und Trostlosigkeit in der Natur, was auf den Winter vorausweist.
- Sie werden unter Umständen einen Bezug zwischen diesem spezifischen Naturbild und Ihrer eigenen oder der menschlichen Situation schlechthin herstellen. Damit schreiben Sie der Gedichtaussage eine über die Bedeutung des Wortlauts (**denotative** oder lexikalische **Bedeutung**) hinausgehende Aussage über das menschliche Leben als zusätzliche assoziative (**konnotative**) **Bedeutung** zu.
- Dieser Gesamteindruck lässt sich nicht trennscharf auf isolierte Einzelelemente des Textes (z. B. allein auf den Bedeutungsgehalt – die Semantik – der verwendeten sprachlichen Zeichen) zurückführen.

Egon Schiele (1890–1918): *Kleiner Baum im Spätherbst*

- Die Bedeutung des Gedichts entsteht, indem die **Gesamtstruktur mit Bedeutung aufgeladen wird**, wobei alle Bedeutung tragenden Ebenen miteinander verknüpft sind. Dazu gehört auch die im Hören aufgenommene Klanggestalt (Lautung, Metrum und Rhythmus).

Aufgabe 6 Welche sprachlichen und formalen Gestaltungsmittel haben zu der Wirkung des Gedichts beigetragen? Erläutern Sie jeweils ihre Funktion.
Benutzen Sie die folgende Unterscheidung von Untersuchungsaspekten als Orientierungshilfe:

Untersuchungsaspekte lyrischer Texte
- Ebene der lexikalischen (wörtlichen) Bedeutung
- Ebene der konnotierten zusätzlichen Bedeutungen
- Ebene der sprachlichen Besonderheiten
- Ebenen von Lautung, Metrum und Rhythmus

Lösungsvorschlag:
Ebene der **lexikalischen Bedeutung** (zum Beispiel):
- Nennung weniger isolierter Erscheinungen der Natur im späten Oktober als konkrete Bilder: kahle und nasse Büsche, verfaulte, rissige Nüsse, Gras im Raureif, Nebel, vertrocknete Sonnenblumen, Wind in Dornenhecken;
- stärkere Wirkung von Anschaulichkeit und Plastizität dieser poetischen Bilder als bei einer sachlich-abstrakten Formulierung dieser Situation. Bilder rufen beim Rezipienten Erinnerungen wach, setzen Stimmungen frei und rühren an tiefere Gefühlsschichten.
- Im Zusammenwirken dieser sprachlichen Bilder entsteht ein Herbstbild, das in seiner Unwirtlichkeit den nahen Winter vorwegnimmt.
- Auffällige Attributverwendung: „verfault[]" (V. 2), „rauhreifübereist[]" (V. 3) und „ausgeleert" (V. 5) verweisen als Partizip-Perfekt-Konstruktionen auf zum Stillstand gekommene Vorgänge, auf die Endgültigkeit des in ihnen ausgedrückten trostlosen Zustands.

Erweiterung der denotativen Bedeutung durch **Metaphorik**: Intensivierung der Wirkung bestimmter Sprachbilder durch ihre besondere sprachlich-stilistische Struktur und durch ihr Zusammenspiel mit anderen Strukturelementen:
- Vergleiche „Wie eine Wabe, ausgeleert" (V. 5) und „klirrt wie ein Messer hart" (V. 8) verleihen dem Naturbild in der zweiten Strophe über Assoziationen des Lesers beziehungsweise Hörers die zusätzlich mitschwingende Bedeutung von Trostlosigkeit und Bedrohung.
- Vorbereitung dieses Aussageakzents durch die Metapher „des Nebels kalter Biss" (V. 4) und die Wortneuschöpfung „rauhreifübereist" in der ersten Strophe: die metaphorische Gleichsetzung des kalten Nebels mit einem Biss erweckt einen verstärkten Eindruck der Gefährdung.

Bedeutungshervorhebung durch **syntaktische Besonderheiten** (Abweichungen vom standardsprachlichen Satzbau):
- Hervorhebung und Isolierung von Nomen und Attributen durch asyndetische Reihung und Fehlen von Verben (1. Strophe);
- in Verbindung damit und durch kurze Wörter sowie nachgestellte Attribute (V. 1) entstehen Pausen im Sprechablauf, dadurch eindringliches Nachschwingen der Bedeutung vorhergehender Einzelaussagen;
- ähnlich stauende Wirkung von Inversionen in II, 1 f. und durch das nachgestellte „ausgeleert" (V. 5), das durch seine Isolierung am Versende zusätzlich gewichtet wird;
- besondere Betonung weiterer Adjektive, Partizipien und des finiten Verbs „klirrt" (V. 8) durch ihre Stellung am Versbeginn oder Versende.

Ebene der **metrischen Struktur:**
- unauffällige, einfache metrische Gestalt: zwei vierzeilige Strophen mit alternierend vierhebigem und dreihebigem Jambus; Kreuzreim (in II, 3 unsauber);
- bedingt durch ausnahmslos männliche Kadenzen und harte Zäsuren an den Versenden in Verbindung mit teilweise stockender Sprechbewegung (vgl. den besonderen Satzbau und zahlreiche kurze Wörter): grundsätzlich gestauter Rhythmus; dadurch auch Überspielen des in den Versen 3 und 4 sowie 5 und 6 im Ansatz vorhandenen Enjambements;
- Tendenz zum Melancholischen;
- Tonbeugungen, die durch gegenmetrische Betonung erzeugt werden, zu Beginn der Verse 5 und 8: Die durch das abweichende Betonungsmuster herausgehobenen Ausdrücke „Wabe", „klirrt" und „Messer" werden so zu Schlüsselwörtern für das Bedrohliche des Herbstes.

Die **Laut- und Klanggestalt** als eigene Ebene der Semantisierung: Selbst wenn man vom Bedeutungsgehalt der herausgehobenen Wörter und Schlüsselbegriffe absähe und beim Zuhören allein vom Klangbild ausginge, würde dieses eine eigene Ebene der Semantisierung bilden:
- zahlreiche unangenehme *s*- und lautmalerisch schnarrende *r*-Laute in Verbindung mit dem zweimaligen schrillen *i*-Laut als Grundlage einer eigenen Bedeutungsschicht, die, unabhängig vom lexikalischen Kontext, dem Gedicht einen disharmonischen Charakter verleiht;
- bei der Aufnahme des Gedichts als Ganzes durch einen Hörer oder Leser wirkt diese Schicht akzentuierend und verstärkend mit bei der Verknüpfung aller anderen Gestaltungsmittel zu einer Gesamtbedeutung.

Dies bedeutet ganz allgemein: Der durch grammatische Strukturen hergestellte Sinnzusammenhang zwischen den Wörtern des Gedichts wird durch formale Gestaltungsmerkmale überformt – die Form selbst ist Träger der Bedeutung. Durch diese **Überstrukturiertheit poetischer**, speziell **lyrischer Texte** gegenüber der eher eindimensional angelegten Prosa wächst dem lyrischen Gedicht ein **Bedeutungsüberschuss** zu, der zur besonderen Intensität seiner Rezeption beiträgt. Er ist auch der Grund dafür, dass es grundsätzlich unmöglich ist, einen lyrischen Text durch Paraphrase auf eine Art thesenhafte „Aussage" oder gar seinen „Inhalt" reduzieren zu wollen.

Aufgabe 7 Formulieren Sie Ihre persönliche Reaktion auf das Gedicht. Worauf führen Sie sie zurück?

Lösungsvorschlag:
Die Interpretation eines dichterischen Textes kann sich nicht in seiner Zergliederung als literarisches Objekt erschöpfen. Sie bedeutet auch, sich persönlich darauf einzulassen, hier: das vom Dichter entworfene Herbstbild auch auf die eigene Person und Situation zu beziehen. Herausgefordert wird diese Ausweitung der im Gedicht gestalteten Sicht des Herbstes auf den menschlichen Bereich – und der damit sich einstellende direkte Bezug zum Rezipienten – unter anderem durch folgende Aspekte des Textes:
- Die Personifikation der (starrenden) Sonnenblume und der Vergleich des Windes mit einem Messer, einem menschlichen Utensil, rücken das Naturbild in die menschliche Sphäre.
- Analogie der im Gedicht behandelten Jahreszeit Herbst (genauer: Spätherbst) und des drohenden Winters zu den menschlichen Lebensaltern.

Wenngleich im vorliegenden Gedicht kein Symbol im engeren Sinne vorkommt, erlangt das komplexe Naturbild durch diese Übertragung auf das menschliche Leben doch **symbolische Qualität**. Es transformiert einen Ausschnitt aus der realen Natur-Welt symbolisch und verweist so auf einen tieferen Seinszusammenhang: auf die Haltung des Menschen gegenüber Vergänglichkeit und Tod. Auch darin, dass das Gedicht von der Natur und der Welt spricht, aber den Menschen meint, erweist es sich als Idealtypus des lyrischen Textes.

Das sich auf diese Weise einstellende Bild für den menschlichen „Herbst des Lebens" hat Alter und Sterben bereits in sich aufgenommen und ist gekennzeichnet durch Leere und Trostlosigkeit. (Wer belesen genug ist, fühlt sich unwillkürlich – auch vom Klang her – an die beiden letzten Verse von Hölderlins Gedicht *Hälfte des Lebens* erinnert: „Sprachlos und kalt, im Winde / Klirren die Fahnen.") Als Leser muss man sich diese Sicht des Herbstes nicht zu eigen machen, aber indem man sich einmal probeweise darauf einlässt und sie reflektiert, erfährt man eine Erweiterung seines Horizonts, vielleicht sogar seiner ganzen Person.

Die wichtigsten Merkmale eines lyrischen Gedichts
1. Im lyrischen Gedicht wird keine Geschichte erzählt.
2. Beim lyrischen Vorgang handelt es sich meist um eine zeitenthobene Momentaufnahme.
3. Der lyrische Text ist überstrukturiert, das heißt, zusätzlich zu den eigentlichen semantischen (denotativen) Strukturen werden auch alle formalen Strukturebenen (zum Beispiel Lautung, Vers und Rhythmus) zu Bedeutungsträgern. Die Bedeutung entsteht somit aus einem Zusammenspiel von Inhalt, Form und Sprache.
4. Im semantischen Bereich wird die denotative Bedeutung durch den Aufbau zusätzlicher konnotativer Bedeutungsebenen erweitert.
5. Konnotationen werden vor allem durch die für Lyrik charakteristische ausgeprägte Bildersprache begünstigt.
6. Die Bildersprache im Gedicht ist häufig „uneigentliche" Rede, deren „eigentliche" Bedeutung sich erst im Gesamtkontext des Gedichts erschließt.

Egon Schiele (1890–1918): *Vier Bäume*

DIE HÄUFIGSTEN METREN (Versmaße)

Unter **metrisch gebundener Sprache** versteht man die im Allgemeinen regelmäßige Abfolge von betonten (Hebungen) und unbetonten Silben (Senkungen). Die kleinste metrische Einheit, bestehend aus einer Hebung plus einer oder mehreren Senkungen, ist der Versfuß (Takt). Das eigentliche Metrum bezeichnet die Art und Anzahl der Takte, die einen Vers (Gedichtzeile) ausmachen.

Jambus (steigende Bewegung): unbetonte Silbe, betonte Silbe

x x́ | x x́ | x x́ | (x)	
O Tä ler weit, o Hö hen,	weibliche Kadenz
x x́ | x x́ | x x́ |	
O schö ner, grü ner Wald	männliche Kadenz

Trochäus (fallende Bewegung): betonte Silbe, unbetonte Silbe

x́ x | x́ x | x́ x | x́ x |	
Dunkle Giebel, hohe Fenster	weibliche Kadenz
x́ x | x́ x | x́ x | x́ |	
Türme tief aus Nebeln sehn	männliche Kadenz

Daktylus: betonte Silbe, zwei unbetonte Silben

x́ x x \| x́ x x \| x́ x x \| x́ x x (x)
Nimmer, das glaub mir, er scheinen die Götter ...

Anapäst: zwei unbetonte Silben, eine betonte Silbe

x x x́ \| x x x́
wie mein Glück, ist mein Lied

Alexandriner (typischer jambischer Vers des Barock)

sechshebiger jambischer Reimvers mit **Zäsur** nach der dritten Hebung:

x x́ x x́ x x́ \| x x́ x x́ x x́
Was dieser heute baut reißt jener morgen ein

Freie Rhythmen, freirhythmische Verse

x x́ x, x́ x x́
und übe, Knaben gleich,
x x́ x x́
der Disteln köpft,
x x́ x x́ x x x́ x
An Eicheln dich und, Bergeshöhn!
x́ x x́ x x́ x
Mußt mir meine Erde
x x́ x x́
Doch lassen stehn ...

(Abhängig von der Emphase des Sprechers sind auch andere Betonungsakzente denkbar.)

Kennzeichen: keine feste strophische Gliederung, unregelmäßige Verslänge, Reimlosigkeit, Fehlen eines festen Metrums. Jeder Vers verfügt über eine beliebige Zahl von Hebungen, zwischen denen entweder keine oder bis zu vier unbetonte Silben als Senkungen stehen können. Freie Rhythmen sind typisch für die **Hymnensprache** des jungen Goethe im **Sturm und Drang**.

3 Interpretation lyrischer Texte

3.1 Textbedeutung und Interpretation

> Ein Gedicht entsteht überhaupt sehr selten –
> ein Gedicht wird gemacht.
> (Gottfried Benn: *Probleme der Lyrik*)

Diese Aussage eines Dichters zeigt, dass Gedichte nicht Zufallsprodukte oder Ergebnis unerklärlicher Inspirationsakte sind, sondern dass es sich dabei um bewusste und absichtsvolle Hervorbringungen von Autoren handelt. Die Beschäftigung mit Peter Huchels Gedicht hat zudem deutlich werden lassen, dass Werke der Dichtung grundsätzlich auch eine Deutung von Welt im weitesten Sinne bieten und sinnhaltig sind. Diesem Sinn spürt die Interpretation nach.

Beim dichterischen Text muss man dabei grundsätzlich von zwei unterschiedlichen Bedeutungsaspekten ausgehen: zunächst von einem stabilen, das heißt von historischen und individuellen Bedingungen des Lesers unabhängigen, invariablen Sinn, der **Bedeutung an sich**. Es hat sich aber gezeigt, dass dieser Sinn nicht einfach als ein Aussagekonzentrat mit dem Text mitgeliefert wird, sondern sich nur über die Analyse der Gesamtstruktur erschließen lässt. Die Bedeutungszuweisung als Verknüpfung von Analysebefunden leistet der Leser, dem damit eine entscheidende Rolle bei der Bedeutungskonstitution zukommt.

Der Leser oder Hörer begegnet dem Text jedoch nicht voraussetzungslos. Seine Situation wird von eigenen Gefühlen, Vorstellungen, Erwartungen, von Tendenzen der Zeit, in der er lebt, sowie weiteren, etwa alters- und bildungsabhängigen Voraussetzungen (Erfahrungen) bestimmt, sodass sein Textverständnis seine weitgehend persönliche Reaktion auf den Text darstellt. Die sich so für jeden einzelnen Leser (oder auch für den Autor in einem späteren Lebenszusammenhang) ergebende **variable Bedeutung** des Textes wird in den seltensten Fällen mit der Aussageabsicht (Intention), die den Dichter bei der Arbeit am Text leitet, vollkommen zur Deckung kommen.

Dies heißt jedoch nicht, dass die Sinnkonstitution des Lesers willkürlich sein kann. Nur der ungeschulte Leser wird den Text als offene „Partitur" auffassen und dem Gedicht eine lediglich auf subjektive Assoziationen gründende Bedeutung zuweisen. Als Textverständnis ergäbe sich so eine beliebige Projektion der Vorstellungen (Vor-Urteile) des jeweiligen Lesers auf den Text. Gegen einen solchen ‚privaten' Umgang mit Dichtung ist auch nichts einzuwenden, solange er als erste individuelle Annäherung an einen Text verstanden und nicht mit reflektierter Texterschließung verwechselt wird. Um eine solche reflektierte Texterschließung geht es jedoch bei einem Interpretationsaufsatz.

Die **reflektierte Texterschließung** geht vom Text selbst als dem entscheidenden Faktor aus und zielt auf die Ermittlung eines überindividuell nachvollziehbaren Sinns. **Drei Verfahren** haben sich dabei als ergiebig erwiesen. In ihrer Reichweite sind sie zwar unterschiedlich und in ihrem Ansatz teilweise sogar scheinbar konträr zueinander – tatsächlich aber ergänzen sie sich in einer Art synthetischer Interpretation. Sie werden jeweils schwerpunktmäßig einzelne Schritte der Texterschließung bestimmen:

- Als Erstes ist die an literaturwissenschaftlichen Methoden und Begriffen orientierte **werk- oder textimmanente Interpretation** als grundlegendes Verfahren zu nennen, das auf die Erhellung eines von textexternen Faktoren unabhängigen Textsinns – oder wenigstens Sinnkerns – gerichtet ist. Es gründet auf der Auffassung des poetischen Textes als eines von geschichtlichen Bedingungen unbeeinflussten, autonomen Gebildes. Gekennzeichnet ist es durch genaue, objektiv beschreibende Analyse der einzelnen Strukturebenen des Textes und der Verknüpfung der so gewonnenen Einzelbefunde miteinander, um so das Eigentümliche des betreffenden Gedichts **textimmanent** herauszuarbeiten.
- Um die historische Autorintention, den ursprünglichen Sinn, den der Text in seiner Entstehungszeit für den Autor und seine zeitgenössischen Leser hatte, zu rekonstruieren, muss dieser strukturanalytische Ansatz durch **Einbezug sinnerhellender textexterner** Faktoren (etwa Bezüge zur Biografie des Autors, zur gesellschaftlichen und historischen Situation oder zur kulturellen Tradition, zum Entstehungskontext) ergänzt werden.
- Bestimmte Aspekte des **rezeptionsorientierten Ansatzes** können als Korrektiv wirken und die ermittelte Aussage um die Dimension ihrer Bedeutsamkeit für den aktuellen Leser erweitern. Die Einsicht, dass der individuelle Verstehenshorizont des Lesers notwendig Einfluss auf seine Deutung eines Textes hat, darf gerade dann, wenn es um eine möglichst objektive Interpretation geht, nicht einfach ignoriert werden. Um die eigene Verstehensleistung für andere nachvollziehbar zu gestalten, erscheint es vielmehr erforderlich, dass der jeweilige Interpret sich und seinem Adressaten darüber Rechenschaft ablegt, welche Bedingungen sein eigenes Textverständnis beeinflusst haben. Dazu gehören persönliche Bedingungen – spezielle Vorlieben oder Abneigungen, Einstellungen oder Erfahrungen – ebenso wie

solche, die seiner Meinung nach die aktuelle Aufnahme des Textes bestimmen könnten: etwa eine bestimmte aktuelle gesellschaftliche Problemlage, zu der sich der Text zumindest teilweise in Bezug setzen lässt. Im Unterschied zum naiven Leser wird der im Umgang mit Literatur geschulte Leser seine Bedeutungszuweisung jedoch im Rahmen der objektiven Vorgaben des Textes vornehmen und so eine am Text verifizierbare und konsensfähige Lesart der „Partitur" anbieten.

Werden diese drei Interpretationsansätze je nach Eigenart der Texte ergänzend miteinander verknüpft, kann eine Interpretation gelingen, die sowohl der Struktur des Textes, seiner historischen Dimension und der Autorintention als auch dem Leserhorizont gerecht wird.

Die Bedeutungskonstitution im Gedicht

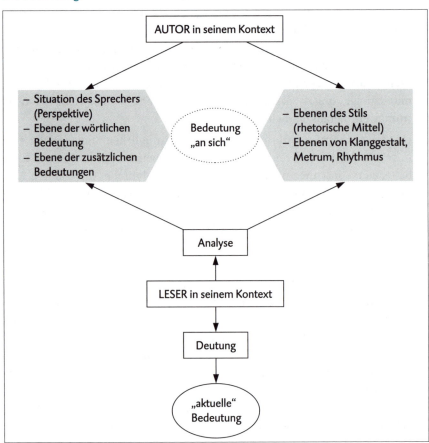

Dennoch kann es vorkommen, dass man als Leser den Eindruck hat, ein Gedicht entziehe sich dem deutenden Zugriff. Dies sollte kein Grund zur Resignation sein, durch Wiederlektüre zu einem späteren Zeitpunkt, unter neuen Voraussetzungen, kann sich durchaus Verständnis einstellen. (Diese Möglichkeit besteht natürlich in der Abiturprüfung nicht.) Außerdem können Dunkelheit und hermetische Verschlossenheit des Textes gerade Teil des dichterischen Programms sein. Sie wären dann in der Interpretation als Phänomen an sich und in ihrer Konsequenz für die Wirkung des Gedichts zu beschreiben.

Dadurch dass mit jeder neuen kompetenten (in sich stimmigen und einleuchtenden) Lesart weitere Aspekte des Textes entdeckt werden, wird der Spielraum des Textverständnisses erweitert, sodass jede noch so überzeugende Interpretation vorläufig bleibt. Deswegen und wegen ihres aus der strukturellen Dichte resultierenden Bedeutungsüberschusses lässt Dichtung, insbesondere das lyrische Gedicht, grundsätzlich keine abschließende Deutung zu. Dennoch bleibt das Ziel von Lektüre und Interpretation die intersubjektive Vergleichbarkeit von individuellen Textverständnissen als eine Annäherung an den ‚Ur-Sinn'.

3.2 Die Gedichtinterpretation als Aufsatz

Der Interpretationsaufsatz ist die Versprachlichung des Verstehensprozesses. Bei der ganzheitlichen Aufnahme eines Gedichts durch einen individuellen Hörer oder Leser läuft die wechselseitige Durchdringung und Verknüpfung der einzelnen Bedeutung tragenden Ebenen **spontan und simultan** ab. Will man diese Zusammenhänge jedoch besser verstehen und in einer Interpretation auch für andere nachvollziehbar machen, müssen sie in einem **zeitlichen Nacheinander** systematisch entfaltet werden. Die einzelnen Strukturebenen müssen künstlich isoliert und ihre Gestaltungsmittel in ihrer jeweiligen Funktion für die Gesamtwirkung erfasst werden, um dann wieder in einer Gesamtdeutung als Synthese zusammengeführt zu werden. Daher erweist sich als Vorgehensweise eine bestimmte Abfolge methodischer Schritte als sinnvoll (vgl. Übungskapitel 1).

Durch den Umstand, dass die endgültige Niederschrift des Aufsatzes abgefasst wird, wenn der Verstehensprozess bei seinem Verfasser abgeschlossen ist, seine Interpretation ‚steht', wird die **Abfolge der** vorhergehenden **Arbeitsschritte** im Aufsatz tendenziell auf den Kopf gestellt: Die Vorarbeit der Analyse wird in der Regel durch Hypothesen geleitet, die sich im Verlauf der weiteren

Auseinandersetzung mit dem Text bestätigen oder modifiziert werden müssen oder sich als falsch erweisen. Die Niederschrift setzt dagegen im Allgemeinen – zur Vermeidung einer langwierigen Beschreibung von möglicherweise zunächst beschrittenen Irrwegen – bei den Analyseergebnissen als These(n) an und arbeitet diese unter engem Textbezug ab. Dieser Trainingsband trägt beiden Arbeitsphasen Rechnung, indem sowohl die vorbereitenden Schritte als auch die für den Aufsatz selbst charakteristischen Elemente eingeübt werden.

Damit sich die eigene **Interpretation** mit den Deutungen anderer Rezipienten vergleichen lässt, muss sie **als argumentatives Verfahren** angelegt sein, dessen Beweiskraft auf dem Textbeleg beruht und das seine Fachterminologie aus der Literaturwissenschaft bezieht. Insofern stützt sich der Interpretationsaufsatz auf im Literaturunterricht vermittelte Fachkenntnisse und Methodenbeherrschung.

Daneben kommt es aber auch auf die **sprachliche Darstellung** an: Bedienen Sie sich einer verständlichen Sprache! Suchen Sie jeweils nach der klarsten und einfachsten Formulierung für das, was Sie sagen wollen. Die Erfahrung lehrt, dass die Suche nach der passenden Formulierung erheblich dazu beiträgt, den eigenen Gedanken die Schärfe und Folgerichtigkeit zu verleihen, die sie zuvor möglicherweise noch gar nicht besaßen. Verwenden Sie Fachtermini; und verwenden Sie sie richtig! Zitieren Sie korrekt und so, dass das Zitat nicht ihren eigenen Satzbau sprengt. Fügen Sie Zitaten einfache und einheitlich gestaltete Quellennachweise bei.

Aus den bisherigen Überlegungen ergibt sich, dass der Interpretationsaufsatz **zwei Adressaten** hat. Zunächst ist der Interpret selbst Adressat, insofern er mit der schriftlichen Formulierung seiner Interpretation seine Gedanken für sich selber ordnet, sich zur Klarheit zwingt. Der zweite Adressat ist der Leser des Aufsatzes. In der Abiturprüfung sind das in der Regel der Erst- und der Zweitkorrektor der Arbeit. Der Verfasser sollte sich bewusst sein, dass seine Leser die einschlägige Fachterminologie beherrschen, sodass Fachbegriffe auf keinen Fall mehr definiert werden müssen. Darüber hinaus ist, was den vorgelegten Text betrifft, jedoch – gewissermaßen als Spielregel – von einem uninformierten Adressaten auszugehen, dem die zum Nachvollzug der Interpretation erforderlichen Informationen gegeben werden müssen. Dazu gehören neben den schon genannten Textbelegen bereits vor der eigentlichen Interpretation einleitende Hinweise zu Autor, Genre, Entstehungszeit und Gegenstand beziehungsweise Motiv oder Thema des Gedichts.

Ferdinand Hodler (1853–1918): *Herbstabend*

Die Arbeitsschritte der Interpretation

Aus den vorangegangenen Überlegungen ergeben sich bestimmte Arbeitsschritte, die bei der Erschließung eines dichterischen Textes grundsätzlich sinnvoll sind. In den folgenden Übungskapiteln werden sie noch differenzierter darzustellen und einzuüben sein.

Arbeitsschritte der (schriftlichen) Gedichtinterpretation

1. Einleitung:
   - *allgemeine Hinführung zum Thema des Gedichts (fakultativ)*
   - *knappe Information zu Daten und Thema des Gedichts; Formulierung eines vorläufigen Gesamtverständnisses*
2. Erschließen der Aufgabenstellung und Lektüre des Textes
3. Ermittlung eines vorläufigen Gesamtverständnisses
   - bisheriges Textverständnis und Arbeitshypothese(n)
   - Autorintention oder Gesamteindruck (möglichst knapp!)
   - Klärung des eigenen Verstehenshorizontes

4. Textbeschreibung: funktionale Analyse der Struktur- und Bedeutungsebenen
   - als aspektorientierte Analyse oder
   - als lineares analytisches Verfahren
5. Textdeutung (Interpretation im eigentlichen Sinne) als Integration (Synthese) der in der Analyse herausgearbeiteten Teilergebnisse
6. Das Gedicht in seinem Kontext
   Erweiterte Deutung unter Einbezug textexterner Gegebenheiten
   - die biografische Situation des Autors
   - der Text im Kontext des Gesamtwerks
   - der historische (politisch-gesellschaftliche) Kontext
   - ...
7. Wertung
   - als persönliche Wertung („Was bedeutet mir der Text?")
   - als begründetes ästhetisches Urteil
   - als Frage nach dem Verhältnis von Intention und tatsächlicher Wirkung
8. *Schluss, eventuell unter Wiederaufnahme des Einleitungsgedankens (fakultativ)*

Die hier aufgeführten Schritte sind zunächst als methodische Einzelverfahren jeder Interpretation zu verstehen und bilden die Grundlage für die schriftliche Ausarbeitung des Aufsatzes. Sie können – je nach Eigenart des Gedichts, der konkreten Aufgabenstellung oder dem individuellen Zugriff des Interpreten auf den Text und der davon abhängigen Entwicklung der Gedankenführung – abweichend von der oben skizzierten Aspektfolge unternommen werden.

Die Schritte 3 bis 5 und 7 sind charakteristisch für die werkimmanente Interpretation. Schritt 6 führt als zusätzliches, werkübergreifendes Verfahren über die textimmanente Interpretation hinaus. Verpflichtend auszuführen ist er daher nur, wenn die Aufgabenstellung dies ausdrücklich fordert.

Die in der Übersicht vorangestellte **Einleitung** stützt sich in ihrem informierenden Teil vor allem auf Ergebnisse der ersten beiden Arbeitsschritte und sollte daher erst nach deren Durchführung formuliert werden. Gelegentlich empfiehlt es sich zur Vermeidung nachträglicher Korrekturen sogar, mit der endgültigen Fassung der Einleitung bis zum Beginn der Reinschrift des Aufsatzes zu warten. Ein eigener **Schluss** ist nach der abrundenden persönlichen Wertung nicht erforderlich; denkbar ist allerdings zusätzlich eine abschließende Wiederaufnahme des Gedankengangs der Einleitung, um dem Aufsatz so zu einer kompositorischen Rundung zu verhelfen.

Interpretation eines Dinggedichts
Conrad Ferdinand Meyer: Zwei Segel

Text **Conrad Ferdinand Meyer** (1825–1898)
Zwei Segel (entstanden 1882)

Zwei Segel erhellend
Die tiefblaue Bucht!
Zwei Segel sich schwellend
Zu ruhiger Flucht!

5 Wie eins in den Winden
Sich wölbt und bewegt,
Wird auch das Empfinden
Des andern erregt.

Begehrt eins zu hasten,
10 Das andre geht schnell,
Verlangt eins zu rasten,
Ruht auch sein Gesell.

Aus: Theo Echtermeyer (Hrsg.):
Deutsche Gedichte. Düsseldorf:
Bagel Verlag 1963, S. 514f.

In den meisten Fällen wird die Aufgabenstellung bei einem in Umfang und Thematik derart überschaubaren Text einfach lauten:

Aufgabenstellung **Analysieren und interpretieren Sie das Gedicht.**

Erschließen der Aufgabenstellung

Die erfolgreiche Bearbeitung der Aufgabe setzt Klarheit über die in der Aufgabenstellung verwendete Terminologie und die von Ihnen erwarteten Arbeitsschritte voraus.

Der Begriff **Interpretation** wird grundsätzlich in **zwei Bedeutungsvarianten** verwendet. Einerseits umfasst er als übergeordneter Begriff die deutende Erschließung eines dichterischen Textes mit allen dazu gehörenden Einzelschritten. Daneben versteht man unter „Interpretation" in einem engeren Sinn aber auch die auf die zergliedernde Einzelanalyse folgende Synthese, die deutende Zusammenschau der in der Analyse erfassten Einzelaspekte. In diesem Fall bezeichnet der Begriff also lediglich einen Teilschritt im Rahmen der umfassenderen Texterschließung. In der vorliegenden Aufgabenstellung wird er in seiner zweiten Bedeutungsvariante verwendet.

Ist wie hier außer dem sehr allgemeinen Arbeitsauftrag ‚Analyse und Interpretation' kein weiterer methodischer Schritt gefordert, empfiehlt es sich, bei der Strukturierung der Lösung den **Kernschritten der textimmanenten Interpretation** zu folgen:

- Beschreibung der äußeren Form
- Analyse des inneren Aufbaus (gedankliche Struktur sowie sprachliche und poetische Gestaltungsmittel)
- funktionale Deutung der Befunde

Diese Zerlegung des Arbeitsauftrags in seine Einzelschritte gibt bereits die grobe Struktur für die Untersuchung und den Aufsatz vor. Der oben angeführte Dreischritt muss allerdings noch durch allgemeine aufsatztypische Schritte ergänzt werden. Es ergibt sich somit folgendes Arbeitsprogramm, das gleichzeitig auch die Grobgliederung des fertigen Aufsatzes darstellt:

Grobgliederung

A Einleitung (Überblick und vorläufiges Gesamtverständnis)
B Interpretation
   I. Beschreibung der äußeren Form
   II. Analyse des inneren Aufbaus
      (gedankliche Struktur sowie sprachliche und poetische Gestaltungsmittel)
   III. Gesamtdeutung
C Schluss

Verfassen der Einleitung

Die Einleitung zu einer Gedichtinterpretation kann, wie jede Einleitung eines beliebigen Aufsatzes, zunächst einmal zum Thema des Gegenstands – hier also des Gedichts – hinführen, indem sie bei einem allgemeinen Gedanken oder einer Lebenssituation ansetzt und diese zum Gedicht in Beziehung setzt. Die Einleitung zu einem Interpretationsaufsatz hat aber darüber hinaus vor allem die Aufgabe, das Gedicht (oder die Gedichte) selbst vorzustellen. In diesem **Überblick** müssen **die wesentlichen Daten des Gedichts** genannt werden: Gedichtart, Titel, Verfasser und Thema. Soweit bekannt, sollte die Einleitung auch Informationen zum Entstehungs- oder Erscheinungsjahr enthalten, ebenso gegebenenfalls zur besonderen Situation des Autors oder zur besonderen Bedeutung des Gedichts in seiner Epoche oder für die Literaturgeschichte.

Arbeitsschritte und Hinweise

Unabhängig davon, ob man die Einleitung sofort formuliert oder erst, nachdem man nach vorangegangener Interpretation ein vertieftes Verständnis des Textes gewonnen hat – immer setzt die Beschäftigung mit einem Gedicht zunächst einmal eine **intensive Lektüre** voraus.

- Sammeln Sie alle verfügbaren äußeren Daten (zu Autor, Titel, Gedichtart und Entstehungszeit) für eine erste Überblicksinformation über das Gedicht. (Quellen könnten beispielsweise sein: entsprechende Angaben in der Textvorlage, die Aufgabenstellung und zusätzliche Erläuterungen als Vorinformationen oder in Form von Anmerkungen).
- Sprechen Sie das Gedicht möglichst mehrmals laut oder (in der Abiturprüfung) wenigstens unter innerem Mithören. Welchen Ersteindruck von der Klanggestalt und rhythmischen Bewegung des Gedichts erhalten Sie dabei?
- Welche Haltung des Sprechers ist erkennbar? Ergeben sich erste Vermutungen hinsichtlich der Autorintention?
- Lesen Sie das Gedicht intensiv durch und halten Sie stichwortartig erste Eindrücke und Fragen auf einem Beiblatt nach Oberbegriffen geordnet fest. Unterstreichen oder markieren Sie im Text die betreffenden Belegstellen zu den Oberbegriffen mit unterschiedlichen Farben oder Bleistiftlinien.
Folgende Fragen sind dabei hilfreich: Worum geht es in dem Gedicht? Welches Thema wird gestaltet? Dabei zielt die Frage „Worum geht es?" auf die dargestellte konkrete Situation; der daraus abzuleitende allgemeinere (abstraktere) gedankliche Inhalt ist das Thema des Gedichts.
- Auf welchen Bereich verweisen die Bildersprache und die Motive schwerpunktmäßig? Welche sprachlichen Besonderheiten fallen spontan auf?

Aufgabe 1 Legen Sie einen Stichwortzettel an, auf dem Sie Ihre Beobachtungen als Materialsammlung festhalten.

Das so gewonnene Erstverständnis ist bis zu einem bestimmten Grad auch abhängig vom individuellen Horizont und dem Zeithintergrund des Lesers. Verschaffen Sie sich deshalb selbst **Klarheit über Ihren persönlichen Verstehenshorizont** und legen Sie so auch dem Leser Ihrer Interpretation die Bedingungen Ihres Textverständnisses offen. Folgende Fragen können Ihnen dabei helfen:
- Haben Sie sich bei Ihrem ersten Eindruck von dem Gedicht bewusst oder vielleicht unbewusst von Ihrer Kenntnis anderer Gedichte beeinflussen lassen, die Ihnen gefallen oder gegen die Sie Vorbehalte haben? (Dies könnten beispielsweise Dinggedichte sein, die Sie ‚langweilig' oder ‚interessant' fanden.)
- Trifft die Thematik des Gedichts eine (in der heutigen Gesellschaft oder für Sie selbst) aktuelle Problemlage?
- Verfügen Sie selbst über eigene Erfahrungen mit dem Thema oder Gegenstand des Gedichts?
- An welchen Stellen haben Sie Verständnisprobleme (etwa wegen möglicherweise altertümlicher sprachlicher Wendungen)?

Aufgabe 2 Machen Sie sich Notizen zu diesen Aspekten, soweit sie Ihren ersten Eindruck beeinflusst haben.

Die Überlegungen zu den Fragen dieser Aufgabe werden teilweise individuell sehr unterschiedlich und persönlich sein; der entsprechende Lösungsvorschlag kann daher nicht verbindlich sein. Außerdem führen die hier gestellten Fragen möglicherweise zu Einschätzungen des Gedichts, die sinnvollerweise bis zur abschließenden Wertung – nachdem der Text hinreichend erschlossen ist – zurückgestellt werden sollten. Am Ende des Aufsatzes können dann die eigene Bewertung des Gedichts oder seine Relevanz für den zeitgenössischen Leser erörtert werden.

Aufgabe 3 Formulieren Sie nun eine Einleitung als fortlaufenden Text.

Untersuchung der äußeren Form des Textes

Bestimmte Schritte oder Untersuchungsaspekte wie etwa die Beschreibung der äußeren Form sind **für die Erschließung jedes Gedichts grundsätzlich unerlässlich**. Ihre Akzentuierung unter einer besonderen Fragestellung oder zusätzliche Schritte ergeben sich aufgrund der Eigenart des jeweiligen Textes beziehungsweise aufgrund der als vorläufiges Gesamtverständnis festgehaltenen **Hypothesen**. Im vorliegenden Fall werden die Hypothesen von Ruhe und Harmonie sowie die Beobachtung des allmählichen Übergangs der Gestaltung von der vordergründigen Beschreibung des Segel-Motivs hin zu seiner Bedeutungsaufladung im Hinblick auf den menschlichen Bereich eine zentrale Rolle spielen. Bei der aspektgesteuerten Analyse und Materialsammlung für die eigentliche Interpretation werden sie im Hintergrund das Erkenntnisinteresse mitbestimmen, das heißt, die Analysebefunde werden immer prüfend auf die Arbeitshypothesen zu beziehen sein.

Aufgabe 4 Beschreiben Sie in einem noch nicht ausformulierten Text die äußere Form des Gedichts.

Aufgabe 5 Stellen Sie die äußere Form des Gedichts in einem fortlaufenden Text dar.

Analyse der inneren Form des Textes

Zwischen Gedichtform und Situation oder Haltung des Sprechers besteht in den meisten Fällen ein enger Zusammenhang. So ist zu erwarten, dass bei einem objektivem Dinggedicht die Subjektivität des Sprechers zurückgenommen und die Sprachhaltung ganz gegenstandsorientiert ist.

Umso auffallender und für die Deutung von Interesse wären im vorliegenden Fall Abweichungen von einer solchen Haltung. Sprachhaltung und Sprecherperspektive können insofern wesentliche Aufschlüsse über die Autorintention und für das Verständnis des Gedichts geben.

Caspar David Friedrich: Auf dem Segler (1818)

DAS DINGGEDICHT

Das Dinggedicht zielt auf die **poetische Darstellung eines Objekts** aus der lebensweltlichen Realität; dabei kann es sich um einen alltäglichen Gegenstand, ein Kunstwerk, eine Pflanze oder ein Tier handeln. Indem alles Zufällige und Unwesentliche weggelassen wird und die Subjektivität des lyrischen Ich zurücktritt zugunsten einer distanziert-objektiven „Einfühlung in das ‚Ding'" (Metzler Literatur Lexikon), erfasst das Dinggedicht das Objekt in seinem Wesen und dringt in den meisten Fällen auf symbolischer Ebene zu dessen Deutung vor.

Dinggedichte finden sich erst **ab dem 19. Jahrhundert** in der deutschen Literatur, zum Beispiel: Eduard Mörike *Auf eine Lampe*; C. F. Meyer *Der römische Brunnen*; R. M. Rilke *Der Panther, Das Karussell, Blaue Hortensie, Archaischer Torso Apollos* und G. Benn *Anemone*.

Aufgabe 6 — Bestimmen Sie die Sprechersituation.

Aufgabe 7 — Zeichnen Sie den Verlauf des lyrischen Vorgangs anhand einer Grobgliederung nach. Welche Struktur ergibt sich?

Aufgabe 8   Ermitteln Sie die charakteristischen sprachlichen und poetischen Mittel in ihrer Funktion für die Entfaltung der Bedeutung des Gedichts.

Aufgabe 9   Stellen Sie nun den inneren Aufbau des Gedichts dar, indem Sie die Ergebnisse zur gedanklichen Entwicklung und der Sprachanalyse in ihrer jeweiligen Funktion zu einem zusammenhängenden Text verbinden.
Achten Sie darauf, durch entsprechende Überleitungen die gedankliche Entwicklung Ihrer Ausführungen zu den Aufgaben 6 bis 9 zu verdeutlichen.

Gesamtdeutung

Nach der eingehenden funktionalen Analyse müssen nun die Ergebnisse für eine Gesamtdeutung des Gedichtes fruchtbar gemacht und zusammengeführt werden. Als tragfähiges Integrationsmoment erweist sich die symbolische Bedeutung des Motivs der Segel, die sich als eigentlicher Sinn der uneigentlichen Rede ergeben hat: die harmonische Beziehung eines menschlichen Paares.

Aufgabe 10   Formulieren Sie, ausgehend von den Ergebnissen der funktionalen Analyse, eine Gesamtdeutung, in der Sie auch auf die im Gedicht gestaltete Sicht der Liebe eingehen.

Abschließende Wertung

Da hier nur eine persönliche, subjektive Stellungnahme von Ihnen erwartet wird, können ganz unterschiedliche Einschätzungen vorgebracht werden. Entscheidend ist, dass Meinungen begründet werden und nicht im Widerspruch zu den vorherigen Befunden stehen: Sie dürfen also mit ihrer persönlichen Wertung nicht hinter den zuvor bereits erreichten Stand der Erkenntnis zurückfallen.
Eine Auswahl möglicher Aspekte und Anregungen zu diesem Gliederungspunkt finden Sie in den Hinweisen zum Verfassen der Einleitung am Anfang des Kapitels.

Aufgabe 11   Formulieren Sie abschließend Ihre persönliche Wertung des Gedichts.

Interpretation eines Erlebnisgedichts
J. W. v. Goethe: Willkommen und Abschied

Text   **J. W. v. Goethe** (1749–1832): **Willkommen und Abschied** (1771)

Es schlug mein Herz. Geschwind, zu Pferde!
Und fort, wild wie ein Held zur Schlacht.
Der Abend wiegte schon die Erde,
Und an den Bergen hing die Nacht.
5 Schon stund im Nebelkleid die Eiche
Wie ein getürmter Riese da,
Wo Finsternis aus dem Gesträuche
Mit hundert schwarzen Augen sah.

Der Mond von einem Wolkenhügel
10 Sah schläfrig aus dem Duft hervor,
Die Winde schwangen leise Flügel,
Umsausten schauerlich mein Ohr.
Die Nacht schuf tausend Ungeheuer,
Doch tausendfacher war mein Mut,
15 Mein Geist war ein verzehrend Feuer,
Mein ganzes Herz zerfloß in Glut.

Ich sah dich, und die milde Freude
Floß aus dem süßen Blick auf mich.
Ganz war mein Herz an deiner Seite,
20 Und jeder Atemzug für dich.
Ein rosenfarbes Frühlingswetter
Lag auf dem lieblichen Gesicht
Und Zärtlichkeit für mich, ihr Götter,
Ich hofft' es, ich verdient' es nicht.

25 Der Abschied, wie bedrängt, wie trübe!
Aus deinen Blicken sprach dein Herz.
In deinen Küssen welche Liebe,
O welche Wonne, welcher Schmerz!
Du gingst, ich stund und sah zur Erden
30 Und sah Dir nach mit nassem Blick.
Und doch, welch Glück, geliebt zu werden,
Und lieben, Götter, welch ein Glück!

Worterklärung:
Vers 10: Duft: Dunst, Nebelschleier

Aus: Goethes Werke. Band 1. Gedichte und Epen. („Hamburger Ausgabe"). Textkritisch durchgesehen und kommentiert von Erich Trunz. 11. Auflage. München: Verlag C. H. Beck 1978, S. 27 f.

Anmerkung: Es handelt sich um die Erstfassung eines Gedichts, dem Goethe 1789 bei seiner späteren Bearbeitung den Titel „Willkommen und Abschied" gab. In der Erstfassung trug es keinen Titel.

Interpretation eines Erlebnisgedichts

Aufgabenstellung **Analysieren und interpretieren Sie das Gedicht. Berücksichtigen Sie dabei besonders die Sprechersituation und arbeiten Sie den Charakter des Textes als Erlebnisgedicht heraus.**

Erschließen der Aufgabenstellung

Die allgemeine Aufgabenstellung zielt grundsätzlich auf eine textimmanente Interpretation. Die beiden präzisierenden zusätzlichen Arbeitsaufträge stellen, abgesehen von der Differenzierung des Erkenntnisinteresses, auch eine Deutungshilfe dar.

Der erste lenkt das Augenmerk auf ein – wie zu vermuten ist – besonderes Charakteristikum des Gedichts. Es ist daher anzunehmen, dass gerade die Sprechersituation wertvolle Hinweise für die Interpretation des Gedichts bieten kann.

Auch mit dem zweiten Arbeitsauftrag wird ein zentraler Aspekt des Gedichts angesprochen. Indem im Rahmen der Analyse des inneren Aufbaus der Vorgang des Gedichts auf seine Erlebnishaftigkeit hin untersucht werden soll, wird auch zu klären sein, was in diesem Zusammenhang überhaupt ein Erlebnis ausmacht.

Als Arbeitsprogramm und vorläufige Grobgliederung ergibt sich daher:

Grobgliederung

A Einleitung (Überblick und vorläufiges Gesamtverständnis)
B Interpretation
   I. Beschreibung der äußeren Form
   II. Analyse des inneren Aufbaus
      (gedankliche Struktur sowie sprachliche und poetische Gestaltungsmittel)
   III. Gesamtdeutung

Verfassen der Einleitung

Sammeln Sie alle äußeren Daten (zu Autor, Titel, Gedichtart und Entstehungszeit) für eine erste Überblicksinformation über das Gedicht. Stützen Sie sich dabei auf die der Textvorlage zu entnehmenden Daten und ordnen Sie das Gedicht anhand dieser Informationen auch einer Epoche zu.

Sprechen Sie, soweit die Situation dies erlaubt, vor allem die erste Strophe mehrmals laut. Welchen Ersteindruck von der Klanggestalt und rhythmischen

Bewegung des Gedichts erhalten Sie dabei? Welche Haltung des Sprechers ist erkennbar? Ergeben sich erste Vermutungen hinsichtlich der Autorintention?
Lesen Sie das Gedicht intensiv durch und notieren Sie – nach Oberbegriffen geordnet – erste Eindrücke und Fragen auf einem Beiblatt.
Unterstreichen oder markieren Sie im Text die betreffenden Belegstellen auf unterschiedliche Weise.
Auf welchen Bereich verweisen die Bildersprache und die Motive schwerpunktmäßig? Welche sprachlichen Besonderheiten fallen spontan auf? Worum geht es in dem Gedicht? Was ist sein Thema?

Aufgabe 1 Halten Sie Ihre Beobachtungen als Materialsammlung fest. (Die vorangestellten Hinweise geben dabei keine Reihenfolge vor.)

Als Verfasser des Aufsatzes muss Ihnen bewusst sein, dass die während der ersten Lektüre gesammelten Beobachtungen sich immer nur zu einem geringen Teil und stets in abstrakter Form in der Einleitung, in der es ja nur um einen ersten, groben Überblick über das Gedicht geht, wiederfinden. Auf manche dieser vorläufigen Befunde und Einschätzungen werden Sie erst unter späteren Analyseaspekten oder im Zusammenhang mit einer möglichen persönlichen Wertung ausführlicher eingehen.

Aufgabe 2 Formulieren Sie nun eine Einleitung als fortlaufenden Text.

Untersuchung der äußeren Form des Gedichts

Die Beschreibung der äußeren Form des Gedichts ist nicht Selbstzweck, sondern verfolgt die Frage, inwieweit **formale Elemente** bereits **zum Sinn** des Gedichts **beitragen**. Ansatzpunkte für dieses Erkenntnisinteresse müssen die bei der Erstrezeption formulierten Deutungsansätze sein. Im vorliegenden Fall ergab der erste Eindruck, dass der Autor dieses Erlebnisgedichts die Absicht verfolgt hat, eine vom lyrischen Ich anscheinend erinnerte Liebesbegegnung in ihrem Stimmungsgehalt und Erlebnischarakter möglichst unmittelbar miterlebbar zu machen.

Aufgabe 3 Untersuchen Sie die äußere Form des Gedichts als Materialsammlung für die spätere ausformulierte Textanalyse.

Analyse der inneren Form

Bestimmung der Sprechersituation

Wenn bei einem Gedicht die Erlebnishaftigkeit des lyrischen Vorgangs im Mittelpunkt steht, handelt es sich um ein Erlebnisgedicht; Erlebnis und Sprechersituation sind dabei eng aufeinander bezogen.

> **ERLEBNISLYRIK**
>
> Bei einem Erlebnisgedicht steht grundsätzlich der **Erlebnischarakter** des lyrischen Vorgangs im Mittelpunkt: Im Gedicht wird ein Ereignis mit einem für den Sprecher besonderen emotionalen Gehalt (wieder) evoziert. **Erlebnissubjekt** *kann* der **Dichter selbst** sein, wenn er tatsächlich ein **reales Erlebnis** rückblickend gestaltend bewältigt oder es sich einfach noch einmal vergegenwärtigt – wie authentisch die Wiedergabe auch sein mag. In beiden Fällen wären Dichter, Erlebnissubjekt und lyrisches Ich weitgehend identisch, wenngleich das jeweilige Bewusstsein gegebenenfalls aufgrund des zeitlichen Unterschieds zwischen Erlebnis und dichterischer Gestaltung ein anderes geworden ist. Inwieweit eine solche Identität tatsächlich gegeben ist, lässt sich allerdings ohne Zusatzinformation zur Autobiografie nicht entscheiden.
>
> Dass das Erlebnisgedicht unmittelbarer, ‚ungefilterter' Ausdruck eines ihm vorausgegangenen tatsächlichen Erlebnisses ist, ist allerdings unwahrscheinlich; das im lyrischen Gedicht gestaltete Erlebnis kann durchaus fiktiv, d. h. poetische Erfindung sein. Entscheidend ist, dass durch seine spezifische Gestaltung beim Rezipienten der Eindruck hervorgerufen wird, es mit einer authentischen subjektiven Erlebnisäußerung zu tun zu haben, das Erlebnis sich also im Gedicht (neu) einstellt.
>
> Aus diesem Grund tendiert das Erlebnisgedicht formal dazu, seinen Kunstcharakter zu verbergen und mit oft einfachen, volkstümlichen metrischen und strophischen Formen und entsprechender Ausdruckssprache emotionale Unmittelbarkeit zu suggerieren.
>
> Erlebnisdichtung in nennenswertem Umfang entsteht erst mit der Herausbildung des Individualitätsbewusstseins und des individuellen Gefühls im 18. Jahrhundert, der Epoche von Empfindsamkeit und Sturm und Drang (zum Beispiel Goethes Jugendlyrik, insbesondere die sogenannten *Sesenheimer Gedichte*).

Aufgabe 4 Beschreiben Sie die Sprechersituation des Gedichts in ihrem Bezug zur Erlebnishaftigkeit des lyrischen Vorgangs. Stellen Sie auch dar, inwieweit sie mit der äußeren Form übereinstimmt.

Aufgabe 5 Zeichnen Sie den Bewegungsablauf des Gedichts nach, indem Sie eine Grobgliederung in Sinnabschnitte erstellen. Welche Struktur ergibt sich?

Die sogenannte Goethescheune in Sesenheim, die ihren Namen aufgrund einer Rötelzeichnung erhalten hat, die Goethe 1770 oder 1771 von dem Pfarrhof der Familie Brion anfertigte. Goethe besuchte die Familie, nachdem er sich in Friederike Brion verliebt hatte, häufig von Straßburg aus, wo er sein Jurastudium abschloss. An Friederike sind die Sesenheimer Gedichte gerichtet, deren berühmtestes „Willkommen und Abschied" ist.

Die **Analyse der inneren Form** fragt insbesondere nach der Funktion der Gestaltungsmittel für die Wirkung des Gedichts auf den Rezipienten und für die Gedichtaussage. Dabei ergeben sich meist Befunde auf zwei Ebenen. Bestimmte sprachliche Mittel lassen sich häufig kumulativ und pauschal im Hinblick auf ihren Beitrag zum Gesamteindruck oder zur Gesamtwirkung des Gedichts bestimmen, andere lassen sich, ungeachtet ihrer Relevanz auch hinsichtlich des Gesamteffekts, besonders ergiebig für die Deutung einzelner Aspekte heranziehen.

Ergibt die Analyse des inneren Aufbaus eine klare Struktur des Bewegungsablaufs des Gedichts, empfiehlt es sich deshalb, bei der funktionalen Analyse der sprachlich-rhetorischen Gestaltungsmittel in zwei Schritten zunächst die für das Gedicht in seiner Gesamtwirkung konstitutiven Mittel zu erfassen und anschließend die für die Analyse und Deutung der einzelnen Sinnabschnitte spezifischen Strukturelemente heranzuziehen. Dabei ist eine rein beschreibende Aufzählung von im Gedicht entdeckten Gestaltungsmitteln zu vermeiden. Sie sollten nur solche sprachlichen Mittel in ihre Argumentation einbeziehen, deren Funktion Sie überzeugend zu begründen in der Lage sind.

Im Übrigen können mit Rücksicht auf die Überschaubarkeit der Untersuchung und die stets individuelle Akzentuierung der Interpretation nie alle objektiv verfügbaren Befunde herangezogen werden. Sie müssen also nicht fürchten, dass Ihre Interpretation schmalbrüstig wirkt, wenn Sie sich nicht in der Lage fühlen, jeder Wendung eine für den Gesamtsinn entscheidende Funktion abzugewinnen.

Friederike Brion (Silberstiftzeichnung von Johann Friedrich August Tischbein d.J.)

Aufgabe 6 Ermitteln Sie die charakteristischen sprachlichen und poetischen Mittel in ihrer Funktion
a) als Beitrag zur Gesamtwirkung des Gedichts als Erlebnisgedicht,
b) bei der Gestaltung der einzelnen Phasen des lyrischen Vorgangs.

Aufgabe 7 Führen Sie abschließend die Ergebnisse der funktionalen Analyse zu einer kurzen Gesamtdeutung zusammen, in der Sie auch auf die im Gedicht gestaltete Sicht der Liebe eingehen.

Interpretation eines hermetischen Gedichts
Ingeborg Bachmann: Dunkles zu sagen

Text **Ingeborg Bachmann** (1926–1973)
Dunkles zu sagen (1953 veröffentlicht)

Wie Orpheus spiel ich
auf den Saiten des Lebens den Tod
und in die Schönheit der Erde
und deiner Augen, die den Himmel verwalten,
5 weiß ich nur Dunkles zu sagen.

Vergiß nicht, daß auch du, plötzlich,
an jenem Morgen, als dein Lager
noch naß war von Tau und die Nelke
an deinem Herzen schlief,
10 den dunklen Fluß sahst,
der an dir vorbeizog.

Die Saite des Schweigens
gespannt auf die Welle von Blut,
griff ich dein tönendes Herz.
15 Verwandelt ward deine Locke
ins Schattenhaar der Nacht,
der Finsternis schwarze Flocken
beschneiten dein Antlitz.

Und ich gehör dir nicht zu.
20 Beide klagen wir nun.

Aber wie Orpheus weiß ich
auf der Seite des Todes das Leben,
und mir blaut
dein für immer geschlossenes Aug.

Aus: Ingeborg Bachmann: Die gestundete Zeit. Gedichte. 9. Auflage.
München: Piper Verlag 1997 (ungekürzte Taschenbuchausgabe), S. 13

Aufgabenstellung

Analysieren und interpretieren Sie dieses hermetische Gedicht von Ingeborg Bachmann. Berücksichtigen Sie dabei insbesondere die Bildersprache.
Nutzen Sie die beigefügte Notiz zum Orpheus-Mythos als Rezeptionshilfe.

Interpretation eines hermetischen Gedichts

> **Hintergrundinformationen zum Mythos von Orpheus und Eurydike**
>
> Orpheus, Sohn des thrakischen Flussgottes Oiagros (manchmal wegen seiner musikalischen Kunstfertigkeit auch im übertragenen Sinn als Sohn Apollos bezeichnet) und der Muse Kalliope, ist ein gottbegnadeter Sänger und Kitharaspieler. In manchen Versionen der Sage gilt er auch als Erfinder der Kithara (einer leierartigen Vorstufe der Gitarre) und der Musik überhaupt. Mit seinem Gesang und seinem Saitenspiel kann er Pflanzen und Tiere bezaubern. Als seine über alles geliebte Gattin Eurydike am Biss einer Giftschlange gestorben ist, steigt er in die Unterwelt, um Hades, den Fürsten des Totenreichs, zur Freigabe Eurydikes zu bewegen. Sein Spiel und sein Gesang rühren alle Bewohner des finsteren Schattenreichs, und auch Hades lässt sich erweichen. Die Rückgabe Eurydikes ist jedoch an eine Bedingung geknüpft: Orpheus darf sich vor der Rückkehr an die Oberwelt nicht nach seiner Gattin umsehen. Aus Besorgnis und übergroßer Sehnsucht und Liebe blickt Orpheus sich jedoch kurz vor dem Erreichen der Oberwelt nach Eurydike um, und sie entschwindet als Schatten wieder ins Totenreich. Vergebens fleht Orpheus am Ufer des Totenflusses um Gnade, diesmal sind die unterirdischen Götter unerbittlich, Eurydike ist zum zweiten Mal gestoben und für immer dem Totenreich anheimgefallen. Von nun an wandert Orpheus, ganz der Trauer um Eurydike verfallen, einsam durch die Natur und singt nur noch wehmütige Klagelieder, bis er eines Tages von rasenden Mänaden aus dem Gefolge des Dionysos, die sich von ihm verschmäht fühlen, in Stücke gerissen wird.

Orpheus bezaubert die Tiere (Zeichnung von Giuseppe Cades)

Erschließen der Aufgabenstellung

Das **Besondere dieser Aufgabe** ergibt sich aus dem **Attribut „hermetisch"**, womit das Gedicht einer Subkategorie der modernen Lyrik zugewiesen wird. Bei sogenannten hermetischen Gedichten handelt es sich um Gedichte, die ihr Sinnpotenzial beim Rezipienten vorwiegend nicht aufgrund (sprach)logisch nachvollziehbarer Sinnzusammenhänge entfalten, sondern über Klangeffekte und vor allem eine kühne Bildersprache auf der Ebene der subjektiven Empfindung wirken. Sinndunkelheit ist hier zum ästhetischen Programm geworden. Bei der Analyse und Interpretation kommt deshalb der Untersuchung der Metaphorik eine entscheidende Bedeutung zu.

Für den Hörer oder Leser stellt sich die vom Dichter gewollte Verrätselung als Herausforderung dar. Gleichzeitig macht sie das hermetische Gedicht in seiner **Sinnoffenheit** zum Modellfall des dichterischen Textes überhaupt. Dadurch ist besonders die **Gefahr** gegeben, dass die Deutung in den Bereich **subjektiver Spekulation** abgleitet. Damit dies nicht geschieht, ist darauf zu achten, dass Vermutungen immer auf die entsprechende Textgrundlage bezogen und sprachlich als solche kenntlich gemacht werden.

Die Zusatzinformation zum Mythos ist nicht Teil der Aufgabenstellung, sondern soll lediglich einen für alle Abiturientinnen und Abiturienten gleichen Kenntnisstand der kulturhistorischen Voraussetzungen als Verständnishilfe gewährleisten.

Als Arbeitsprogramm und vorläufige Grobgliederung ergibt sich daher:

Grobgliederung
A Einleitung (Überblick und vorläufiges Gesamtverständnis)
B Interpretation
   I. Beschreibung der äußeren Form
   II. Analyse des inneren Aufbaus
       (gedankliche Struktur, Kommunikationssituation sowie sprachliche und poetische Gestaltungsmittel, insbesondere Bedeutungspotenzial der Bildersprache)
   III. Gesamtdeutung als Herausarbeitung übergreifender Interpretationslinien

Orpheus auf einem römischen Mosaik aus dem 3. Jhrd.n. Chr.

Verfassen der Einleitung

Ob man den Interpretationsaufsatz zu diesem Gedicht mit einer allgemeinen zum Gedichtthema hinführenden Einleitung beginnt oder gleich mit der Zusammenfassung der objektiven äußeren Daten und der subjektiven Wirkung des Gedichts auf den Rezipienten einsetzt, hängt davon ab, was sich als Thema des Gedichts herauskristallisiert. Denkbar wäre auch, bei dem besonderen hermetischen Charakter des Textes anzusetzen oder – wenn sich der Mythos als für das Gedicht konstitutiv erweisen sollte – bei der Rezeptions- und Wirkungsgeschichte der Sage und ihrer kulturhistorischen Bedeutung.

Hinweise zum Vorgehen:
- Sammeln Sie zunächst alle verfügbaren äußeren Daten (zu Autor, Titel, Gedichtart und Entstehungszeit) für eine erste Überblicksinformation zu dem Gedicht.
- Lesen Sie sich, soweit die Situation dies erlaubt, das Gedicht vor und hören Sie sich zu. Welchen Ersteindruck von der Stimmung des Sprechers, der Klanggestalt und rhythmischen Bewegung des Gedichts erhalten Sie dabei? Welche Haltung des Sprechers ist erkennbar?
- Auf welche(n) Bereich(e) verweisen die Bildersprache und die Motive – soweit jetzt schon bestimmbar – schwerpunktmäßig? Welche sprachlichen Besonderheiten fallen Ihnen spontan auf? Ergeben sich erste Vermutungen hinsichtlich der Autorintention?
- Folgende Fragen sind hilfreich: Worum geht es in dem Gedicht? Welches Thema wird gestaltet?

Aufgabe 1 Halten Sie Ihre Beobachtungen in einer Materialsammlung fest.

Besonders bei einem hermetischen Gedicht empfiehlt sich eine offene Herangehensweise an den Text. Vermeiden Sie deshalb frühzeitige Festlegungen. Gehen Sie beispielsweise folgenden Fragen nach und markieren Sie die entsprechenden Textstellen oder halten Sie die Befunde jeweils auf einem gesonderten Blatt fest:
- Wo haben sich bei der ersten Textbegegnung Verständnisprobleme ergeben?
- Wo finden sich Textelemente, die mit dem Gedichttitel korrespondieren könnten?
- Welche Stellen erscheinen Ihnen gänzlich dunkel?
- Gibt es außertextliche Gegebenheiten, die Sie bei der Rezeption bewusst oder vielleicht auch unbewusst beeinflusst haben könnten?

Aufgabe 2 Halten Sie Ihre Rezeptionserfahrungen stichwortartig als Ausgangsbasis für die Weiterarbeit am Gedicht fest.

Nicht alle bei der Erstrezeption festgehaltenen Beobachtungen, insbesondere nicht alle Details, werden für die Formulierung der Einleitung wichtig oder geeignet sein. Halten Sie sich deshalb diese Beobachtungen für spätere Interpretationsschritte präsent.

Aufgabe 3 Formulieren Sie nun eine Ausarbeitung der Einleitung als fortlaufenden Text.

Untersuchung des äußeren Aufbaus und der inneren Form des Gedichts

Wenn es bei der Interpretation eines hermetischen Gedichts darum geht, sich schrittweise zu einer Lesart ‚vorzutasten', ist es sinnvoll, bei solchen Elementen anzusetzen, die am leichtesten zugänglich und intersubjektiv am besten zu vermitteln sind. Dazu gehören die äußere Form und der äußere Aufbau sowie die sprachlichen und stilistisch-rhetorischen Gestaltungsmittel.

Aufgabe 4 Bestimmen Sie in Form eines vorbereitenden Arbeitsschrittes die Bauform des Gedichts.

Das Gedicht greift zumindest teilweise, wenn auch vielfach verfremdet, einen antiken Mythos mit dem entsprechenden Personenrepertoire auf. Indem es Bruchstücke dieses Geschehens als Textelemente einsetzt und seine Kenntnis beim Rezipienten als ein mögliches Deutungsmuster voraussetzt, arbeitet es phasenweise mit **mehreren Zeit- und Geschehensschichten**, zu deren deutlicher Unterscheidung auch die genaue **Analyse der Kommunikationssituation** im Gedicht beitragen kann.

Aufgabe 5 Bestimmen Sie die Kommunikationssituation und stellen Sie diese in einem zusammenhängenden Text dar.

Es bleibt zu untersuchen, inwieweit der äußeren Form und der Kommunikationssituation eine innere, gedankliche Struktur als Kompositionsfigur entspricht. Erschwert wird diese Aufgabe allerdings durch die assoziative und verrätselte Bildlichkeit, die nur schwer gedanklich klar abgrenzbare und begrifflich zu fassende Aussageeinheiten erkennen lässt.

Aufgabe 6 Zeichnen Sie den Bewegungsablauf des Gedichts nach, indem Sie vor allem anhand von Bildstruktur und Bildersprache Sinnabschnitte und deren Verhältnis zueinander ermitteln. Inwieweit lässt sich eine Struktur erkennen?

In Anbetracht der überwiegend hermetischen Bildersprache des Gedichts kann es sinnvoll sein, bei der Analyse der Metaphorik und anderer sprachlich-poetischer Gestaltungsmittel linear vorzugehen, also nacheinander Strophe für Strophe nach den entsprechenden Mitteln zu befragen.

Aufgabe 7 Ermitteln Sie die charakteristischen sprachlichen und poetischen Gestaltungsmittel in ihrer Funktion für die Entfaltung des Themas beziehungsweise der Teilthemen in den einzelnen Gedichtabschnitten.

Gustave Moreau: Orpheus (1865)

a) Arbeiten Sie die sprachlichen Gestaltungsmittel der ersten Strophe heraus und stellen Sie den Bezug zum Orpheus-Mythos her.
b) Untersuchen Sie in den Strophen 2 und 3 die Verknüpfung der Motivbereiche Leben und Tod.
c) Welche Funktion hat die 4. Strophe?
d) Deuten Sie die letzte Strophe unter Berücksichtigung der darin verwendeten poetischen Mittel. Vergleichen Sie die Position des Sprechers mit derjenigen in der 1. Strophe.

FORMEN BILDHAFTEN SPRECHENS

Bildlichkeit ist ein wesentliches Kennzeichen poetischer Sprache insgesamt und konstitutiv für das lyrische Gedicht. Häufig handelt es sich bei bildhafter Sprache um „uneigentliche" Rede, deren „eigentliche" Bedeutung sich erst im Gesamtkontext des Gedichts erschließt. Im Einzelnen lassen sich folgende sprachliche Bilder unterscheiden:

Das unmittelbare Bild
Der Dichter entwirft ein anschauliches Bild (meist der Natur), das den Leser/Hörer unmittelbar über das Gefühl anspricht und weniger über den Verstand.
Zwei Segel erhellend / Die tiefblaue Bucht! (C. F. Meyer)

Der Vergleich
Im bildlichen Vergleich werden zwei Bereiche durch „wie" oder „als ob" miteinander verbunden. Das Gemeinsame, in dem beide Bereiche vergleichbar sind, der Vergleichspunkt, ist das „tertium comparationis": *Wie Orpheus spiel ich…* (I. Bachmann)
Nun treibt die Stadt schon nicht mehr wie ein Köder (R. M. Rilke)

Die Metapher (Adj. metaphorisch)
Ein Wort wird aus seinem ursprünglichen Verwendungsbereich in einen anderen übertragen und erlangt in diesem Kontext eine andere als seine lexikalische Bedeutung.
Der Köder Stadt/der Vorhang der Pupille (R. M. Rilke).
Während die traditionelle Metapher als ein um das „wie" verkürzter Vergleich erscheint, lässt sich bei Metaphern in der modernen Lyrik das *tertium comparationis* häufig nicht mehr ermitteln: *auf den Saiten des Lebens/Die Saite des Schweigens* (I. Bachmann)
Es entstehen Bilder, die nicht mehr die Realität abbilden wollen, sondern an die Fantasie appellieren und nicht eindeutig von der Chiffre zu unterscheiden sind.

Die Chiffre (frz. *chiffre*: Zahl, Zahlzeichen)
(1) Als **„absolute" Metapher** oder **„absolute" Chiffre** vor allem in der modernen hermetischen Lyrik ein verrätseltes Sprachbild, das keine denotative Bedeutung mehr vermittelt, sondern nur noch verschlüsselt (chiffriert) eine subjektive Gestimmtheit des Dichters ausdrückt. Sie soll im Leser/Hörer assoziativ eine gleichwertige Erkenntnis oder eine gleichwertige Gestimmtheit hervorrufen.
In den Flüssen nördlich der Zukunft (P. Celan)
Der Finsternis schwarze Flocken/beschneiten dein Antlitz (I. Bachmann)

(2) Bildhafte Wörter, die abweichend von ihrer selbstverständlichen Bedeutung im Rahmen eines Textes oder des Gesamtwerks eines Dichters einen neuen komplexen Sinn erhalten und dann kürzelhaft als ein streng autorspezifisches Symbol für diesen Sachverhalt stehen. Ihr Verständnis setzt im Allgemeinen die Kenntnis des Werkzusammenhangs eines Autors voraus. (Vgl. die Farbchiffren *blau*, *rot* oder *schwarz* in der expressionistischen Dichtung.)

Das Symbol (grch. *symbolón*: Zeichen, Zusammengefügtes)
Das Symbol ist an ein konkretes Bild (Person, Gegenstand, Handlung) geknüpft. Durch seinen spezifischen Kontext weist dieses Bild über sich hinaus, bedeutet mehr, als das nur Dargestellte: Das Konkrete verweist auf einen allgemeineren, tieferen Sinnzusammenhang. So werden die beiden Boote im Kontext von Meyers Gedicht *Zwei Segel* zu einem Symbol für ein liebendes Paar oder ein konkretes Abendbild kann den Lebensabend symbolisieren.

Gesamtdeutung

Es hat sich gezeigt, dass ein konstitutives Merkmal dieses Gedichts sein Reichtum an einer **rational nur teilweise auflösbaren Metaphorik** ist. Analyse und Interpretation können daher vielfach keine verbindliche Sinnzuweisung leisten; dies würde auch der Autorintention zuwiderlaufen. Deutung heißt für Sie hier deshalb, eine Annäherung an das Gedicht zu versuchen, indem Sie den von der Bildersprache bei Ihnen ausgelösten Assoziationen nachspüren und versuchen, sie in einen größeren Verstehenszusammenhang zu bringen. Auch dies wird im Detail nicht immer gelingen. Insbesondere bei der Gesamtdeutung wird es deshalb darauf ankommen, dass Sie aus der Vielzahl von Einzelbeobachtungen und möglichen Deutungsansätzen der Analysephase wenige übergeordnete Interpretationslinien herausarbeiten.

Aufgabe 8 Formulieren Sie Ihre Gesamtdeutung, indem Sie die Ergebnisse der funktionalen Analyse zu den für Ihre Deutung entscheidenden Interpretationslinien bündeln.

Eduard von Engerth: Lyra des Orpheus

Interpretation einer Hymne
Johann Wolfgang von Goethe: Prometheus

Text **Johann Wolfgang von Goethe** (1749–1832)
Prometheus (entstanden 1774)

Bedecke deinen Himmel, Zeus,
Mit Wolkendunst!
Und übe, Knaben gleich,
Der Disteln köpft,
5 An Eichen dich und Bergeshöhn!
Mußt mir meine Erde
Doch lassen stehn,
Und meine Hütte,
Die du nicht gebaut,
10 Und meinen Herd,
Um dessen Glut
Du mich beneidest.

Ich kenne nichts Ärmer's
Unter der Sonn' als euch Götter.
15 Ihr nähret kümmerlich
Von Opfersteuern
Und Gebetshauch
Eure Majestät
Und darbtet, wären
20 Nicht Kinder und Bettler
Hoffnungsvolle Toren.

Da ich ein Kind war,
Nicht wußt', wo aus, wo ein,
Kehrte mein verirrtes Aug'
25 Zur Sonne, als wenn drüber wär'
Ein Ohr zu hören meine Klage,
Ein Herz wie meins,
Sich des Bedrängten zu erbarmen.

Wer half mir wider
30 Der Titanen Übermut?
Wer rettete vom Tode mich,

Von Sklaverei?
Hast du's nicht alles selbst vollendet,
Heilig glühend Herz?
35 Und glühtest, jung und gut,
Betrogen, Rettungsdank
Dem Schlafenden dadroben?

Ich dich ehren? Wofür?
Hast du die Schmerzen gelindert
40 Je des Beladenen?
Hast du die Tränen gestillet
Je des Geängsteten?

Hat nicht mich zum Manne geschmiedet
Die allmächtige Zeit
45 Und das ewige Schicksal,
Meine Herren und deine?

Wähntest du etwa,
Ich sollte das Leben hassen,
In Wüsten fliehn,
50 Weil nicht alle Knabenmorgen-
Blütenträume reiften?

Hier sitz' ich, forme Menschen
Nach meinem Bilde,
Ein Geschlecht, das mir gleich sei,
55 Zu leiden, weinen,
Genießen und zu freuen sich,
Und dein nicht zu achten,
Wie ich.

Aus: Goethes Werke. Hamburger Ausgabe, Band 1.
Herausgegeben und kommentiert von Erich Trunz.
4. Auflage. München 1958, S. 44–46

Interpretation einer Hymne

Aufgabenstellung

1. Analysieren und interpretieren Sie die Hymne, indem Sie die Situation von Sprecher und Angeredetem herausarbeiten. Beachten Sie dabei auch Goethes spezifische Adaption des Prometheus-Mythos.

2. Ordnen Sie das Gedicht, ausgehend von Goethes späterer Einschätzung, es handle sich um „Zündkraut einer Explosion […]", einer literatur- und geistesgeschichtlichen Epoche zu. Beziehen Sie sich dabei auf inhaltliche Aspekte sowie sprachlich-stilistische und formale Merkmale.

Der Prometheus-Mythos bei Goethe

Die *Prometheus*-Hymne entstand ursprünglich (sehr wahrscheinlich 1774) als Teil eines Prometheus-Dramas, in dem ihr die Funktion eines Monologs zukam. Das Drama blieb unvollendet und wurde von Goethe erst 1830 als Fragment in die Gesamtausgabe seiner Werke aufgenommen. Das Gedicht selbst erschien 1785, ohne Goethes Wissen und gegen seinen Willen, zum ersten Mal im Druck; danach nahm er es 1789 in die Ausgabe seiner „Schriften" auf.

Der Prometheus-Mythos ist in unterschiedlichen Ausprägungen überliefert. In einer Version ist Prometheus der Sohn eines Titanen. Gemeinsam mit diesen kämpft er – mit geistigen Waffen – gegen Zeus, um dessen Herrschaft zu stürzen. Als der oberste Gott den Menschen, um sie für einen Frevel des Prometheus zu bestrafen, das Feuer entzieht, stiehlt Prometheus es im Olymp und bringt es wieder auf die Erde. Zur Strafe dafür wird er im Kaukasus an einen Felsen geschmiedet, wo

Jan Cossiers: Prometheus

ihm ein Adler täglich aufs Neue die Leber zerhackt, die nachts immer wieder nachwächst, bis ihn später Herakles von seinem grausamen Leiden befreit. Nach einer anderen Sage gilt Prometheus als Schöpfer des Menschengeschlechts, der aus Lehm und Wasser Männer und Frauen formte. Immer erscheint er jedoch als Freund und Wohltäter der Menschheit, und zwar, indem er den Menschen außer dem Feuer auch andere zivilisatorische und kulturelle Errungenschaften, etwa die Künste und geistige Fertigkeiten, bringt.

Goethe hat die einzelnen Sagenstränge im Hinblick auf seine eigene Aussageabsicht selektiv und frei adaptiert. Die entscheidende Abänderung wird im Dramen-Fragment erkennbar: Prometheus ist bei Goethe nicht mehr ein Angehöriger der Titanen, sondern der Sohn des Zeus.

Erschließen der Aufgabenstellung

Die Aufgabe verlangt über die Schritte der textimmanenten Interpretation (vgl. S. 19–25) hinaus, dass die Autorintention deutlich erkannt und die Bedeutung des Gedichts in seinem historischen Kontext genau erfasst wird. Im Einzelnen ergeben sich folgende zusätzliche Teilaufgaben:
- die Klärung des Gedichttypus Hymne und gegebenenfalls der von Goethe gewählten Sonderform;
- das Erfassen von Goethes eigener Mythenschöpfung in der Abwandlung des traditionellen Prometheus-Mythos und die Bestimmung ihrer Funktion für die Aussage des Gedichts;
- die Fokussierung der Untersuchung auf einen zentralen Aspekt des Gedichts: die Haltung des Sprechers Prometheus dem angesprochenen Zeus gegenüber (Analyse von Inhalt und sprachlicher Form dieser Haltung);
- im Zusammenhang mit der Epochenzuordnung: die Erläuterung von Goethes Charakterisierung des Gedichts als „Zündkraut", die Rekapitulation der aus dem Unterricht bekannten Epochenmerkmale sowie die Prüfung, inwieweit sich diese in der im Gedicht geschilderten Situation und seiner sprachlich-formalen Gestaltung wiederfinden.

Insgesamt legt die zweigeteilte Aufgabenstellung die folgende Grobgliederung des Aufsatzes nahe:

Grobgliederung
A Einleitung (Überblick und vorläufiges Gesamtverständnis)
B Interpretation und Epochenzusammenhang
   I. Textimmanente Interpretation der Hymne
      1. Beschreibung der äußeren Form
      2. Die innere Struktur: Phasen der Auseinandersetzung des Sprechers mit Zeus
         2.1 Inhaltliche Schritte
         2.2 Sprachliche Gestaltung
      3. Zusammenfassende Deutung
   II. Die Hymne im Kontext der Epoche
      1. Die Epoche
      2. Widerspiegelung der Epoche im Text
         2.1 Der politisch-historische Aspekt
         2.2 Der religiöse Aspekt
         2.3 Der künstlerische Aspekt
C Zusammenfassung der Ergebnisse

Verfassen der Einleitung

Arbeitsschritte und Hinweise

- Sammeln Sie alle verfügbaren äußeren Daten (zu Autor, Titel, Entstehungszeit) für eine erste Überblicksinformation über das Gedicht. Stützen Sie sich dabei zum Beispiel auf entsprechende Angaben in der Textvorlage oder Aufgabenstellung sowie möglichst auch auf Ihre eigenen Kenntnisse.
- Versuchen Sie das Gedicht, zumindest die beiden ersten und die letzte Strophe, soweit die Situation es erlaubt, laut zu sprechen. Welche Haltung des Sprechers des Gedichts ist erkennbar? Ergeben sich erste Vermutungen hinsichtlich der Autorintention?
- Lesen Sie das Gedicht sorgfältig durch und halten Sie stichwortartig erste Eindrücke und Fragen einschließlich einer vorläufigen Vermutung zur Autorintention oder Aussage auf einem Beiblatt fest. Folgende Fragen sind dabei hilfreich: Worum geht es in dem Gedicht? Welches Thema wird gestaltet? Was verrät die Bildersprache beziehungsweise der Motivbestand über den Gegenstand des Gedichts?

Aufgabe 1 Legen Sie diesen Stichwortzettel an.

Aufgabe 2 Formulieren Sie nun eine Einleitung als fortlaufenden Text, in der Sie auch Ihr erstes vorläufiges Textverständnis darlegen.

Prometheus erschafft Menschen (Tafel von Piero di Cosimo, um 1487–89)

Untersuchung der äußeren Form des Textes

Da insbesondere bei Lyrik Gedichtaussage und -intention mit der äußeren Form immer in enger Beziehung stehen, kann die vom Autor bewusst als formaler Rahmen gewählte **Gedichtform** wertvolle Hinweise auf die Intention des Dichters geben. Im Fall der Interpretation von *Prometheus* sind Kenntnisse zur Gedichtform der **Hymne** von großem Vorteil (vgl. Grundlagenkapitel, S. 5).

Aufgabe 3 Untersuchen Sie vor dem Hintergrund dieser Information die äußere Form des Gedichts.

Da diese Hymne keine feste strophische Gliederung und unregelmäßige Verslängen aufweist, da sie reimlos ist und kein festes Metrum besitzt, da vielmehr jeder Vers über eine beliebige Zahl von Hebungen verfügt, zwischen denen entweder keine oder bis zu drei unbetonte Silben als Senkungen stehen können, handelt es sich bei dem Gedicht um sogenannte **freie Rhythmen** oder freirhythmische Verse, wie sie auch von anderen Hymnen des Sturm und Drang, insbesondere des jungen Goethe, her bekannt sind.

Aufgabe 4 Welche rhythmische Bewegung ergibt sich dadurch im Gedicht?

Stellen Sie, wenn Sie die nächste Aufgabe lösen, eine Verknüpfung zu Ihrer Einleitung und dem dort festgehaltenen vorläufigen Gesamtverständnis her. Dadurch soll erkennbar werden, dass der Interpretationsaufsatz nicht aus einer Aneinanderreihung von isolierten Aspekten besteht, sondern einen ständigen **Wechselbezug** zwischen **ganzheitlichem Deutungsansatz** und **Detailanalyse** erfordert. Außerdem wird so der Stellenwert des jeweiligen Abschnitts für die Entwicklung des Gedankengangs insgesamt deutlich.

Aufgabe 5 Beschreiben Sie die äußere Form in einem fortlaufenden Text.

Analyse der inneren Form

Der gedankliche Aufbau

Vor einer Einzeluntersuchung des Gehalts sollte die **Rolle des lyrischen Subjekts** oder allgemein die Kommunikationssituation im Gedicht geklärt werden: Es spricht hier zwar ein lyrisches Ich; zu prüfen ist aber, ob nicht der Dichter der Figur seine eigenen Gedanken in den Mund gelegt hat. Der programmatische Gestus des Sprechens deutet auf diese Möglichkeit hin. Ein Gedicht, in dem der Dichter „die Empfindungen und Gedanken einer zeittypischen Gestalt als monologische Ichaussprache zum Ausdruck bringt" (Gero von Wilpert), nennt man ein **Rollengedicht**.

> **ROLLENLYRIK**
>
> Bei einem Rollengedicht spricht zwar ein Ich als explizit im Gedicht anwesendes lyrisches Subjekt, es handelt sich dabei jedoch nicht um die unmittelbare Ich-Aussprache des Dichters oder die üblicherweise mit dem lyrischen Ich bezeichnete Sprecherfunktion im Gedicht. Wir haben es vielmehr mit der Rollenrede einer erfundenen Figur zu tun, welcher der Autor seine eigenen (oder die der betreffenden Rolle) nachempfundenen Gedanken und Gefühle in den Mund legt. Die Sprecherperspektive ist dadurch streng an die jeweilige Rolle gebunden.
>
> Meistens ist schon der Titel, wenn er einen Sprecher nennt, ein Indiz dafür, dass der Verfasser nicht mit dem Sprecher-Ich des Gedichts identisch sein kann. Der Autor selbst ‚spricht' lediglich im Titel, in der Rede des Gedichts erklingt dagegen die ‚Stimme' einer fiktiven oder historischen (auch mythischen) Figur.
>
> Der Sprecher oder die Sprecherin im Rollengedicht verkörpern häufig einen bestimmten Personentyp (zum Beispiel Künstler, Hirte, Wanderer, Soldat, verlassenes Mädchen), der im Allgemeinen schon aus dem Gedichttitel (z. B. Clemens Brentanos *Der Spinnerin Lied*) hervorgeht, oder eine für die jeweilige Epoche repräsentative Figur. So ist etwa der gegen überkommene Autorität und Normen aufbegehrende Prometheus die ideale Verkörperung des Lebensgefühls der Epoche des Sturm und Drang und der Geniebewegung.

Teil der Rolle des lyrischen Subjekts ist die Perspektive des Sprechers. Der Wechsel der Perspektive bezeichnet daher auch eine Zäsur im gedanklichen Aufbau eines Textes.

Aufgabe 6 Bestimmen Sie die Sprecherperspektive.

Aufgabe 7 Ermitteln Sie stichpunktartig den gedanklichen Aufbau der Hymne. Lässt sich eine bestimmte Kompositionsfigur erkennen?

Die Sprachgestalt

Die einzelnen Gestaltungsebenen und -elemente eines Gedichts greifen notwendig ineinander, stehen immer in einem Wechselverhältnis. Bei der Analyse müssen sie selbstverständlich zunächst einzeln untersucht werden, in der späteren Darstellung dürfen sie jedoch nie isoliert abgehandelt werden, sondern müssen immer in ihrer Funktion, im Zusammenwirken aller Elemente, erläutert werden. Dies kann häufig dazu führen, dass etwa formale oder sprachliche Gegebenheiten bei der Erläuterung der thematischen Gliederung herangezogen werden. Ob die untersuchten sprachlichen Mittel tatsächlich für das Verständnis des betreffenden Gedichts von Bedeutung sind, lässt sich unter anderem durch folgende Fragen ermitteln:

Peter Paul Rubens: Der gefesselte Prometheus (1611)

- Inwieweit weicht die gefundene Struktur von der neutralen Sprachnorm ab?
- Inwieweit entspricht die festgestellte Erscheinung der im Ersteindruck festgehaltenen Sprachhaltung (hier: dem Gestus von Erregung und Expressivität)? Widerspricht sie im Gegenteil diesem Gesamteindruck?
- Tragen die vorherrschenden sprachlichen Besonderheiten zur Profilierung von Aussage oder Teilaussagen des Gedichts bei? (Die bloße Aufzählung von sprachlichen Mitteln ist unergiebig.)

Aufgabe 8 Untersuchen Sie die Hymne auf charakteristische sprachliche und rhetorische Merkmale hin.

Aufgabe 9 Stellen Sie nun den inneren Aufbau der Hymne dar, indem Sie die bisherigen Teilergebnisse zur Situation von Sprecher und Adressat in einem fortlaufenden Text bündeln. Integrieren Sie dabei auch die Beobachtungen zur Sprachform in ihrer jeweiligen Funktion.

Gesamtdeutung

Die Gesamtdeutung führt die in den Teilschritten der Analyse aspektorientiert ermittelten Ergebnisse integrierend zusammen. Dabei kommt es darauf an, einen Integrationsaspekt zu finden, in dem sich alle Einzelergebnisse treffen und der für die Autorintention oder die Gedichtaussage zentral ist. Solche integrativen Aspekte ergeben sich häufig

- durch Rückgriff auf den Ersteindruck (und die dabei entwickelten Hypothesen); sie fragen, wodurch er hauptsächlich bestimmt war, und prüfen, inwieweit er sich im Verlauf der Analyse anhand der Teildeutungen bestätigt hat – oder gegebenenfalls korrigiert werden muss.
- durch Anknüpfen an den Aufbau des Gedichts. Dies ist dann sinnvoll, wenn Sie eine bestimmte Kompositionsfigur erkannt haben (zum Beispiel Steigerung oder zyklische Wiederkehr), die die Gedichtaussage transportiert.

Je eingehender bei der Analyse von Teilaspekten integrierende Querbezüge zum Ganzen des Gedichts hergestellt wurden, umso knapper kann die Gesamtdeutung ausfallen.

Aufgabe 10 Überlegen Sie, inwieweit Goethes spezifische Anverwandlung des Prometheus-Mythos für die Deutung der Hymne relevant ist.

Aufgabe 11 Formulieren Sie, ausgehend von den Ergebnissen der textimmanenten Erschließung, eine zusammenfassende Deutung des Gedichts.

Methodenreflexion

Das bisherige Vorgehen bei der **Erschließung** des Gedichts war **textimmanent** orientiert. Es zielte darauf, unter heutiger Perspektive die Struktur des Textes, das heißt das Zusammenwirken der einzelnen Textkonstituenten, zu ermitteln und zu beschreiben. Die Ergebnisse dieser Untersuchung sollten für die Erläuterung der Wirkung des Gedichts auf den Leser und die Bestimmung der vermutlichen Autorintention fruchtbar gemacht werden.

Um die Gesamtbedeutung eines Textes (annähernd) zu erschließen, muss man den Text jedoch über dessen immanente Interpretation hinaus in seinem **Zeithorizont** sehen. Zu fragen ist dabei nach der vermutlichen Erwartungshaltung der zeitgenössischen Adressaten, nach geistes- und literaturgeschichtlichen Bezügen und möglichen zeit- und kontextbedingten Bedeutungsvarianten, um zu einem umfassenderen Verständnis des Textes zu gelangen.

Das Gedicht im Kontext der Epoche

Wenn Goethe nachträglich seine *Prometheus*-Hymne als „Zündkraut einer Explosion" einschätzt, spricht er ihr potenzielle Wirkungsmöglichkeiten zu, die unter Umständen über den Rahmen des Literarisch-Ästhetischen hinausgehen und die aufgrund ihrer Sprengkraft das lange Zögern des Autors bei der Veröffentlichung des Gedichts verständlich erscheinen lassen.

Aufgabe 12 Vergegenwärtigen Sie sich die geistesgeschichtliche und politisch-historische Situation im Deutschland der zweiten Hälfte des 18. Jahrhunderts stichwortartig in Grundzügen.

Aufgabe 13 In welchen Bereichen ergeben sich Berührungspunkte zwischen Gedicht und historischem Kontext? Verfassen Sie hierzu – unter Berücksichtigung sowohl des politisch-historischen wie auch des religiösen und des künstlerischen Aspekts – einen zusammenhängenden Text.

Der 1934 errichtete Prometheus-Brunnen vor dem Rockefeller Center in New York

Interpretation einer Ballade
Friedrich Schiller: Die Bürgschaft

Text **Friedrich Schiller** (1759–1805)
Die Bürgschaft (entstanden 1799)

Zu Dionys, dem Tyrannen, schlich
Damon, den Dolch im Gewande;
Ihn schlugen die Häscher in Bande,
„Was wolltest du mit dem Dolche? sprich!"
5 Entgegnet ihm finster der Wüterich.
„Die Stadt vom Tyrannen befreien!"
„Das sollst du am Kreuze bereuen."

„Ich bin", spricht jener, „zu sterben bereit
Und bitte nicht um mein Leben,
10 Doch willst du Gnade mir geben,
Ich flehe dich um drei Tage Zeit,
Bis ich die Schwester dem Gatten gefreit;
Ich lasse den Freund dir als Bürgen,
Ihn magst du, entrinn ich, erwürgen."

15 Da lächelt der König mit arger List
Und spricht nach kurzem Bedenken:
„Drei Tage will ich dir schenken;
Doch wisse, wenn sie verstrichen, die Frist,
Eh du zurück mir gegeben bist,
20 So muß er statt deiner erblassen,
Doch dir ist die Strafe erlassen."

Und er kommt zum Freunde: „Der König gebeut,
Daß ich am Kreuz mit dem Leben
Bezahle das frevelnde Streben.
25 Doch will er mir gönnen drei Tage Zeit,
Bis ich die Schwester dem Gatten gefreit;
So bleib du dem König zum Pfande,
Bis ich komme zu lösen die Bande."

Und schweigend umarmt ihn der treue Freund
30 Und liefert sich aus dem Tyrannen,
Der andere ziehet von dannen.
Und ehe das dritte Morgenrot scheint,
Hat er schnell mit dem Gatten die Schwester vereint,

Eilt heim mit sorgender Seele,
35 Damit er die Frist nicht verfehle.

Da gießt unendlicher Regen herab,
Von den Bergen stürzen die Quellen,
Und die Bäche, die Ströme schwellen.
Und er kommt ans Ufer mit wanderndem Stab,
40 Da reißet die Brücke der Strudel herab,
Und donnernd sprengen die Wogen
Des Gewölbes krachenden Bogen.

Und trostlos irrt er an Ufers Rand:
Wie weit er auch spähet und blicket
45 Und die Stimme, die rufende, schicket.
Da stößet kein Nachen vom sichern Strand,
Der ihn setze an das gewünschte Land,
Kein Schiffer lenket die Fähre,
Und der wilde Strom wird zum Meere.

50 Da sinkt er ans Ufer und weint und fleht,
Die Hände zum Zeus erhoben:
„O hemme des Stromes Toben!
Es eilen die Stunden, im Mittag steht
Die Sonne, und wenn sie niedergeht
55 Und ich kann die Stadt nicht erreichen,
So muß der Freund mir erbleichen."

Doch wachsend erneut sich des Stromes Wut,
Und Welle auf Welle zerrinnet,
Und Stunde an Stunde entrinnet.
60 Da treibt ihn die Angst, da faßt er sich Mut
Und wirft sich hinein in die brausende Flut
Und teilt mit gewaltigen Armen
Den Strom, und ein Gott hat Erbarmen.

Und gewinnt das Ufer und eilet fort
65 Und danket dem rettenden Gotte,
Da stürzet die raubende Rotte
Hervor aus des Waldes nächtlichem Ort,
Den Pfad ihm sperrend, und schnaubet Mord
Und hemmet des Wanderers Eile
70 Mit drohend geschwungener Keule.

„Was wollt ihr?" ruft er für Schrecken bleich,
„Ich habe nichts als mein Leben,
Das muß ich dem Könige geben!"
Und entreißt die Keule dem nächsten gleich:

75 „Um des Freundes willen erbarmet euch!"
Und drei mit gewaltigen Streichen
Erlegt er, die andern entweichen.

Und die Sonne versendet glühenden Brand,
Und von der unendlichen Mühe
80 Ermattet sinken die Kniee.
„O hast du mich gnädig aus Räubershand,
Aus dem Strom mich gerettet ans heilige Land,
Und soll hier verschmachtend verderben,
Und der Freund mir, der liebende, sterben!"

85 Und horch! da sprudelt es silberhell,
Ganz nahe, wie rieselndes Rauschen,
Und stille hält er, zu lauschen;
Und sieh, aus dem Felsen, geschwätzig, schnell,
Springt murmelnd hervor ein lebendiger Quell,
90 Und freudig bückt er sich nieder
Und erfrischet die brennenden Glieder.

Und die Sonne blickt durch der Zweige Grün
Und malt auf den glänzenden Matten
Der Bäume gigantische Schatten;
95 Und zwei Wanderer sieht er die Straße ziehn,
Will eilenden Laufes vorüber fliehn,
Da hört er die Worte sie sagen:
„Jetzt wird er ans Kreuz geschlagen."

Und die Angst beflügelt den eilenden Fuß,
100 Ihn jagen der Sorge Qualen,
Da schimmern in Abendrots Strahlen
Von ferne die Zinnen von Syrakus,
Und entgegen kommt ihm Philostratus,
Des Hauses redlicher Hüter,
105 Der erkennt entsetzt den Gebieter:

„Zurück! du rettest den Freund nicht mehr,
So rette das eigene Leben!
Den Tod erleidet er eben.
Von Stunde zu Stunde gewartet' er
110 Mit hoffender Seele der Wiederkehr,
Ihm konnte den mutigen Glauben
Der Hohn des Tyrannen nicht rauben."

„Und ist es zu spät, und kann ich ihm nicht
Ein Retter willkommen erscheinen,
115 So soll mich der Tod ihm vereinen.

Des rühme der blutge Tyrann sich nicht,
Daß der Freund dem Freunde gebrochen die Pflicht,
Er schlachte der Opfer zweie
Und glaube an Liebe und Treue!"

120 Und die Sonne geht unter, da steht er am Tor,
Und sieht das Kreuz schon erhöhet,
Das die Menge gaffend umsteht,
An dem Seile schon zieht man den Freund empor,
Da zertrennt er gewaltig den dichten Chor:
125 „Mich, Henker", ruft er, „erwürget!
Da bin ich, für den er gebürget!"

Und Erstaunen ergreift das Volk umher,
In den Armen liegen sich beide
Und weinen vor Schmerzen und Freude.
130 Da sieht man kein Auge tränenleer,
Und zum Könige bringt man die Wundermär,
Der fühlt ein menschliches Rühren,
Läßt schnell vor den Thron sie führen,

Und blicket sie lange verwundert an.
135 Drauf spricht er: „Es ist euch gelungen,
Ihr habt das Herz mir bezwungen;
Und die Treue, sie ist doch kein leerer Wahn,
So nehmet auch mich zum Genossen an:
Ich sei, gewährt mir die Bitte,
140 In eurem Bunde der Dritte."

Aus: Friedrich Schiller: Werke in drei Bänden. Herausgegeben von Herbert G. Göpfert unter
Mitwirkung von Gerhard Fricke. München: Carl Hanser Verlag 1966, Band 2, S. 763–767

Worterklärungen:
V. 1: *Tyrann:* in der griechischen Antike ein Alleinherrscher
V. 22: *gebeut:* gebietet, befiehlt

Aufgabenstellung Interpretieren Sie die Ballade unter Berücksichtigung ihres geistesgeschichtlichen Kontextes.

Erschließen der Aufgabenstellung

Die Arbeitsanweisung zielt auf drei Schwerpunkte. Zunächst wird eine **textimmanente Interpretation** unter Berücksichtigung der entsprechenden Schritte erwartet.

Andererseits erinnert der Hinweis auf die Gedichtart daran, dass die **Ballade als Mischgattung**, die sowohl epische als auch dramatische sowie poetisch-lyrische Elemente enthält, teilweise eine andere Akzentsetzung verlangt als die bisher behandelten, zumindest überwiegend, lyrischen Gedichte. Inhalts- und Handlungsaspekt werden einen breiteren Raum beanspruchen, möglicherweise auch Momente einer szenisch-dramatischen Gestaltung.

Im Hinblick auf den **geistesgeschichtlichen Ort** dieser Ballade müssen schließlich gleich mehrere Aspekte nachgefragt werden: Welche allgemeine politisch-historische Situation bestimmte die geistige Lage der Zeit, welche Position bezog Schiller in dieser Konstellation, und wie hat sich diese speziell in der *Bürgschaft* niedergeschlagen? Oder auch: Inwieweit kann die Ballade gar als Versuch des Eingriffs in die Verhältnisse gelesen werden?

Als Arbeitsprogramm und vorläufige Grobgliederung ergibt sich daher:

Grobgliederung

A Einleitung (Überblick und vorläufiges Gesamtverständnis)
B Interpretation im geistesgeschichtlichen Kontext
   I. Textimmanente Analyse und Interpretation der Balladenstruktur
      1. Darbietungsform
      2. Beschreibung der äußeren Form
      3. Handlungs- und Aufbaustruktur
      4. Die Gestaltungsmittel in ihrer Funktion
      5. Gesamtdeutung (textimmanent):
         Die Ballade als Apotheose der Freundschaft
   II. Die Ballade im geistesgeschichtlichen Kontext
      1. Der historisch-politische Kontext (Französische Revolution)
      2. Der geistesgeschichtliche Kontext (Idealismus der Weimarer Klassik)
      3. Die Ballade als Instrument der ästhetischen Erziehung

Verfassen der Einleitung

Gehen Sie schon in der Einleitung auf die **Besonderheit dieser Gedichtart** ein:

- Sammeln Sie alle äußeren Daten (zu Autor, Titel, Entstehungszeit) für eine erste Überblicksinformation über die Ballade.
- Lesen Sie das Gedicht aufmerksam durch und halten Sie auf einem Beiblatt stichwortartig erste Eindrücke und Fragen einschließlich einer vorläufigen Vermutung zur Autorintention beziehungsweise Aussage des Gedichts fest. Folgende Fragen sind bei einer Ballade besonders wichtig: Worum geht es, was geschieht in dem Gedicht? Welches Thema wird anhand dieses Handlungsablaufs gestaltet?

- Halten Sie weitere Auffälligkeiten oder Ihnen für das Gedicht charakteristisch erscheinende Einzelheiten fest.
- Infolge der grundsätzlich eingeschränkten Sinnoffenheit der Ballade erübrigen sich auch weitgehend Überlegungen zum individuellen Verstehenshorizont. Es ist allerdings immer sinnvoll, sich vorab Verständnisschwierigkeiten sachlicher und sprachlicher Art bewusst zu machen.

Aufgabe 1   Legen Sie diese Übersicht an.

Textbeschreibung: Darbietungsform und äußere Form

In Anbetracht des Mischcharakters der Balladenform greifen Sie deshalb bei der Textbeschreibung und Analyse einer Ballade am besten grundsätzlich auf Ihre Kenntnisse zur Analyse epischer und dramatischer Texte zurück.

Aufgabe 2: Beschreiben Sie die Darbietungsform und Kommunikationssituation des Textes.

Aufgabe 3: Beschreiben Sie die äußere Form in einem fortlaufenden Text. Berücksichtigen Sie, soweit dies möglich und sinnvoll erscheint, auch ihre spezifische Funktion für die Gedichtart *Ballade*.

BALLADE

Die Ballade, ursprünglich ein italienisch-provençalisches lyrisches Tanzlied, wird in Deutschland und Nordeuropa mit epischen Inhalten verbunden und so zu einem volkstümlichen Erzähllied. In der Zeit der Klassik entwickelten Goethe und Schiller die „Volksballade" weiter zur sogenannten „Ideenballade". Im Unterschied zum rein lyrischen Gedicht vereint die Ballade in der Auffassung Goethes die „drei Grundarten der Poesie" (die epische, lyrische und dramatische) „wie in einem lebendigen Ur-Ei" (*Über Kunst und Altertum* III,1 1821).

Inhalt der B. ist meist ein ungewöhnliches oder geheimnisvolles, oft tragisches Ereignis aus Geschichte oder Mythos, das in Gedichtform *episch* erzählt wird. Charakteristisch ist die Verwendung *dramatischer* Elemente (Handlungsstruktur, Spannungsaufbau und dramatischer Dialog). In der Handlungsstruktur und dem gezielten Einsatz szenischer Partien ergeben sich darüber hinaus auch enge Bezüge zwischen Ballade und Novelle, bei der Höhepunkt, Wendepunkt und Schluss meist sehr eng beieinander liegen. Spezifisch lyrische Elemente tragen zur Vermittlung einer *lyrischen* Gestimmtheit bei.

Analyse der inneren Form

Besonders bei der inneren Form ergeben sich auffallende Berührungspunkte von Ballade und Drama. In einem ausgeprägt handlungsorientierten Text, wie er in dieser Ballade vorliegt, ist für die Bedeutungskonstitution vorrangig die Handlungsstruktur ausschlaggebend. Die Handlungsstruktur der Ballade entspricht in etwa dem inneren (thematischen) Aufbau beim lyrischen Gedicht.

Zur Ermittlung der einzelnen Geschehensschritte lassen sich verschiedene **Kriterien** heranziehen:
- **inhaltliche**: etwa Themen-, Motiv-, Schauplatz oder Personenwechsel,
- **formale**: insbesondere Textabschnitte, beispielsweise markiert durch Änderung der Strophenform oder des Metrums bei Gedichten,
- **erzähltechnische**: zum Beispiel Zeitgestaltung, Änderung der Erzählsituation, Wechsel von Erzählerbericht zu Figurenrede und umgekehrt.

Aufgabe 4 Stellen Sie anhand der oben genannten Kriterien stichwortartig (tabellarisch) die Geschehensschritte der Ballade dar, die die Grundlage einer gegliederten Inhaltsangabe bilden können.

> **Bauform des (klassischen) geschlossenen Dramas**
> Nach dem pyramidenförmigen Dramenschema von Gustav Freytag (*Die Technik des Dramas*, 1863) lassen sich die fünf Handlungseinheiten (Akte) des Dramas folgendermaßen beschreiben:
> 1. *Exposition* als Einführung in die Ausgangslage,
> 2. *steigende Handlung* mit *erregendem Moment*,
> 3. *Höhepunkt* und *Peripetie*,
> 4. *fallende Handlung* dem Ende zu (mit Verzögerung zur nochmaligen Spannungssteigerung),
> 5. Lösung des Konfliktes entweder durch die *Katastrophe* (den Untergang des Helden in der Tragödie) oder durch seinen *Sieg* (im Schauspiel).

Aufgabe 5 Bestimmen Sie die Funktion der in Aufgabe 4 ermittelten Sinneinheiten für die Entwicklung der Handlung. Orientieren Sie sich dabei gegebenenfalls auch an der Bauform des geschlossenen Dramas; auch die Skizzierung einer Spannungskurve kann hilfreich sein.

In Anbetracht des besonderen Gewichts, das bei der Ballade dem Inhalts- und Handlungselement zukommt, ist es verständlich, dass **spezifisch lyrische Gestaltungselemente**, etwa Überstrukturiertheit und ausgeprägte Metaphorik **nur eine untergeordnete Rolle spielen**. Stilistische, rhetorische und poetisch-lyrische Mittel sind nicht wie im lyrischen Gedicht primär Träger der Aussage, sondern dienen meist der Hervorhebung von im Erzählerbericht vermittelten Geschehensmomenten.

Aufgabe 6 Untersuchen Sie, inwieweit sprachlich-rhetorische und andere Gestaltungsmittel die Autorintention unterstützen.

Die Strukturierung dieser Ergebnisse kann sich sowohl an formalen Kategorien als auch an der **Funktion oder Wirkung der** betreffenden **Gestaltungsmittel** orientieren. Auch ein der Textchronologie folgendes Vorgehen ist bei der Materialsammlung denkbar, würde aber zu häufigen Wiederholungen bei der Erläuterung der jeweiligen Funktion führen.

Aufgabe 7 Fassen Sie Ihre bisherigen Erkenntnisse und Überlegungen der textimmanenten Deutung in einem Zwischenfazit zusammen. Stellen Sie dabei auch einen Bezug zur Autorintention her.

Beide Abbildungen: Illustrationen zu „Die Bürgschaft" von unbekannter Hand.© DLA / Marbach

Die Ballade in ihrem geistesgeschichtlichen Kontext

Mit der *Bürgschaft* greift Schiller ein durch den römischen Fabeldichter Hyginus (2. Jh. n. Chr.) überliefertes Geschehen aus der Zeit des Tyrannen Dionysius I. von Syrakus (4. Jh. v. Chr.) auf. Inwieweit eine solche weit über 2000 Jahre zurückliegende Begebenheit zwischen Gewaltherrscher und Untertan am Ende des 18. Jahrhunderts für einen Autor und seine Leser überhaupt noch bedeutsam sein kann, lässt sich nur über die Vergegenwärtigung der zur Entstehungszeit aktuellen politischen und geistesgeschichtlichen Tendenzen nachvollziehen.

Aufgabe 8   Rekapitulieren Sie stichwortartig die Ihnen (aus dem Unterricht) bekannten politischen Ereignisse und geistigen Strömungen des ausgehenden 18. Jahrhunderts, mit denen Schiller sich auseinandersetzte oder an denen er Anteil hatte.

Aufgabe 9   Setzen Sie die Ballade in Bezug zu diesem Kontext.

Interpretation eines Sonetts
Rainer Maria Rilke: Spätherbst in Venedig

Text **Rainer Maria Rilke** (1875–1926)
Spätherbst in Venedig (entstanden 1908)

Nun treibt die Stadt schon nicht mehr wie ein Köder,
der alle aufgetauchten Tage fängt.
Die gläsernen Paläste klingen spröder
an deinen Blick. Und aus den Gärten hängt

5 der Sommer wie ein Haufen Marionetten
kopfüber, müde, umgebracht.
Aber vom Grund aus alten Waldskeletten
steigt Willen auf: als sollte über Nacht

der General des Meeres die Galeeren
10 verdoppeln in dem wachen Arsenal,
um schon die nächste Morgenluft zu teeren

mit einer Flotte, welche ruderschlagend
sich drängt und jäh, mit allen Flaggen tagend,
den großen Wind hat, strahlend und fatal.

Frühsommer 1908, Paris

Aus: Rainer Maria Rilke: Sämtliche Werke. Herausgegeben vom Rilke-Archiv in Verbindung mit Ruth Sieber-Rilke, besorgt durch Ernst Zinn. Erster Band: Gedichte. Erster Teil (darin: Der Neuen Gedichte anderer Teil. Erschienen November 1908). Frankfurt am Main: Insel Taschenbuch Verlag 1987, S. 609f.

Worterklärungen:
V. 9: *Galeere*: mittelalterliches Kriegsschiff im Mittelmeerraum, das sowohl mit Rudern als auch mit Segeln ausgestattet war.
V. 10: *Arsenal*: Schiffswerft, Zeughaus und Flottenbasis der Republik Venedig. 1104 begonnen, wurden die Werftanlagen im Laufe der Jahrhunderte mehrmals erweitert und galten bis zum Zeitalter der Industrialisierung als größter Produktionsbetrieb Europas.
V. 14: *fatal*: Gegenüber dem heutigen Wortgebrauch im Sinne von „verhängnisvoll, peinlich" ist die eigentliche Bedeutung (aus lat. fatalis) „vom Schicksal bestimmt, verderbenbringend" weitgehend verblasst.

Aufgabenstellung

1. **Analysieren und interpretieren Sie das Gedicht.**
2. **Ordnen Sie das Gedicht einer literaturgeschichtlichen Epoche zu und begründen Sie Ihre Entscheidung anhand inhaltlicher und sprachlicher Merkmale.**

Erschließen der Aufgabenstellung

Die Aufgabenstellung entspricht den im Abitur gängigen Arbeitsanweisungen. Grundsätzlich empfiehlt sich also auch hier ein Vorgehen nach den bekannten Arbeitsschritten der **textimmanenten Interpretation**.

Mit der geforderten **Epochenzuordnung** geht die Aufgabenstellung allerdings über reine Textimmanenz hinaus. In der unter Epochengesichtspunkten vorzunehmenden Auseinandersetzung mit inhaltlichen und sprachlichen Besonderheiten des Gedichts ergibt sich zwangsläufig auch zumindest im Ansatz eine **weitere Verstehensmöglichkeit**, die die Betrachtung unter einer strikt heutigen Perspektive nicht eröffnen kann. Hier wird etwa nach der Rolle zu fragen sein, die Venedig im Bewusstsein der Reisenden, aber auch im allgemeinen politischen und wirtschaftlichen Gefüge zur Entstehungszeit des Gedichts gespielt hat. Ein vertieftes Verständnis des Gedichts wird vor allem aber aus der Ermittlung seiner Position im Zusammenspiel der literarischen und mentalitätsgeschichtlichen Strömungen um die Wende vom 19. zum 20. Jahrhundert zu erwarten sein. Da Venedig in vielen um 1900 entstandenen Werken – so etwa auch bei Hugo von Hofmannsthal und Thomas Mann – in jeweils ganz ähnlicher Weise als Symbol für ein bestimmtes Lebensgefühl eingesetzt worden ist, ist es nützlich, wenn man auf entsprechende Lektürekenntnisse zurückgreifen kann. Die Epochenzuordnung dürfte dann nicht mehr schwerfallen.

Als Arbeitsprogramm und vorläufige Grobgliederung ergibt sich aus diesen Vorüberlegungen:

Grobgliederung

A Einleitung (Überblick und vorläufiges Gesamtverständnis)
B I. Interpretation
    1. Beschreibung der äußeren Form und des äußeren Aufbaus
    2. Analyse der inneren Form (gedankliche Struktur, Kommunikationssituation sowie sprachliche und poetische Gestaltungsmittel in ihrer Funktion)
    3. Gesamtdeutung
  II. Epochenzuordnung als vertieftes Textverständnis
    1. Die Signatur der Zeit: Fin de siècle und Décadence
    2. Der Zeitbezug im Gedicht

Verfassen der Einleitung

Die Einleitung baut – wie immer – auf den vorliegenden Informationen zu Autor und Text und Ihrem umsichtig reflektierten Ersteindruck auf:
- Halten Sie alle einschlägigen und Ihnen bekannten äußeren Daten (zu Autor, Titel, Gedichtart und Entstehungszeit) für eine erste Überblicksinformation über das Gedicht fest.
- Gehen Sie vom Gedichttitel aus und stellen Sie sich folgende Fragen:
  1. Welche Vorstellung(en) verbinden Sie persönlich mit Venedig?
  2. Welche Erwartung weckt der Gedichttitel bei Ihnen?
- Lesen Sie, soweit die Situation dies erlaubt, das Gedicht mit ausreichend lauter Stimme, damit Sie sich beim Vortrag zuhören können. Welchen Ersteindruck von der Stimmung oder der Haltung des Sprechers, der Klanggestalt und rhythmischen Bewegung des Gedichts erhalten Sie dabei?
- Auf welche(n) Bereich(e) verweisen die Bildersprache und die Motive – soweit jetzt schon bestimmbar – schwerpunktmäßig? Welche sprachlichen Besonderheiten fallen Ihnen spontan auf? Ergeben sich erste Vermutungen hinsichtlich der Autorintention? Folgende Fragen können dabei hilfreich sein: Worum geht es in dem Gedicht? Welches Thema wird gestaltet?
- Welche Werke anderer Autoren kennen Sie (beispielsweise aus dem Unterricht), die eine ähnliche Thematik behandeln? Inwieweit haben Sie sich bei Ihrer Erstrezeption von diesen Vorkenntnissen leiten lassen?

Vermutlich werden Sie nicht alle Beobachtungen in Ihrer Einleitung verwenden, sondern einige in der späteren Analyse unter passenden Gesichtspunkten heranziehen.

Aufgabe 1 Stellen Sie auf einem Beiblatt Ihre Beobachtungen zu einer Materialsammlung zusammen.

Untersuchung der äußeren Form des Gedichts

Bei **Gedichtarten**, die durch eine **feststehende Form** definiert sind – das ist etwa bei einem Sonett oder bei Terzinen der Fall, bei einer Ballade aber zum Beispiel nicht –, ist oft schon die bewusste Entscheidung des Autors für gerade diese Form ein Hinweis auf seine Intention. Auch als Leser verknüpfen Sie aufgrund Ihrer Lektüreerfahrung mit bestimmten Gedichtarten feste Vorstellungen, die Ihren Leseprozess bewusst lenken oder unbewusst beeinflussen können. Solche Zusammenhänge sollten Sie sich bei der Formanalyse stets bewusst halten.

Blick auf dem Markusplatz und den Dogenpalast

DAS SONETT

Das Sonett entstand im Mittelalter in Italien (ital. *sonare*: klingen, tönen) und kam im 16. Jh. nach Deutschland, wo es im 17. Jh. vorübergehend zur beliebtesten Gedichtform wurde. Das Sonett hat eine strenge **Bauform**: Insgesamt 14 Verse sind deutlich in vier Strophen gegliedert, zwei Vierzeiler (Quartette) und zwei Dreizeiler (Terzette). Die Reimordnung ist ursprünglich abba abba cdc dcd. Abweichend von diesem strengen Schema haben sich in den Terzetten schon früh zahlreiche Varianten durchgesetzt (cde cde; ccd ede u. a.); bei den Quartetten ist es inzwischen auch möglich, jede Strophe besonders zu reimen (abba cddc; abab cdcd u. a.).

Während im 17. Jh. durchgehend der aus Frankreich übernommene **Alexandriner** (sechshebiger Jambus mit einer Zäsur nach der dritten Hebung, z. B.: *Was dieser heute baut, reißt jener morgen ein*) das bestimmende Versmaß war, herrscht seit dem 18. Jh. der fünfhebige Jambus vor. Im Unterschied dazu ist die englische Variante (z. B. Shakespeares Sonette) in drei Vierzeiler und ein abschließendes Verspaar mit selbstständigem Paarreim (Couplet) gegliedert (wobei im Druckbild keine Strophengrenzen erscheinen); das Versmaß ist hier ebenfalls der fünfhebige Jambus.

Gemeinsam ist beiden Spielarten wegen ihrer sich zum Schluss hin zuspitzenden äußeren Form eine starke Tendenz zur **Pointierung** der Aussage. Aufgrund der strengen Zweiteilung des ‚klassischen' deutschen Sonetts in Quartette und Terzette gilt es als Form der diskursiven gedanklichen Auseinandersetzung und antithetischen Gedankenführung. Die Sprachhaltung ist daher oft reflektierend.

Aufgabe 2 Ermitteln Sie die äußere Form des Gedichts. Beachten Sie dabei auch Ihre durch die Gedichtform möglicherweise ausgelöste Erwartungshaltung.

Analyse der inneren Form

In Rilkes Gedicht wird ein „Du" angesprochen. Entsprechend muss überlegt werden, wer der Adressat der Zeilen ist.

Aufgabe 3 Beschreiben Sie die Kommunikationssituation im Gedicht. Stellen Sie auch dar, inwieweit diese mit der äußeren Form des Textes korrespondiert.

Aufgabe 4 Ermitteln Sie den inneren Aufbau des Gedichts. Welche Struktur ist zu erkennen?

Bei der Untersuchung des inneren Aufbaus hat sich gezeigt, dass die **gedanklichen Inhalte** – wie es bei einem im eigentlichen Sinne lyrischen Gedicht auch nicht anders zu erwarten ist –, oft nicht ausdrücklich denotativ benannt werden, sondern **primär über die Bildanalyse zu gewinnen** sind. Darauf und auf eine mögliche Semantisierung weiterer sprachlicher und poetischer Gestaltungsmittel sollten Sie auch bei der Detailanalyse der poetischen Textgestalt besonders achten.

Nachdem sich wiederholt eine **zweiteilige Makrostruktur** des Gedichts ergeben hat, erscheint es sinnvoll, bei der Texterschließung im Detail beide Gedichtteile nacheinander auf ihre jeweilige Gestaltung des bestimmenden Bildkomplexes hin zu untersuchen.

Aufgabe 5 Ermitteln Sie die charakteristischen sprachlichen und poetischen Mittel in ihrer Funktion für die Entfaltung der beiden Venedigbilder. Gehen Sie dabei satzweise vor.

Aufgabe 6 Fassen Sie Ihre bisherigen Ergebnisse in einer Gesamtdeutung kurz zusammen.

Venedig um 1880: Gondel-Corso aus dem Canale Grande, im Hintergrund die Rialto-Brücke.

Einordnung in die literaturgeschichtliche Epoche

Jeder Autor hat seinen eigenen Individualstil, so ist für Rilke beispielsweise u.a. der sehr eigenwillige Umgang mit der traditionellen Sonettform charakteristisch. Darüber hinaus kommt es aber immer wieder zu auffallenden inhaltlich-thematischen (motivlichen) und stilistisch-formalen Überschneidungen zwischen Werken verschiedener, im gleichen Zeitraum schreibender Dichter, die darauf zurückzuführen sind, dass diese Autoren alle gleichen Zeitumständen, Erfahrungen sowie Ideen ausgesetzt sind oder sich bestimmten literarischen Traditionen verbunden fühlen und bewusst darauf reagieren oder unbewusst davon beeinflusst sind. In diesem Fall spricht man von literaturgeschichtlichen *Epochen*, in denen sich eigene *Epochenstile* herausgebildet haben. Da die literaturgeschichtliche Entwicklung jedoch als ein Kontinuum verläuft, können Epochengrenzen immer nur fließend sein, nicht selten kann es auch zur Überschneidung unterschiedlicher Epochen kommen.

Die Einordnung eines Werkes in eine literaturgeschichtliche Epoche versucht, die im Werk greifbaren Spuren (überindividuelle formale und stilistische Eigentümlichkeiten, thematische Bezüge) der betreffenden Epoche freizulegen, um so ein tieferes Verständnis zu ermöglichen. Die ideale Vorgehensweise dabei wäre die Arbeit mit Quellentexten aus Kultur, Geistes- und allgemeiner Geschichte des betreffenden Zeitraums. Da dies für Sie als Schüler in einer Prüfungssituation nur ausnahmsweise möglich ist, sind Sie auf entsprechende Vorkenntnisse aus dem Unterricht und auf literaturgeschichtliche Darstellungen angewiesen; hilfreich ist auch die Erinnerung an Themen und Motive anderer Werke der betreffenden Epoche, die Sie kennengelernt haben.

Aufgabe 7 Ordnen Sie das Gedicht einer literaturgeschichtlichen Epoche zu und begründen Sie Ihre Entscheidung anhand inhaltlicher und gestalterischer Merkmale.

Interpretation eines Großstadtgedichts
Georg Heym: Die Stadt

Texte **Georg Heym** (1887–1912)
Die Stadt (entstanden 1911)

Sehr weit ist diese Nacht. Und Wolkenschein
Zerreißet vor des Mondes Untergang.
Und tausend Fenster stehn die Nacht entlang
Und blinzeln mit den Lidern, rot und klein.

5 Wie Aderwerk gehn Straßen durch die Stadt,
Unzählig Menschen schwemmen aus und ein.
Und ewig stumpfer Ton von stumpfem Sein
Eintönig kommt heraus in Stille matt.

Gebären, Tod, gewirktes Einerlei,
10 Lallen der Wehen, langer Sterbeschrei,
Im blinden Wechsel geht es dumpf vorbei.

Und Schein und Feuer, Fackeln rot und Brand,
Die drohn im Weiten mit gezückter Hand
Und scheinen hoch von dunkler Wolkenwand.

Aus: Georg Heym: Dichtungen und Schriften. Hrsg. von Karl Ludwig Schneider. Band I: Lyrik. Hamburg und München: Heinrich Ellermann 1964, S. 452

Zusatzmaterialien
Text 1

„Welch ein Trommelfeuer von bisher ungeahnten Ungeheuerlichkeiten prasselt seit einem Jahrzehnt auf unsere Nerven nieder! [...] Man male sich zum Vergleich nur aus, wie ein Zeitgenosse Goethes oder ein Mensch des Biedermeier seinen Tag in Stille verbrachte, und durch welche Mengen von Lärm, Erregungen, Anregungen heute jeder Durchschnittsmensch täglich sich durchzukämpfen hat, mit der Hin- und Rückfahrt zur Arbeitsstätte, mit dem gefährlichen Tumult der von den Verkehrsmitteln wimmelnden Straßen, mit Telephon, Lichtreklame, tausendfachen Geräuschen und Aufmerksamkeitsablenkungen. Wer heute zwischen dreißig und vierzig Jahre alt ist, hat noch gesehen, wie die ersten elektrischen Bahnen zu fahren begannen, hat die ersten Autos erblickt, hat die jahrtausendelang für unmöglich gehaltene Eroberung der Luft in rascher Folge mitgemacht, hat die sich rapid übersteigenden Schnelligkeitsrekorde all dieser Entfernungsüberwinder, Eisenbahnen, Riesendampfer, Luftschiffe, Aeroplane miterlebt."

Kurth Pinthus (1925). Zitiert nach Silvio Vietta/Hans-Georg Kemper: Expressionismus. München: Fink Verlag ³1985, S. 11

Text 2
„[…] zu Großem sind wir noch bestimmt, und herrlichen Tagen führe ich euch noch entgegen."

Kaiser Wilhelm II. am 24. Februar 1892. Zitiert nach: Schutte, Jürgen und Sprengel, Peter (Hrsg.): Die Berliner Moderne 1885–1914. Stuttgart: Philipp Reclam jun. 1987, S. 118

Text 3
„Mein Gott – ich ersticke noch mit meinem brachliegenden Enthousiasmus in dieser banalen Zeit."

Georg Heym: Tagebucheintrag vom 15. September 1911. Zitiert nach: Heym, Georg: Gedichte und Prosa. Hrsg. von Hans Rauschning. Frankfurt am Main: Fischer Bücherei 1962, S. 162

Text 4
„Unsere ganze europäische Kultur bewegt sich seit langem schon mit einer Tortur der Spannung, die von Jahrzehnt zu Jahrzehnt wächst, wie auf eine Katastrophe los."

Friedrich Nietzsche: Werke in drei Bänden. Hrsg. von Karl Schlechta. Bd. 3. München: Carl Hanser Verlag 1956, S. 634

Text 5
„[…] die Menschheit hat im ganzen *keine* Ziele, folglich kann der Mensch in Betrachtung des ganzen Verlaufs, nicht darin seinen Trost und Halt finden, sondern seine Verzweiflung. Sieht er bei allem, was er tut, auf die letzte Ziellosigkeit der Menschen, so bekommt sein eignes Wirken in seinen Augen den Charakter der Vergeudung."

Friedrich Nietzsche: Werke in drei Bänden. Hrsg. von Karl Schlechta. Bd. 1. München: Carl Hanser Verlag 1956, S. 472

Aufgabenstellung

1. Analysieren und interpretieren Sie das Gedicht unter folgenden Gesichtspunkten:
   Welches Bild der Stadt und ihrer Menschen wird entworfen?
   Wie wird die im Gedicht gestaltete Wirklichkeit bewertet?
   Beachten Sie dabei Aufbau sowie sprachliche und rhetorische Gestaltungsmittel in ihrer Funktion.

2. Vertiefen Sie Ihre Interpretation anhand der beigefügten Zusatzmaterialien und benennen Sie den jeweils gewählten Interpretationsansatz.

Erschließen der Aufgabenstellung

Die klare Zweiteilung der Aufgabe verlangt eine entsprechende Grobgliederung des Aufsatzes:
Im ersten Teil wird, ungeachtet der in diesem Beispiel noch einmal zusätzlich differenzierten Aufgabenstellung, eine textimmanente Interpretation des Gedichts erwartet. Die beiden Zusatzfragen sprechen zwei inhaltliche und thematische Schwerpunkte des Gedichts an und stellen teilweise eine kategoriale Deutungsvorgabe dar, gewährleisten aber auch gleichzeitig, dass die damit angesprochenen Aspekte bei der Interpretation angemessen berücksichtigt werden.
Eine zwingende Reihenfolge der Arbeitsschritte ist dadurch jedoch nicht vorgegeben.

George Grosz: Dämmerung (1922)

Das Bild der Stadt und ihrer Menschen wird sich zwangsläufig im Zusammenhang der funktionalen Analyse der inneren Form ergeben, seine Bewertung erschließt sich am besten in Verbindung mit der Frage nach der Situation des Sprechers und seiner Haltung. Von daher erscheint es auch sinnvoll, äußere Form und inneren Aufbau des Gedichts in engem Zusammenhang zu untersuchen und erst danach Situation und Haltung des Sprechers zu thematisieren.

Der Hinweis auf die Funktion der Gestaltungsmittel kann als Erinnerung aufgefasst werden, sie angesichts der Betonung von thematischen Aspekten nicht in ihrer Funktion für Wirkung und Aussage des Gedichts zu vernachlässigen.

Die zweite Teilaufgabe ist noch einmal in sich gegliedert. Ihre Bearbeitung setzt im ersten Arbeitsauftrag voraus, dass die Zusatzmaterialien zunächst inhaltlich in ihrer jeweiligen Position zur Zeit und in ihrem Verhältnis zueinander erfasst werden. Anschließend ist zu prüfen, inwieweit Heyms Gedicht den aus den Quellen erschließbaren historischen und soziokulturellen Kontext reflektiert oder dessen Kenntnis ein vertieftes Verständnis des Gedichts ermöglicht. Der zweite Arbeitsauftrag zielt auf Methodenreflexion; die jeweiligen methodischen Ansätze ergeben sich aus der Art der Materialien.

Aus diesen Vorüberlegungen lässt sich folgende vorläufige Grobgliederung als Arbeitsprogramm ableiten:

Grobgliederung

A Einleitung (Überblick und vorläufiges Gesamtverständnis)
B I. Interpretation
   1. Beschreibung der äußeren Form und des äußeren Aufbaus
   2. Innere Struktur: Bild der Stadt und ihrer Menschen (gedankliche Struktur, sprachliche und poetische Gestaltungsmittel in ihrer Funktion)
   3. Gesamtdeutung:
      Das Bild der Stadt und ihrer Menschen
      Situation und Haltung des Sprechers
  II. Das Gedicht in seinem Kontext
   1. Ermittlung von Hauptströmungen des geschichtlichen und kulturellen Kontextes anhand der Quellentexte
   2. Die Position des Gedichts innerhalb dieses Spektrums
C Schluss (fakultativ)

Verfassen der Einleitung

Sammeln Sie Eindrücke und Fakten, die Sie unter anderem für eine erste Überblicksinformation zu dem Gedicht nutzen können:
- die Daten zu Autor, Titel, Gedichtart und -form und Entstehungszeit
- Welche Erwartung weckt der Gedichttitel bei Ihnen?
- Sprechen Sie das Gedicht leise vor sich hin. Welchen Ersteindruck von der Haltung des Sprechers, von der Stimmung oder der Klanggestalt und rhythmischen Bewegung des Gedichts erhalten Sie dabei?
- Auf welche(n) Bereich(e) verweisen die Bildersprache und die Motive auf den ersten Blick schwerpunktmäßig?
- Welche (sprachlichen oder anderen) Besonderheiten fallen Ihnen spontan auf?
- Welcher Gesamteindruck ergibt sich? Haben Sie erste Vermutungen hinsichtlich der Autorintention oder zum Thema des Gedichts?

Aufgabe 1 Stellen Sie auf einem Beiblatt Ihre Beobachtungen zu einer Materialsammlung zusammen.

Aufgabe 2 Formulieren Sie anhand Ihrer Materialsammlung eine Einleitung mit Überblickscharakter als fortlaufenden Text.

Untersuchung der äußeren Form

Dass es sich bei diesem Gedicht um ein Sonett handelt, haben Sie bereits bei Ihrer Erstrezeption festgestellt. Dennoch ist es auch in diesem Fall angezeigt, zu prüfen, inwieweit die hier verwirklichte Sonettform dem traditionellen Muster entspricht, da signifikante Abweichungen Rückschlüsse auf bestimmte Aspekte der Autorintention erlauben.

Aufgabe 3 Ermitteln Sie die äußere Form des Gedichts. Beachten Sie dabei auch die spezifische Adaption der Sonettform durch den Dichter.

Entwurf zum Film „Die Straße" (1923) von Ludwig Meidner

Analyse der inneren Form

Bei den meisten Gedichten erbringt schon die Analyse der äußeren Form Hinweise auf die Kompositionsfigur. Bei der funktionalen Analyse, insbesondere bei der Ermittlung des gedanklichen Aufbaus, können diese ersten Beobachtungen daher gegebenenfalls ein Korrektiv bilden.

Aufgabe 4 Ermitteln Sie den gedanklichen Aufbau des Gedichts in seinem Verhältnis zur äußeren Form. Welche Struktur ist zu erkennen?

Aufgabe 5 Stellen Sie in einer Materialsammlung die charakteristischen sprachlichen und poetischen Gestaltungsmittel in ihrer Funktion für das im Gedicht vermittelte Bild der Stadt und ihrer Menschen zusammen.
a) Untersuchen Sie, welches Bild der Stadt im ersten Quartett erzeugt wird.
b) Wie beschreibt das zweite Quartett die Situation der Menschen in der Stadt?
c) Erschließen Sie Funktion und Aussage des ersten Terzetts.
d) Beschreiben Sie die Bildstruktur des zweiten Terzetts. Mit welchen Mitteln wird die Untergangsvision intensiviert?

Sprecherhaltung als Aspekt der Gesamtdeutung

Gestützt auf die Analyse einzelner Gestaltungsebenen und der entsprechenden Gestaltungsmittel in ihrer wechselseitigen Funktion haben die bisherigen Interpretationsschritte ein bestimmtes Bild der Stadt und ihrer Bewohner ergeben. Als Leser neigen wir zwangsläufig dazu, dieses vom Dichter erzeugte Bild auf unsere eigene Situation „anzuwenden", aus unserer Perspektive zu beurteilen und auf eine entsprechende Autorintention zu schließen.

Zur Vermeidung kurzschlüssiger Folgerungen ist es daher notwendig, zu prüfen, inwieweit der Gedichttext über die rein faktische Darstellung hinaus eine Beurteilung des Phänomens Stadt durch den Dichter erkennen lässt.

Aufgabe 6 Welche Haltung des Autors gegenüber dem Phänomen Stadt ist zu erkennen? Gehen Sie dabei von Situation und Perspektive des Sprechers des Gedichts aus. Prüfen Sie auch, inwieweit dessen Haltung mit Ihrem Erstverständnis und der äußeren Form korrespondiert.

Großstadtlyrik

Großstadtlyrik als eigenes lyrisches Genre ist eng verbunden mit der Entstehung der großen europäischen Metropolen. Da Paris schon in vorindustrieller Zeit eine Kapitale war, wurde in Frankreich die Großstadt schon Mitte des 19. Jh. lyrisches Motiv und Thema symbolistischer Dichtung (vgl. Charles Baudelaire *Le Spleen de Paris*, 1862).

In Deutschland bildeten sich die Großstädte und vor allem Berlin als Hauptstadt erst mit dem Industrialisierungsprozess der Gründerzeit heraus. Die gleichzeitig entstehende Großstadtdichtung thematisierte im **Naturalismus** (hauptsächlich die 1880er-Jahre) vorwiegend die sich aus der industriellen Massenzivilisation ergebende soziale Problematik in meist ungefilterter Schilderung des Milieus. Bekanntere Autoren sind: Arno Holz: *Großstadtmorgen*, Richard Dehmel: *Predigt Ans Großstadtvolk*, Ferdinand Avenarius: *Ein Wirrsal niedriger, gebräunter Häuser*.

Ihre zweite Blütezeit und zugleich ihren Höhepunkt erlebte die deutsche Großstadtlyrik im **Expressionismus**. Die Gedichte entspringen nun einer völlig anderen Motivation und heben sich in der Gestaltung signifikant von denen der naturalistischen Epoche ab. Die große Stadt bedeutet den expressionistischen Dichtern nur Material und Projektionsfläche für den Ausdruck ihrer Haltung zur Zeit. Je nach Standpunkt entstehen so kultur- und zivilisationskritische Gedichte, in denen (wie etwa bei Heym) Dämonisierung der Stadt, Verdinglichung, Ich-Auflösung und die Heraufbeschwörung des Untergangs dominieren, oder solche, in denen mit geradezu messianischem Pathos die Verheißungen einer neuen Zeit verkündet werden (etwa in René Schickeles *Großstadtvolk*). Während die

Max Beckmann: Die Hölle (1919)

dem Chaos und den gesellschaftlichen Auflösungserscheinungen der Epoche zugewandte zivilisationskritische Richtung sehr häufig zur äußeren Halt gewährenden strengen Form des Sonetts greift, tendieren die Gedichte des messianischen Expressionismus mit ihrem oft ekstatisch-hymnischen Sprachgestus zur Auflösung fester Formen.

Nach der Dominanz der Großstadtlyrik im Expressionismus erlangte die Industriestadt noch einmal eine gewisse Bedeutung in der ‚**Arbeiterdichtung**' der späten 1920er-Jahre, bei der allerdings ein plattes inhaltliches Interesse die formale Gestaltung deutlich überwog. Die Unterdrückung der sogenannten Zivilisationsliteratur in Verbindung mit der Propagierung der Blut-und-Boden-Ästhetik durch die Nationalsozialisten sorgte für das Verschwinden der Großstadtlyrik während des Dritten Reiches. Nach dem Zweiten Weltkrieg trugen der zunehmende Funktionswandel der Städte sowie die wachsende Mobilität und die damit einhergehende Verwischung der Unterschiede zwischen Stadt und Land zum **Bedeutungsverlust der Großstadtlyrik** als eines eigenen lyrischen Genres bei.

Das Gedicht in seinem Kontext

Die Auswahl der Dokumente ist zwar umfangreich, erlaubt aber dennoch nur Einblick in einen begrenzten Teil der Kontextbedingungen. Der Einbezug weiterer Aspekte würde den Rahmen einer Prüfungsklausur sprengen.

Aufgabe 7 Bestimmen Sie knapp die in den beigefügten Dokumenten deutlich werdenden unterschiedlichen Haltungen gegenüber den Erscheinungen der Epoche um die vorletzte Jahrhundertwende.

Aufgabe 8 Legen Sie dar, inwieweit die in den Texten zum historischen und kulturellen Kontext deutlich gewordenen Positionen sich im Gedicht wiederfinden und Ansatzpunkt für eine differenziertere Textdeutung sein können. Benennen Sie dabei auch den jeweils herangezogenen Interpretationsansatz.

Schluss

Eine Gedichtinterpretation als Abiturprüfung erfordert in ihrer Orientierung an fachlichen Standards grundsätzlich keinen allgemeinen Schluss. Dennoch ist manchmal, insbesondere in anderen Verwendungszusammenhängen, die Formulierung eines abrundenden Schlussgedankens sinnvoll.

Aufgabe 9 Formulieren Sie einen Schluss, in welchem Sie eine Verbindung zwischen Ihrer Deutung des Gedichts und Ihrer persönlichen Situation oder einer aktuellen Problemlage herstellen.

Exkurs: Barockes Lebensgefühl und lyrische Kunstfertigkeit

In keiner anderen Epoche der neueren Geschichte tragen die Werke in Literatur, bildender Kunst, Musik und Architektur unabhängig von im Einzelnen abweichenden Aussagen eine derart einheitliche künstlerische Prägung wie im Zeitalter des Barock. Hier hat der Zeitgeist sich in den einzelnen Künsten seine unverwechselbaren Ausdrucksformen geschaffen, deren volles Verständnis bei heutigen Rezipienten Kenntnisse zu den Rahmenbedingungen ihrer Entstehung zwingend voraussetzt.

Da diese Information nicht bei jedem Benutzer dieses Trainingsbandes vorausgesetzt werden kann oder ihre Aneignung schon weiter zurückliegt, ist es angezeigt, vor der Auseinandersetzung mit barocken Texten noch einmal an bestimmte grundlegende Besonderheiten der historisch-kulturellen Situation im Europa des 17. Jahrhunderts zu erinnern.

Barocke Gartenanlage in Hannover

DAS BAROCKZEITALTER

Der Begriff „**Barock**" ist von dem Portugiesischen *barocco* (unregelmäßige, schiefe Perle) abgeleitet.

Bestimmend für die Ausprägung des barocken Lebensgefühls und Stils ist das Zusammentreffen einer Reihe von – in ihrer Gegensätzlichkeit sich teilweise bedingenden – Faktoren:
- die Erfahrung der Unbeständigkeit menschlichen Daseins, ausgelöst durch die äußeren und inneren Verwüstungen des Dreißigjährigen Kriegs und Krankheiten (z. B. die Seuche der Syphilis, Pest); die Überzeugung von der Hinfälligkeit und Vergeblichkeit alles irdischen Seins (**Vanitas**-Motiv) als Ausdruck dieser Verunsicherung;
- eng damit verbunden die **Bipolarität** des barocken Menschenbildes: einerseits **Memento-mori**-Devise und Weltabsage als Reaktion auf ein Diesseits, das als Leben zum Tod hin empfunden wird, andererseits rauschhafte Weltzugewandtheit und Lebenslust (**Carpe diem**-Grundsatz) als Gegenpol zur Todesfurcht;
- gesteigertes künstlerisches und gesellschaftliches **Formbewusstsein** (z. B. verfeinerte Hofkultur) angesichts der Bedrohung durch das Formlose des Untergangs und Todes;
- eine entschieden auf **Rationalismus** gerichtete geistesgeschichtliche Entwicklung mit Mathematik als Leitwissenschaft.

In Kunst und Literatur findet sich dieses epochenspezifische Lebensgefühl z. B. in folgenden **Gestaltungsprinzipien** wieder:
- der grundsätzlichen **Orientierung an vorgegebenen Richtlinien** statt an Natürlichkeit und individueller Empfindung (etwa in der Bezwingung der Natur in der strikt geometrischen Mustern folgenden Gartenkunst);
- Grundprinzip von Kunst und Literatur: geistreich überbietende Nachahmung und Variation (**aemulatio**) eines durch Konvention festgelegten Form- und Motivbestandes (**Topoi**) statt Innovation; Neigung zum **emblematischen Bild** (Sinnbild): so verweist z. B. das **Diamant**-Sinnbild wegen der Härte des Edelsteins auf die Beständigkeit der Tugend, in der petrarkistischen Lyrik aber auch auf Hartherzigkeit;
- deutlichste Ausprägung dieser poetischen Techniken im **Petrarkismus**, einem in der Nachahmung der Dichtung Petrarcas (1304–1374) abgewandelten Konzept der Liebeslyrik mit formelhafter Bildersprache. Dabei handelt es sich nicht wie in der Erlebnislyrik um eine Simulation bekenntnishafter Ich-Aussprache eines unmittelbar erlebenden lyrischen Ich;
- die Vorliebe für das **Sonett** wegen seiner strengen Tektonik, Vorliebe für antithetische Gedankenführung und pointierte, oft überraschende Schlussaussage; häufig Sinnfigur des **concetto** als witzige, unvorhergesehene (Schluss-)Pointe;
- die fast ausschließliche Verwendung des aus der französischen Dichtung übernommenen **Alexandriners** als Versmaß des Barocksonetts, eines sechshebigen Jambus, der mit seiner Zäsur nach der dritten Hebung die einzelne Verszeile formal teilt und so zu einem idealen Gefäß für antithetische Aussagen macht, z. B.:
Der Schultern warmer Schnee | wird werden kalter Sand:
x X x X x X | x X x X x X

Text **Christian Hofmann von Hofmannswaldau** (1616–1679)
Vergänglichkeit der Schönheit (1695 veröffentlicht)

Es wird der bleiche Tod mit seiner kalten Hand
Dir endlich mit der Zeit um deine Brüste streichen,
Der liebliche Korall der Lippen wird verbleichen,
Der Schultern warmer Schnee wird werden kalter Sand;

5 Der Augen süßer Blitz, die Kräfte deiner Hand,
Für welchen solches fällt, die werden zeitlich weichen.
Das Haar, das itzund kann des Goldes Glanz erreichen,
Tilgt endlich Tag und Jahr als ein gemeines Band.

Der wohlgesetzte Fuß, die lieblichen Gebärden,
10 Die werden teils zu Staub, teils nichts und nichtig werden,
Denn opfert keiner mehr der Gottheit deiner Pracht.

Dies und noch mehr als dies muss endlich untergehen.
Dein Herze kann allein zu aller Zeit bestehen,
Dieweil es die Natur aus Diamant gemacht.

Aus: Das große deutsche Gedichtbuch. Neu herausgegeben und aktualisiert von Karl Otto Conrady. Darmstadt: Wissenschaftliche Buchgesellschaft 1995, S. 65

Worterklärungen
V. 2: *endlich:* am Ende, schließlich
V. 5: *Blitz:* (auch) Blick
V. 6: *zeitlich:* mit der Zeit
V. 6: *Für:* vor
V. 7: *itzund:* jetzt
V. 8: *gemeines:* gewöhnliches (Haarband)
V. 11: *Gottheit:* (auch) Göttlichkeit
V. 14: *dieweil:* weil

Aufgabenstellung **Analysieren und interpretieren Sie das Gedicht. Arbeiten Sie dabei insbesondere seine epochentypischen Merkmale heraus.**

Erschließen der Aufgabenstellung

Die Aufgabe ist ebenso lapidar wie vielschichtig. Gefordert wird einerseits eine auf den sprachlich-formalen und gedanklichen Gegebenheiten des Gedichts basierende Interpretation, andererseits wird erwartet, dass Auswahl, Gewichtung und Funktion dieser Befunde das Epochentypische des Gedichts erhellen. Daraus ergeben sich vor allem Konsequenzen für das Vorgehen in der Phase der Annäherung an das Gedicht und für die Anlage der eigentlichen Interpretation. Es erscheint sinnvoll, sich vor der aspektgeleiteten Einzelanalyse noch einmal die (im Prüfungsfall aus dem Unterricht bekannten) weitgehend typischen Merkmale der Barocklyrik ins Gedächtnis zu rufen. So lassen sich etwa einzelne Strukturelemente leichter in ihrer epochentypischen Bedeutung erfassen oder möglicherweise auch besonders ergiebige Erkenntnisziele verfolgen.

Ausgehend von diesen Vorüberlegungen und dem ersten Leseeindruck lässt sich in leichter Abwandlung des bisherigen Vorgehens folgendes Arbeitsprogramm in Form einer vorläufigen Grobgliederung festhalten:

Grobgliederung

A Einleitung
   Überblick und vorläufiges Gesamtverständnis
B Interpretation unter Beachtung typisch barocker Strukturen
   1. Äußere Form und äußerer Aufbau
   2. Gedankliche Struktur
   3. Sprachliche und poetische Gestaltungsmittel in ihrer Funktion und epochenspezifischen Bedeutung
   4. Gesamtdeutung als Zusammenfassung

Verfassen der Einleitung

Lesen Sie das Gedicht aufmerksam und sammeln Sie Eindrücke, die Sie für eine erste Überblicksinformation, wie sie von der Einleitung erwartet wird, nutzen können.
- Daten zu Autor, Titel, Gedichtart und -form und Entstehungszeit.
- Welche Erwartung weckt der Gedichttitel bei Ihnen?
- Sprechen Sie das Gedicht leise vor sich hin. Welchen Ersteindruck von der Haltung des Sprechers, von der Stimmung oder der Klanggestalt und rhythmischen Bewegung des Gedichts erhalten Sie dabei?
- Auf welche(n) Bereich(e) verweisen die Bildersprache und die Motive auf den ersten Blick schwerpunktmäßig?
- Welche (sprachliche oder andere) Besonderheiten fallen Ihnen spontan auf?
- Wie verhalten sich diese Eindrücke zum Titel des Gedichts? Welcher Gesamteindruck ergibt sich? Welche ersten Vermutungen zur Autorintention oder zum Thema des Gedichts haben Sie?

Aufgabe 1 Stellen Sie auf einem Beiblatt Ihre Beobachtungen zu einer Materialsammlung zusammen. Halten Sie dabei auch erste Übereinstimmungen mit den im Merkkasten aufgeführten Kennzeichen des Barock fest.

Aufgabe 2 Formulieren Sie anhand Ihrer Materialsammlung eine Einleitung als fortlaufenden Text.

Untersuchung der äußeren Form

Wenngleich sich die Sonettform schon beim ersten Leseeindruck ergeben hat, ist eine differenzierte Analyse der äußeren Form des Gedichts zunächst grundsätzlich notwendig, da sich nur so die funktionale Wechselbeziehung zwischen formalen und im eigentlichen Sinn semantischen Elementen erschließt.

Wenn die äußere Form und die rhythmische Gestalt keine auffallenden Besonderheiten aufweisen, kann allerdings auf ihre detaillierte und vollständige Beschreibung in der endgültigen Ausarbeitung verzichtet werden; gegebenenfalls lassen sich ausgewählte Details im Kontext anderer Untersuchungsaspekte funktional einbinden.

Hans Baldung: Die drei Lebensalter und der Tod (1510)

Aufgabe 3 Ermitteln Sie die äußere Form und die rhythmische Gestalt des Gedichts und halten Sie die Ergebnisse stichwortartig fest.

Analyse der inneren Form

Da der Gedichttitel eindeutig auf ein Vergänglichkeitsgedicht weist, ist es nahe liegend, zunächst diese Schicht des Sonetts in den Mittelpunkt zu stellen. Eine Verständnishilfe kann dabei die Bestimmung der Sprechersituation in Verbindung mit der Untersuchung der inneren Form bieten.

Aufgabe 4 Beschreiben Sie die Sprechersituation im Gedicht.

Aufgabe 5 Zeichnen Sie die Entfaltung des Vanitas-Motivs anhand des gedanklichen Aufbaus des Sonetts stichwortartig nach.

Aufgabe 6   Beschreiben Sie die Kompositionsfigur und setzen Sie sie zum Vanitas-Motiv in Bezug.

Aufgabe 7   Skizzieren Sie anhand von Beispielen stichwortartig die sprachlich-rhetorische Struktur des Sonetts.

Aufgabe 8   Stellen Sie einen Bezug zwischen der sprachlich-rhetorischen Struktur und der Autor- bzw. Sprecherintention her.

Aufgabe 9   Die bisher ausschließliche Auffassung des Sonetts als Vergänglichkeitsgedicht basiert auf der einseitigen Deutung der ambivalenten emblematischen Diamant-Metapher als spirituelles Sinnbild der Beständigkeit der Tugend. Zieht man die zweite Bedeutungsmöglichkeit (der Diamant als Sinnbild für Hartherzigkeit) hinzu, ergibt sich ein typisches Beispiel für petrarkistische Barocklyrik. Halten Sie stichwortartig fest, wie sich dadurch die Deutung einzelner Elemente des Gedichts verändert.

Aufgabe 10   Stellen Sie diese Bedeutungsverschiebung in einem ausformulierten Text dar.

Der Gedichtvergleich als Prüfungsaufgabe
Johann Wolfgang von Goethe: Der Musensohn
Bertolt Brecht: Schlechte Zeit für Lyrik

Die Aufgabe der vergleichenden Gedichtinterpretation

Der Gedichtvergleich stellt keine höheren Anforderungen als eine Einzelinterpretation. Im Gegenteil, bei sinnvoller Wahl der beiden Gedichte und einer entsprechend formulierten Aufgabenstellung bietet der Vergleich oft sogar eine Erleichterung gegenüber der Einzelinterpretation:

- Wegen der zeitlichen Beschränkung in der Prüfungssituation werden von Ihnen nicht zwei vollständige „Total"-Interpretationen erwartet. Zwar sollen beide Gedichte in ihrer jeweiligen Aussage und formalen Eigentümlichkeit erfasst werden, es kommt aber vor allem darauf an, Aspekte ihrer Vergleichbarkeit zu finden und den Vergleich anhand dieser Kategorien durchzuführen.
- Vorausgesetzt, die vorgelegten Gedichte unterscheiden sich einerseits deutlich (etwa formal oder in der Aussage) und weisen andererseits aber auch auffallende Gemeinsamkeiten (beispielsweise Motiv- oder Themengleichheit) auf, lassen sich – auch bei einem pauschalen Arbeitsauftrag (*„Vergleichen Sie die beiden Gedichte."*) – leicht ergiebige Vergleichskriterien finden. Darüber hinaus erhellen sich die beiden Texte in der Gegenüberstellung teilweise wechselseitig.
- Anhand der festgestellten Vergleichsaspekte ergeben sich zwangsläufig inhaltliche Schwerpunkte. Darüber hinaus können Sie, wenn keine differenzierende Aufgabenstellung oder bestimmte Besonderheiten der Gedichte dem entgegenstehen, selbst entscheiden, welches Gedicht Sie eingehender interpretieren und welches Sie eher nur vergleichend einbeziehen wollen.
- Eine weitere Erleichterung für die Planung Ihres Aufsatzes besteht darin, dass in den meisten Fällen durch mehrteilige Arbeitsanweisungen Aspekte, woraufhin Sie die Gedichte untersuchen sollen, und teilweise auch die Reihenfolge der Bearbeitung vorgegeben werden. Damit ist dann schon für eine Vorstrukturierung Ihrer Arbeit gesorgt.

Vorgehen bei der Materialsammlung (Stoffsammlung)

Das Vorgehen beim Gedichtvergleich orientiert sich grundsätzlich an den Ihnen schon bekannten Schritten der Einzelinterpretation: Erschließung der Aufgabenstellung (unter besonderer Berücksichtigung von sich dabei vielleicht schon ergebenden Vergleichsaspekten) – erster Leseeindruck und Formulierung eines vorläufigen Gesamtverständnisses als Interpretationshypothese(n) (auch hier unter Einbezug der Vergleichbarkeit) – Vergleich der äußeren Form der Gedichte – Vergleich des jeweiligen inneren Aufbaus (gedankliche Struktur sowie sprachliche und poetische Gestaltungsmittel) – funktionale Deutung der Befunde.

Der Aufbau des Aufsatzes (Niederschrift)

Für den Aufbau Ihres Aufsatzes bieten sich grundsätzlich zwei Verfahren an:

Verfahren A (sukzessive Interpretation beider Gedichte)	**Verfahren B** (aspektorientierter Vergleich der Gedichte)
EINLEITUNG: • Überblick über Autoren, Titel, Entstehungsdaten, Gattungen …; • erster Leseeindruck; • vorläufiges Gesamtverständnis unter Einbezug des Vergleichsapekts;	EINLEITUNG: • wie bei **Verfahren A**
HAUPTTEIL: • Interpretation von Gedicht I, • Interpretation von Gedicht II mit vergleichenden Rückverweisen auf Gedicht I; oder: • Interpretation von Gedicht I • Interpretation von Gedicht II • anschließender Vergleich	HAUPTTEIL: Analyse einzelner Untersuchungsaspekte im direkten Vergleich, z. B.: • äußere Form I/II, • Kommunikationssituation I/II, • innere Form: (Thema und Motive I/II, gedanklicher Aufbau I/II, Kernaussage I/II, sprachl.-poet. Gestaltungsmittel I/II …) • …
SCHLUSS: • zusammenfassender Vergleich, • kurze Einordnung der Gedichte in ihren jeweiligen biografischen oder historischen Kontext (abhängig von der Aufgabenstellung), • persönliche Wertung (fakultativ)	SCHLUSS: • wie bei **Verfahren A**

Verfahren A hat gegenüber Verfahren B den Vorzug der besseren Übersichtlichkeit; der Leser kann jederzeit Aussagen zu Einzelelementen des betreffenden Gedichts der Gesamtwirkung zuordnen. Allerdings besteht bei **A** die Gefahr der Redundanz durch häufige Wiederaufnahmen früherer Teilergebnisse. Besonders die Variante mit der dem Vergleich vorangestellten separaten Analyse der beiden Gedichte kann leicht langweilig werden und sollte daher in dieser Form nicht angewendet werden. Der Vorzug der aspektgebundenen direkten Gegenüberstellung bei **Verfahren B** wird durch die Gefahr des fortgesetzten Nahblicks wieder aufgehoben. Das ständige Hin- und Herspringen zwischen Details der beiden Gedichte führt zu deren „Atomisierung": Die Leser der Interpretation und der Schreiber selbst verlieren die Orientierung im Text, und indem die Gedichte in ihrer jeweiligen Ganzheit aus dem Blick geraten, werden sie auch nicht mehr als literarische Kunstwerke erfahren.
Grundsätzlich ist ein Gedichtvergleich daher umso effizienter, je deutlicher die betreffenden Gedichte in ihrer jeweiligen Eigenart erfasst und je klarer sie vergleichend voneinander abgehoben werden.

Text **Johann Wolfgang von Goethe** (1749–1832)
Der Musensohn (entstanden vermtl. 1799)

Durch Feld und Wald zu schweifen,
Mein Liedchen wegzupfeifen,
So geht's von Ort zu Ort!
Und nach dem Takte reget,
5 Und nach dem Maß beweget
Sich alles an mir fort.

Ich kann sie kaum erwarten,
Die erste Blum' im Garten,
Die erste Blüt' am Baum.
10 Sie grüßen meine Lieder,
Und kommt der Winter wieder,
Sing' ich noch jenen Traum.

Ich sing' ihn in der Weite,
Auf Eises Läng' und Breite,
15 Da blüht der Winter schön!

Auch diese Blüte schwindet,
Und neue Freude findet
Sich auf bebauten Höhn.

Denn wie ich bei der Linde
20 Das junge Völkchen finde,
Sogleich erreg ich sie.
Der stumpfe Bursche bläht sich,
Das steife Mädchen dreht sich
Nach meiner Melodie.

25 Ihr gebt den Sohlen Flügel
Und treibt durch Tal und Hügel
Den Liebling weit von Haus.
Ihr lieben holden Musen,
Wann ruh' ich ihr am Busen
30 Auch endlich wieder aus?

Aus: *Goethes Werke. Bd. 1. Gedichte und Epen.* Textkritisch durchgesehen und kommentiert von *Erich Trunz.*
4. Auflage. Hamburg: Christian Wegner Verlag 1958, S. 243 f.

Anmerkung:
Unter „Musensohn" verstand man in der Goethezeit hauptsächlich einen Dichter oder allgemein einen Künstler; hier bezeichnet der Begriff einen Musikanten.

Text **Bertolt Brecht** (1898–1956)
Schlechte Zeit für Lyrik (entstanden 1939)

Ich weiß doch: nur der Glückliche
Ist beliebt. Seine Stimme
Hört man gern. Sein Gesicht ist schön.

Der verkrüppelte Baum im Hof
5 Zeigt auf den schlechten Boden, aber
Die Vorübergehenden schimpfen ihn einen Krüppel
Doch mit Recht.

Die grünen Boote und die lustigen Segel des Sundes
Sehe ich nicht. Von allem
10 Sehe ich nur der Fischer rissiges Garnnetz.
Warum rede ich nur davon
Daß die vierzigjährige Häuslerin gekrümmt geht?
Die Brüste der Mädchen
Sind warm wie ehedem.

15 In meinem Lied ein Reim
Käme mir fast vor wie Übermut.

In mir streiten sich
Die Begeisterung über den blühenden Apfelbaum
Und das Entsetzen über die Reden des Anstreichers.
20 Aber nur das zweite
Drängt mich, zum Schreibtisch.

Aus: Bertolt Brecht: Gedichte 5. In Sammlungen nicht enthaltene Gedichte. Gedichte aus Liedern und Stücken.
Frankfurt: Suhrkamp Verlag 1964, S. 105

Worterklärungen:
V. 8: *Sund:* Svendborgsund, Meerenge zwischen den dänischen Ostseeinseln Fünen und Langeland. Der marxistische Autor Brecht lebte von 1934–1939 in Svendborg im Exil, bevor er nach Kriegsausbruch vor der Besetzung Dänemarks durch deutsche Truppen nach Schweden und Finnland floh. In Svendborg entstanden die sog. *Svendborger Gedichte*.
V. 19: *Anstreicher:* doppeldeutige satirische Bezeichnung Brechts für Adolf Hitler, der den Malerberuf erlernt hatte und, dadurch dass er in seinen demagogischen Reden politische Lügen verbreitete, das deutsche Volk „anschmierte", d. h. betrog.

Aufgaben-
stellung
1. **Interpretieren und vergleichen Sie die beiden Gedichte.**
2. **Arbeiten Sie dabei das jeweilige Selbstverständnis des Dichters und seine Umsetzung in der poetischen Gestaltung heraus.**
3. **Berücksichtigen Sie bei Ihrer Interpretation auch den jeweiligen zeit- und literarhistorischen Kontext.**

Erschließen der Aufgabenstellung

Die beiden ersten Anweisungen sind durch das „dabei" eng auf einander bezogen. Anweisung 1 formuliert den allgemeinen Arbeitsauftrag ‚Gedichtvergleich', Anweisung 2 gibt an, in welcher Hinsicht die Gedichte zu vergleichen sind (Vergleichsaspekt) und bedeutet insofern eine Einschränkung der Anforderungen. Gleichzeitig wird dadurch aber auch deutlich, dass dieser Aspekt zwar den Schwerpunkt der Aufgabe bezeichnet, der Gesamtcharakter der Gedichte als Orientierungsrahmen darüber aber nicht außer Betracht bleiben darf. Die Schlüsselwörter „Selbstverständnis des Dichters" und „poetische Gestaltung" erschließen den Schwerpunkt inhaltlich näher: Unter Ersteres fallen der Bezug des Autors zu Natur und Gesellschaft sowie, damit eng verknüpft, poetologische Aspekte wie Intention, im Text reflektierte Fragen des dichterischen Schaffensprozesses und der Rolle von Lyrik (Dichtung allgemein) im gesellschaftlichen Prozess. In konsequenter Fortführung solcher inhaltlichen Gesichtspunkte zielt die Frage nach deren Umsetzung darauf, wie sich die Positionen der beiden Autoren jeweils in der poetischen Form und sprachlichen Gestaltung der beiden Gedichte wiederfinden.

Bei der Bearbeitung der dritten Teilaufgabe wird zu untersuchen sein, inwieweit sich die jeweilige poetologische Position und ästhetische Praxis der beiden Dichter zeitgeschichtlichen (auch biografischen) und literarhistorischen Bedingungen verdanken.

Aus den methodischen Überlegungen und der Analyse der Aufgabenstellung lässt sich folgende vorläufige Grobgliederung als Arbeitsprogramm ableiten:

Grobgliederung

A Einleitung
(Überblick über beide Gedichte und vorläufiges Gesamtverständnis als Grobvergleich)
B Gedichtvergleich
I. Interpretation des Gedichts „Der Musensohn" im Hinblick auf die Auffassung des Dichters
  1. Beschreibung des äußeren Aufbaus und Grobgliederung
  2. Analyse der inneren Form im Hinblick auf den poetologischen Aspekt
  3. Zusammenhang zwischen dem Selbstverständnis des Sprechers und der äußeren Form
II. Vergleichende Analyse der poetologischen Position in „Schlechte Zeit für Lyrik"
  1. Äußere Form und Sprachhaltung
  2. Poetologischer Aspekt
III. Zusammenfassender Vergleich unter Berücksichtigung des politisch-historischen Kontexts

Verfassen der Einleitung

Sammeln Sie in gewohnter Weise erste Eindrücke und Fakten, die Sie unter anderem für eine erste vergleichende Überblicksinformation zu den Gedichten verwenden können, z. B.:
- Daten zu den Autoren, Titel und Art/Form der Gedichte, Entstehungszeit;
- Sprechen Sie die Gedichte leise vor sich hin. Welchen Ersteindruck von der Haltung der Sprecher, der Stimmung oder der Klanggestalt und rhythmischen Bewegung der Gedichte erhalten Sie dabei?
- Wo sehen Sie kategoriale (grundsätzliche) Gemeinsamkeiten bzw. Unterschiede zwischen den Gedichten?
- Auf welche Bereiche verweisen die Bildersprache und die Motive auf den ersten Blick schwerpunktmäßig?
- Welche (sprachliche oder andere) Besonderheiten fallen Ihnen spontan auf?
- Haben Sie erste Vermutungen hinsichtlich der jeweiligen Autorintention oder zu den Themen der Gedichte?

Aufgabe 1 Halten Sie Ihre Beobachtungen stichwortartig als Materialsammlung fest.

Aufgabe 2 Schreiben Sie anhand dieser ersten Eindrücke eine Einleitung als Fließtext.

DAS POETOLOGISCHE GEDICHT

Im Unterschied zur Poesie (Adj. poetisch), dem konkreten dichterischen Produkt, beschäftigt sich die Poetik (Adj. poetologisch) mit der **Dichtungstheorie** und hat sich im Lauf der Jahrhunderte zu einer Teildisziplin der Ästhetik entwickelt. In ihrer jeweiligen konkreten Ausprägung ist sie zeitgebunden.

Als Begründer der europäischen Poetik gilt der griechische Philosoph **Aristoteles** mit seiner Schrift *Über die Dichtkunst* (um 330 v. Chr.). Auf der Grundlage der ihm vorliegenden Werke der griechischen Dichter entwickelt er eine Gattungspoetik, in der er hauptsächlich Gegenstand, Zweck und Bauform von Tragödie, Komödie und Epos abhandelt. Auf diese deskriptiv angelegte Poetik bezogen sich spätere Dichtungstheoretiker in ihren als **Regelpoetiken** konzipierten Dichtungstheorien, die vor allem als Anleitungen zum Dichten zu verstehen waren und ihre Muster aus der griechischen Dichtung nahmen. Bedeutende deutsche Verfasser systematischer normativer Poetiken sind neben anderen Martin Opitz (*Buch von der Deutschen Poeterey*, 1624) und J. Ch. Gottsched (*Versuch einer Critischen Dichtkunst vor die Deutschen*, 1730).

Mit fortschreitender Emanzipation des Individuums und Befreiung des dichterischen Subjekts von poetischen Mustern ab der Mitte des 18. Jahrhunderts verlieren poetologische Systeme und überindividuelle Schreibmuster (nicht jedoch sog. Epochenstile) an Bedeutung oder werden Gegenstand der Ästhetik als neue wissenschaftliche Disziplin. In den Vordergrund treten jetzt das Subjekt des Dichters und – sofern er sich theoretisch äußert – seine selbstreflexiven, auf die eigene Existenz als Dichter und sein „Handwerk" bezogenen Gedanken als **Autorpoetik**. Solche Äußerungen können als Essay (für die Moderne bahnbrechend und exemplarisch Edgar Allan Poes Essay über den Entstehungsprozess seines Gedichts *The Raven* in *The Philosophy of Composition*, 1846), als Poetik-Vorlesung oder eben, wie hier bei Goethe und Brecht, in Form eines poetologischen Gedichts auftreten. Eine Vielzahl von Gedichten, die poetologische Fragen direkt oder implizit thematisieren, findet sich in der Literatur der Moderne und der Gegenwart. Um nur einige Beispiele deutscher Dichter zu nennen: Stefan George (1868-1933, *Das Wort*), Marie Luise Kaschnitz (1901-1974, *Ein Gedicht*), Günter Eich (1907-1972, *Inventur*), Karl Krolow (1915-1999, *Schreiben; Worte; Robinson*) und Günter Kunert (*1929, *So soll es sein*) oder Durs Grünbein (*1962, *Hadrian hat einen Dichter kritisiert*).

Die auffallende Häufigkeit poetologischer Gedichte und allgemein von Zeugnissen einer Autorpoetik in der Moderne deutet auch darauf hin, dass Dichtern ihr Metier zunehmend problematisch geworden ist. Tief sitzt oft der Zweifel, inwieweit Wirklichkeit überhaupt mit der Sprache erfasst werden kann, und wird als Sprachskepsis produktiv.

Aspektorientierter Textvergleich

Im weiteren Verlauf folgt die Arbeit dem **Verfahren A:** Zunächst soll das Goethegedicht mit dem Fokus auf dem poetologischen Aspekt untersucht werden, dann soll das Gedicht Brechts mit vergleichenden Rückverweisen auf das erste Gedicht analysiert werden. Da die Einleitung mit inhaltlichen Beobachtungen zum Selbstverständnis des Dichters endete, bietet es sich zur Wahrung der gedanklichen Kontinuität an, diesmal die Analyse mit Elementen des inneren Aufbaus zu beginnen und die äußere Form zur Abrundung der Interpretation in ihrer Funktion für die Gesamtwirkung des Gedichts einzubeziehen.

Aufgabe 3 Untersuchen Sie anhand der Fragen „Wer spricht zu wem, aus welcher Perspektive?" die Kommunikationssituation im *Musensohn* und formulieren Sie Ihr Ergebnis als Einstieg in die Analyse des Goethe-Gedichts. Stellen Sie dabei (in einem Satz) einen vergleichenden Bezug zu Brecht her.

Aufgabe 4 Skizzieren Sie stichwortartig den inneren Aufbau des Gedichts.

Da der Akzent der Aufgabe auf dem poetologischen Aspekt liegt, erscheint es sinnvoll, nicht die Kompositionsfigur über Sinnabschnitte zu ermitteln, sondern die relevanten Gesichtspunkte aspektgesteuert anzugehen. Als geeignete Ansatzpunkte bieten sich die in der Grobgliederung erfassten Aspekte der Künstlerexistenz an.

Aufgabe 5 Stellen Sie stichwortartig die Gestaltung der Existenzform des Künstlers, seiner Schaffensweise und der Wirkung seiner Kunst im ersten Teil des Gedichts (Strophe I–IV) dar.

Aufgabe 6 Interpretieren Sie die letzte Strophe in einem zusammenhängenden Text.

Aufgabe 7 Bestimmen Sie die äußere Form des Gedichts sowie die Sprachstruktur. Setzen Sie Ihre Befunde stichwortartig zu den bisherigen Analyseergebnissen in Bezug.

Um den vergleichenden Blick auf beide Gedichte aufrechtzuerhalten, empfiehlt es sich, bei der Analyse des Brecht-Gedichts dem zuletzt dargestellten Aspekt des Goethe-Gedichts denselben Aspekt bei Brecht unmittelbar gegenüberzustellen.

Aufgabe 8 a) Formulieren Sie eine kurze Überleitung zur vergleichenden Betrachtung von *Schlechte Zeit für Lyrik*.
b) Halten Sie in einer Materialsammlung die auffälligsten Unterschiede in der äußeren Form und in der Sprachstruktur gegenüber dem *Musensohn* fest.

Aufgabe 9 Stellen Sie einen Zusammenhang zwischen Sprachhaltung und Sprechersituation des Dichters bei Brecht her.

Aufgabe 10 Skizzieren Sie stichwortartig die Entfaltung des poetologischen Aspekts in *Schlechte Zeit für Lyrik* in den Strophen I bis IV.

Aufgabe 11 a) Stellen Sie fest, zu welcher Entscheidung Brecht in seinem inneren Konflikt gelangt.
b) Prüfen Sie am Beispiel der V. Strophe, inwieweit sich aus dieser Entscheidung Konsequenzen für seine poetische Praxis ergeben. Verfassen Sie einen zusammenhängen Text.

Aufgabe 12 Schreiben Sie eine kurze Zusammenfassung Ihrer Interpretationsergebnisse. Ordnen Sie dabei das Selbstverständnis dem jeweiligen historischen bzw. biografischen Kontext zu.

Lösungen

Conrad Ferdinand Meyer: Zwei Segel

Aufgabe 1 *Äußere Daten und Gedichtform:*
entstanden 1882; Titel, Gegenstand (zwei Segel, metonymisch für zwei Segelboote) und dargestellte Situation (die sich harmonisch in einer Bucht bewegenden Boote) weisen auf ein Dinggedicht.

Klanggestalt und Haltung des Sprechers:
Haltung des räumlich wie emotional eher distanzierten Beobachters (passend zum Charakter eines Dinggedichts); entsprechend auch der beim ersten Sprechen gewonnene Eindruck unaufgeregten, gleichmäßigen Sprechens

Schwerpunktmäßige Bild- und Motivbereiche:
die beiden Segel als zentrales Motiv; Bildersprache insgesamt auf Ruhe und Harmonie (des Gegenstandes in sich als auch im Verhältnis zur umgebenden Landschaft) verweisend, allerdings auffällige Verschiebung von anfänglicher realistischer und objektiver Beschreibung zu zunehmender ‚Vermenschlichung' des Gegenstands: Motiv der Segel tendenziell über sich hinausweisend auf den menschlichen Bereich; Symbolik?

Spontan auffallende sprachliche Besonderheit(en):
dazu passend ab der zweiten Strophe wiederholt Personifizierung der leblosen Dingwelt der beiden Boote im Bereich der Wortwahl („Empfinden", „erregt", „Begehrt")

Thema:
möglicherweise: die Gleichgestimmtheit der Partner in einer menschlichen Zweierbeziehung?

Aufgabe 2 *Mögliche Feststellungen (ohne Anspruch auf Verbindlichkeit):*
- Verständnisprobleme auf der rein lexikalischen Ebene dürfte es nicht geben.
- Dinggedichte könnten schon in der Sekundarstufe I behandelt worden sein, insbesondere die Bekanntschaft mit Rilkes *Der Panther* könnte eine positive Erwartungshaltung gegenüber einem weiteren Beispiel dieser Gedichtart hervorgerufen haben, die allerdings modifiziert werden muss, da es sich in

Meyers Gedicht auf den ersten Blick um ein unbelebtes ‚Ding' zu handeln scheint, in dessen Gestaltung es zunächst – anders als in der Darstellung des gefangenen Tiers – schwerfällt, ein durchscheinendes Allgemeines zu erkennen. Insofern könnte die Erstbegegnung mit dem Text auch von einer leichten Irritation begleitet sein.
- Wenn die erste Vermutung zutrifft, dass im Gedicht letztlich ganz allgemein das Phänomen Zweierbeziehung thematisiert wird, könnte es tatsächlich als zeitlos aktuell empfunden werden. Darüber zu räsonieren sollte jedoch der abschließenden Wertung überlassen bleiben.
- Inwieweit man sich selbst als Verfasser der Interpretation von der vermuteten Thematik berühren lässt, muss hier offen bleiben, es ist aber anzunehmen, dass gerade junge Menschen heute in einer Zeit zunehmender Verunsicherung in materieller, aber auch spiritueller Hinsicht über Fragen ihrer Existenz nachdenken und dabei auch ihre Rolle in einer Partnerschaft reflektieren. (Auch dieser Aspekt ließe sich besser im Schlussteil vertiefen.)

Aufgabe 3 Auf den ersten Blick erscheint Conrad Ferdinand Meyers 1882 entstandenes Gedicht *Zwei Segel*, ungewöhnlich für ein Dinggedicht, wie ein Landschaftsbild, das zwei Segel oder vielmehr Segelboote in gleichförmiger Bewegung zeigt. Der Akzent liegt dabei weniger auf Aussehen und Beschaffenheit des dinglichen Gegenstandes als vielmehr auf der vollkommenen Harmonie der Bewegung. *erster Eindruck*

Auch in der Entfaltung des lyrischen Vorgangs zeigt sich eine zunehmende Verschiebung der Bildlichkeit von der anfänglich objektiv wirkenden Beschreibung äußerer Gegebenheiten hin zu zur Sphäre menschlichen Empfindens. Das Bild der beiden Segelboote scheint damit über die gegenständliche Ebene des reinen Dinggedichts hinaus und auf allgemein menschliche Verhältnisse zu weisen. *vorläufiges Gesamtverständnis (Arbeitshypothese)*

Die folgende Interpretation untersucht daher zunächst die Durchführung des Motivs der beiden harmonisch verbundenen Segel und arbeitet anschließend schrittweise die sich daraus ergebende eigentliche Bedeutung des lyrischen Vorgangs heraus. Dabei muss sich dann auch erweisen, inwieweit es sich tatsächlich um ein Dinggedicht handelt. *Arbeitsplan und Erkenntnisziel (fakultativ)*

Aufgabe 4   *Der strophische Aufbau:*
Das Gedicht besteht aus drei gleich gebauten Strophen:
- je vier Verse im Kreuzreim (ababcdcdefef);
- alternierend weibliche und männliche Kadenzen;
- jede Strophe ist eine formale und syntaktische Einheit und damit in sich abgeschlossen.

Die metrische Struktur:
Das metrische Schema ist in jeder Strophe gleich:
x X x x X x
x X x x X
x X x x X x
x X x x X

Alle vier Verse sind zweihebig, beginnen mit Auftakt, gefolgt von einem Daktylus, dem bei weiblicher (klingender) Kadenz noch einmal eine Hebung und eine Senkung folgen, bei männlicher (stumpfer) Kadenz nur eine Hebung.

Rhythmus:
Metrisches Muster sowie Sprech- und Sinnakzente decken sich; die metrisch-rhythmische Struktur wirkt daher regelmäßig und harmonisch, wegen der alternierenden Versausgänge jedoch nicht eintönig. Einen weiteren Beitrag zu dieser gleitenden rhythmischen Bewegung leistet das Enjambement in den beiden ersten Strophen (V. 1/2 sowie V. 3/4).

Aufgabe 5   Das Gedicht besteht aus drei gleich gebauten, syntaktisch jeweils in sich abgeschlossenen Strophen mit je vier Versen im Kreuzreim (abab cdcd efef). Dem Reimschema entsprechend finden sich alternierend weibliche und männliche Kadenzen, deren regelmäßiger Wechsel zwischen klingend und stumpf zu einem ausgewogenen, harmonischen Klangbild beiträgt.   *Strophenform, Reimschema und Versausgänge*

Da metrisches Muster und Sprech- und Sinnakzente sich decken, ist auch die metrisch-rhythmische Struktur regelmäßig und harmonisch, wenngleich nicht eintönig. Die Verse sind durchweg zweihebig; nach einem Auftakt folgt jeweils ein Daktylus, dem je nach Kadenz noch einmal entweder eine Hebung und eine Senkung (weiblicher Ausgang) oder nur eine Hebung folgen. Indem bei den weib-   *metrische Analyse* lichen Ausgängen in den Verszeilen 1 und 3 der Vers jeweils mit einer unbetonten Silbe endet und die folgende Zeile mit einem Auftakt beginnt, setzt sich der an sich schon lebhafte Daktylus hier über die Versgrenzen hinweg fort, was dem bisher festgestellten Gleichmaß eine leichte Bewegung verleiht. Dieser zum Bild der sich auf dem Wasser bewegenden Boote passende gleitende Rhythmus wird in den ersten beiden Strophen durch das Enjambement zwischen den Versen 1 und 2 sowie 3 und 4 unterstützt. Insgesamt tragen beim lauten Sprechen, also schon bevor man sich auf den Wortsinn des Textes einlässt, formale Aspekte wie Metrum und Enjambement entscheidend zur Vermittlung des – bis dahin rational noch nicht abgesicherten – Eindrucks einer harmonischen Bewegung bei.

Dass durch die Klanggestalt des Gedichts ein wesentlicher Aspekt dessen angesprochen wird, was die Eigenart des im Titel erwähnten Gegenstands ausmacht, lässt sich als Beleg dafür werten, dass der Text dem Genre des Dinggedichts angehört. *Bestimmung der Gedichtart*

Aufgabe 6 Ein lyrisches Ich im eigentlichen Sinn ist nicht vorhanden. Der Sprecher ist eine Art unpersönliches Bewusstsein, das in einer monologischen Situation zu sich selbst spricht. Er wirkt dabei weitgehend als distanzierter Beobachter, der eine Erscheinung aus der Dingwelt, das Phänomen des gleichgerichteten Verhaltens zweier Segel, beschreibt und zu deuten versucht. Auch diese auf objektive Wiedergabe eines Wirklichkeitsausschnitts gerichtete Haltung entspricht den Erwartungen an ein Dinggedicht. *Sprechersituation*

Aufgabe 7 Die drei Strophen sind formal gleich gebaut und bilden syntaktisch und inhaltlich jeweils eine abgeschlossene Einheit. Nach außen hin ergeben sich keine Zäsuren, die äußere Form bietet demnach keinen Hinweis auf eine bestimmte innere Struktur. In ihrer jeweiligen Eigenständigkeit und Gleichförmigkeit wirken die einzelnen Strophen (mindestens die beiden letzten sind in ihrer

Abfolge austauschbar) vielmehr wie drei ‚Momentaufnahmen', mit denen das zentrale Motiv der beiden Segel(boote) immer wieder neu (in einer anderen Situation und unter einem anderen Ansatz) festgehalten werden soll – bei einem Dinggedicht ein nahe liegendes Verfahren. Das sich so ergebende Muster ist das der Addition grundsätzlich immer gleicher Bilder: Der äußere Vorgang, die synchrone Bewegung der beiden Boote, bleibt in allen Strophen unverändert.

Gegenüber diesem statischen Charakter von äußerem Aufbau und vordergründiger lexikalischer Struktur ergibt sich auf der konnotativen Ebene eine deutliche Entwicklung bei der Entfaltung des Motivs der Verbundenheit der beiden Segel. Parallel zu dieser Entfaltung tritt die Bedeutungsübertragung immer schärfer hervor und das Dinggedicht erhält sukzessive eine zusätzliche symbolische Bedeutung. Im inneren Aufbau folgt das Gedicht also eher dem Steigerungsprinzip.

Die einzelnen Schritte dieser Entwicklung lassen sich wegen fehlender Zäsuren nicht ganz trennscharf bestimmen und den einzelnen Strophen zuordnen; als grobe innere Gliederung ergibt sich:

Grobgliederung

Strophe I:
die Segel als Gegenstand in ihrer Umgebung: (Zustandsbeschreibung, lyrisches Bild)

Strophen II und III:
Entfaltung eines lyrischen Vorgangs: wechselseitige Verbundenheit und Abhängigkeit der beiden Segel (fotschreitende Bedeutungsübertragung)
  Strophe II: allgemeine Personifizierung der Segelboote
  Strophe III: Segel als Symbol für die Harmonie eines menschlichen Paars

Aufgabe 8   *allgemein:*
Tempusgebrauch durchweg Präsens: Zuständlichkeit, zeitlose Gültigkeit

Strophe I:
- zwei elliptisch verkürzte Sätze: Fehlen finiter Verbformen, Partizipialkonstruktionen („erhellend", „schwellend"): Zuständlichkeit, Statik, fehlende Dynamik des Satzbaus;
- Ausrufezeichen als Signal für innere Bewegung des Sprechers, vielleicht Erstaunen über das sich bietende Bild?
- „Zwei Segel" als plurales Subjekt: enger Bezug der beiden Segel;

- gegenstandsorientierte Wortwahl, allerdings nicht beschreibend, nur nennend;
- Adjektive („tiefblau", „ruhig") bezogen auf Umgebung der Boote bzw. ihre Bewegung: Boote an sich nicht wichtig, im Zentrum steht ihre Beziehung zur Umgebung und zueinander;
- syntaktischer Parallelismus der beiden Ellipsen: Doppelung der Gleichförmigkeit der Bewegung;
- poetisch-rhetorische Mittel:
  Verse 1 und 3: *Anapher* „Zwei Segel" als Verstärkung des Parallelismus
  Klangeffekte: Wechsel zwischen hellen und dunklen Vokalen (V. 1 und 3 bzw. 2 und 4), Assonanzen („Segel erhellend [...] Segel [...] schwellend"): harmonische Ausgewogenheit des Klangs, *Alliteration* („Zwei Segel sich schwellend / Zu [...]");
  Oxymoron („ruhige[] Flucht"): Ausgleich von Gegensätzen
- normabweichende Sprache (im Kontext von Aussagen über unbelebte Gegenstände): „[...] Segel sich schwellend / Zu ruhiger Flucht!": reflexive Verwendung eines intransitiven Verbs, das dadurch zu einem transitiven Verb wird. Es verweist durch das Reflexivpronomen „sich" zurück auf das Subjekt „Segel", das als Urheber und Träger eines Geschehens willentlich handelt, also ein Lebewesen geworden ist (Anthropomorphismus).

Strophen II und III:
- gleiche syntaktische Struktur: jeweils zwei parallele syntaktische Einheiten (II: „Wie [...] auch", III: zweimal HS-NS-Konstruktion): beide Strophen scheinen inhaltlich eine Einheit zu bilden.
- dritte Strophe herausgehoben als einzige Strophe mit Zeilenstil (jede Zeile enthält eine in sich abgeschlossene syntaktische Einheit und Sinneinheit): Verlangsamung des Sprechtempos, stärkere Gewichtung und Nachdrücklichkeit jedes Einzelverses;
- Differenzierung des pluralen Subjekts in Einzelsubjekte (Individuen);
- kontinuierliche Steigerung der Personifikation dieser Einzelsubjekte durch anthropomorphisierende Wortwahl und damit Zuweisung menschlicher Eigenschaften: „Empfinden" (II), Wünschen und Begehren (III);
- Alliteration („Wie eins in den Winden / Sich wölbt und bewegt" (V. 5 f.) als ästhetische Überhöhung des harmonischen Gleichklangs im Bewegungsablauf der beiden Segel;
- In der dritten Strophe Pointierung der Aussage durch Parallelismus (V. 9 f.) als sprachliche Umsetzung des Bildes vom Gleichklang in der Bewegung

sowie Chiasmus (V. 11 f.) als Veranschaulichung des Wechselbezugs durch die Wortstellung;
- Chiasmus (V. 11 f.) als zusätzliche Akzentuierung des letzten Wortes „Gesell", mit dem die bisherige Kette von anthropomorphen Attributen zum Höhepunkt geführt und aufgelöst wird: das Segelpaar wandelt sich zum menschlichen Paar.

Aufgabe 9

Dass es sich um ein Dinggedicht besonderer Art handelt, ergibt sich erst bei eingehender Beschäftigung mit der inneren Form des Textes, die sich deutlich von seinem äußeren Aufbau unterscheidet.

Differenz zwischen innerer Form und äußerem Aufbau

Indem alle drei Strophen formal identisch und inhaltlich wie syntaktisch jeweils in sich abgeschlossen sind und sich außerdem jede unmittelbar auf den Gedichttitel bezieht, zumindest die beiden letzten in der Abfolge auch austauschbar sind, beleuchtet jede das zentrale Motiv, das Phänomen der beiden Segel, neu. Da die drei Strophen sich formal gleichberechtigt um das zentrale Motiv anlagern, wirken sie wie Momentaufnahmen.

das additive Grundmuster des äußeren Aufbaus

Während die Gleichförmigkeit der äußeren Form und die vordergründige lexikalische Struktur den Eindruck von Statik entstehen lassen, bieten die drei ‚Momentaufnahmen' in ihrer Abfolge jedoch eine sukzessive Entfaltung des Motivs der Verbundenheit der beiden Segel. Der vom Sprecher festgehaltene äußere Vorgang, die synchrone Bewegung der Segel, bleibt dabei in allen Strophen im Wesentlichen unverändert; Entwicklung wird dagegen in der stetig expliziter werdenden Deutung des vom Sprecher Wahrgenommenen durch die Auflading zusätzlicher konnotativer Ebenen mit Bedeutung, etwa durch die Metaphorik der Beschreibung, erkennbar. Mit der zunehmend intensiveren Wahrnehmung des Gegenstandes erhält das Motiv der beiden Segel durch Bedeutungsübertragung einen symbolischen Gehalt. Der innere Aufbau des Gedichts folgt also eher dem Steigerungsprinzip.

das im inneren Aufbau vorherrschende Steigerungsprinzip

Die erste Strophe wirkt in dieser Hinsicht zunächst noch wenig auffällig. Sie zielt ganz auf die Gegenständlichkeit der beiden Segel, wie das Fehlen von Verben in den beiden

Betonung des Gegenständlichen in der ersten Strophe

elliptischen Sätzen und die Verwendung von Partizipien („erhellend", V. 1, „schwellend", V. 3) zeigt. Aufgrund der elliptischen Verkürzung der Aussage und der auf Zuständlichkeit verweisenden Partizipialkonstruktion entsteht hier der Eindruck, als handele es sich tatsächlich um ein statisches Bild. Dieser Eindruck wird durch das im Gedicht durchgängig verwendete Präsens als Indikator von Zeitlosigkeit noch zusätzlich unterstützt.

Auch in der gegenstandsorientierten Wortwahl bleibt diese Strophe ganz im Bereich des Dinggedichts: Der Gegenstand selbst wird knapp benannt, nicht näher beschrieben; die beiden Adjektive „tiefblau" und „ruhig" beziehen sich auf die Umgebung beziehungsweise die Bewegung der Boote. Damit wird schon deutlich, dass nicht die Boote an sich, sondern ihre Beziehung zueinander und zur Umgebung für den Sprecher wichtig sind. Parallelität und Harmonie in der Bewegung sind die beiden entscheidenden Charakteristika. Auf der Ebene der sprachlichen Mittel wird dies durch die syntaktische Parallelführung der beiden Ellipsen mit der so entstehenden Doppelung der Aussage über die Gleichförmigkeit der Bewegung verdeutlicht. Die empfundene Schönheit dieser Szene wird durch eine Reihe von poetischen beziehungsweise rhetorischen Mitteln ausgedrückt. So wird in den Versen 1 und 3 der Parallelismus durch die Anapher „Zwei Segel" als zweimalige Wiederaufnahme des Gedichttitels noch unterstrichen, Klangeffekte wie der Wechsel zwischen hellen und dunklen Vokalen in den Versen 1 und 3 beziehungsweise 2 und 4 oder die Assonanzen (zum Beispiel „Segel erhellend", „Segel [...] schwellend") tragen zu harmonischer Ausgewogenheit des Klangbildes bei. Die Bilder der Gegensätze von hellen Segeln und tiefblauer Bucht und das Oxymoron der „ruhige[n] Flucht" bestimmen in ihrer Ausgeglichenheit den Gesamtcharakter dieser Strophe.

Wortwahl in Strophe 1

Allerdings deutet sich schon hier ein Übergang von der rein gegenstandsorientierten Beschreibung zu einer Metaphorik an, welche die beiden Segel mit menschlichen Zügen versieht (anthropomorphisiert) und somit aus der Dingwelt heraus- und in den Bereich des Lebendigen hebt.

anthropomorphisierende Züge in Strophe 1

Denn die reflexive Verwendung des Verbs „schwellen" in Vers 3 macht es zu einem transitiven Verb, das auf ein Subjekt, also die Segel, zurückweist, das als Träger eines Geschehens einen Willen besitzen muss und in seinen Handlungen eigenem Antrieb folgt. Und wenn die beiden Segel sich „[z]u ruhiger Flucht" (V. 4) schwellen, deutet auch dieser Anthropomorphismus auf ein absichtliches Verhalten, das nur Lebewesen zukommt. Der Grund für den hier den Segeln zugeschriebenen gemeinsamen Fluchtwunsch wird nicht genannt. Die Vermutung liegt nahe, dass sie gemeinsam aus der engen Bucht hinaus ins Offene streben, die „Flucht" also auf die unbegrenzte Entfaltung ihrer Gemeinsamkeit gerichtet ist.

Vermutlich ist es ja gerade diese Anmutung des Lebendigen, die den Sprecher des Gedichts an seinem Gegenstand so fasziniert, dass er die beiden Ellipsen der ersten Strophe jeweils mit einem Ausrufezeichen schließt. Keinesfalls können sie jedoch als Ausdruck einer überbordenden Sprecheremotion verstanden werden, die eine Dynamisierung der Sprache dieser Strophe zur Folge hätte. Dagegen spricht schon die ausgewogene syntaktische Struktur der Partizipialkonstruktionen. Die Ausrufezeichen sind eher im Kontext des Wahrnehmungs- und Deutungsprozesses des die Szene beobachtenden Sprechers zu sehen und machen sinnfällig, dass ihm in diesem Augenblick schlagartig bewusst wird, dass das Bild der zwei Segel eine über die reine Faktizität hinausgehende Bedeutung annimmt.

Hinweise auf die innere Haltung des Sprechers

Die eigentliche Entfaltung des lyrischen Vorgangs vollzieht sich in der zweiten und dritten Strophe, die auch durch die gleiche syntaktische Struktur enger aufeinander bezogen sind. Beide bestehen jeweils aus zwei parallel gebauten syntaktischen Einheiten, die im ersten Fall durch eine „Wie-auch"-Konstruktion, im zweiten durch eine zweimalige Hauptsatz-Nebensatz-Konstruktion miteinander verbunden sind. Allerdings wird die dritte Strophe gegenüber den beiden vorhergehenden noch einmal zusätzlich akzentuiert: Während jene infolge der häufigen Enjambements rhythmisch fließender wirken, liegt in der dritten Strophe Zeilenstil vor. Hier bildet, sieht man ein-

Zusammengehörigkeit der Strophen 2 und 3 bei zusätzlicher Eigenart von Stophe 3

mal von der syntaktischen Über- und Unterordnung ab, jeder Vers für sich eine Aussageeinheit. Der Sprechrhythmus verlangsamt sich, sodass jede Einzelzeile ein stärkeres Gewicht erhält und das Gedicht mit einer Art sentenzhaftem Fazit endet.

In den beiden letzten Strophen wird der Prozess der Bedeutungsübertragung nun offensichtlich. Der gegenständliche Sachverhalt ist zwar der gleiche wie in Strophe 1, aber während dort die Segel noch als plurales Subjekt mit einem gemeinsamen Prädikat als eine Art vorgegebene Einheit wahrgenommen wurden, erscheinen sie hier als je eigenständige Subjekte, deren wechselseitige Affinität und Abhängigkeit dadurch umso stärker hervortritt: in der Bewegung (V. 5 f.), im „Empfinden" (V. 7 f.) und im Wünschen (V. 9–12). Die Segel sind zwar vom Wind abhängig und ihm ausgesetzt, aber wenn „eins in den Winden / Sich wölbt und bewegt" (V. 5 f.), deutet die dreifache Alliteration an, dass der Sprecher hier keine Gefährdung sieht, sondern die Schönheit des fast spielerisch wirkenden harmonischen Miteinanders empfindet. Die so zunehmend intensiver gestaltete Gleichgestimmtheit wird zudem noch durch den Parallelismus in den Versen 9 f. und den den Gedichtschluss besonders pointierenden Chiasmus (V. 11 f.), der die Wechselseitigkeit noch in der Wortstellung symbolisiert, syntaktisch unterstrichen.

Metaphorisierung in den Strophen 2 und 3

Mit dieser intensiveren Wahrnehmung der beiden Segel in der Bewegung wird auch mehr und mehr die Richtung deutlich, in welche der angedeutete Anthropomorphismus in der ersten Strophe weist. Schon in der zweiten Strophe ist nicht mehr von den Segeln als Dingen die Rede. Vielmehr werden sie durchgängig nur noch personifiziert als „eins" und das „andre" benannt; und indem ihre Reaktionen „erregt" (V. 8) werden vom „Empfinden" (V. 7), Begehren (V. 9) und Verlangen (V. 11), werden ihnen seelische Eigenschaften und Verhaltensweisen zugesprochen, die nur menschlichen Subjekten zukommen, und zwar Menschen, die miteinander im Zustand der Harmonie sind. Den überzeugendsten Beleg dafür bietet das Wort „Gesell", das als Bezeichnung für das jeweilige ande-

Entfaltung der Aussage des Gedichtes

re Boot als letztes Wort des Gedichts, durch seine Stellung im Chiasmus noch zusätzlich herausgehoben, sozusagen den Zielpunkt des mit poetischen Mitteln gestalteten Erkenntnisprozesses darstellt.

Aufgabe 10

Im Verlauf des lyrischen Vorgangs hat das Dinggedicht also seinen ursprünglichen Charakter verändert. Das zentrale Bild auf der denotativen Ebene, die harmonische Bewegung zweier Segelboote auf dem Wasser, ist so durch im Text angelegte Konnotationen zu einem Bild der Harmonie eines menschlichen Paares geworden. Das entscheidende Wort „Gesell" und die in den beiden letzten Strophen angeführten spezifisch menschlichen seelischen Regungen schränken die Bedeutung Paar auf ebendiesen Bereich ein, sodass sich als Entsprechung zu den beiden sich harmonisch verhaltenden Segeln ein Liebespaar ergibt. Spätestens ab der zweiten Strophe handelt es sich also nicht mehr nur um ein herkömmliches Dinggedicht, sondern vor allem um ein Liebesgedicht, allerdings eines der besonderen Art, denn es ist nicht an einen geliebten Menschen gerichtet. Vielmehr macht der Dichter hier – über den Umweg des uneigentlichen Sprechens und durch den Sprecher des Gedichts – mittelbar eine Aussage über das Wesen der Liebe. Insofern die beiden Segel etwas konkretes Besonderes sind, in dem sich etwas Allgemeines – das Wesen einer, ja *der* Liebesbeziehung schlechthin – enthüllt, sind sie zum Symbol geworden.

Gesamtdeutung: das Dinggedicht als Liebesgedicht

Welche Sicht der Liebe ergibt sich aber nun aus diesem Symbol und der Bildersprache des Gedichts? Wenn sich mehrfach Hinweise auf wechselseitige Abhängigkeit von Liebenden fanden, bedeutet dies keineswegs, dass hiermit eine Vorstellung von Beeinflussung, Hörigkeit oder gar Unterwerfung des einen unter den anderen verbunden wäre. Die beiden Partner erscheinen in ihrem Verhalten vielmehr als unabhängige Subjekte, deren als Abhängigkeit erscheinende Ausrichtung aufeinander sich anscheinend aus einer vorab bestimmten Neigung oder Bestimmung erklären lässt, wie sich etwa an der Gleichgerichtetheit

die im Gedicht vermittelte Sicht der Liebe

ihres Wünschens (vgl. Strophe 3) zeigt. Und diese Unabhängigkeit, diese Verbundenheit aus freiem inneren Antrieb sprechen entschieden dafür, dass es sich um zwei eigenständige Wesen handelt.

Aufgabe 11 So unspektakulär das Gedicht auf den ersten Blick wirken mag, die intensive Beschäftigung mit ihm hat gezeigt, dass Conrad Ferdinand Meyer mit *Zwei Segel* ein ästhetisch überzeugendes Gebilde gelungen ist, bei dem alle poetischen Gestaltungsmittel ihren Teil zur Gesamtaussage beitragen. Dies gilt auch aus heutiger Sicht.
Würdigung des Gedichts als zeitloses Kunstwerk

Inwieweit die zum Ausdruck kommende Liebesauffassung auch heute, nach mehr als hundert Jahren, noch Bestand hat, lässt sich nicht so sicher bestimmen. Es handelt sich dabei zweifellos um eine sehr idealistische Vorstellung, deren Idee von den zwei einerseits völlig unabhängigen, andererseits aber in jeder Hinsicht ihres Seins liebend aufeinander bezogenen Partnern der Realität weder damals noch heute entsprochen haben beziehungsweise entsprechen dürfte. Als Idee passt sie vielleicht sogar eher in das ideologische Umfeld unserer Zeit als in den Ausgang des 19. Jahrhunderts, wie die dort entstandenen zahlreichen Frauen- oder Gesellschaftsromane mit unglücklichen Frauen als Protagonistinnen – man denke nur an Fontanes Frauengestalten – vermuten lassen. Auch Meyers eigene wenig glückliche Erfahrungen in Liebe und Ehe sprechen dafür, dass es sich bei der Liebeskonzeption des Gedichts wohl um eine Wunschprojektion handelt. Die von Meyer beschriebene Liebe stellt zweifellos ein Ideal dar.
abschließende Relativierung der Liebeskonzeption

J. W. v. Goethe: Willkommen und Abschied

Aufgabe 1

Äußere Daten und Gedichtform:
Entstehungszeitpunkt: 1771 (Goethe 22 Jahre alt)
- Text des Sturm und Drang;
- Goethes Studienzeit in Straßburg;
- In der vorliegenden Fassung trägt das Gedicht keinen Titel.

Klanggestalt und Haltung des Sprechers:
- stark affektgeladene, vorwärtsdrängende Sprachbewegung;
- jugendliches Ungestüm des Sprechers, seine Leidenschaftlichkeit;
- innere Dynamik: Er scheint aufgewühlt von Gefühlen, die in seiner Wahrnehmung der Außenwelt gespiegelt werden.

Schwerpunktmäßige Bild- und Motivbereiche:
zentrale Motive:
- Herz, Feuer und Glut im Zusammenhang mit der Gemütslage des Sprechers;
- ambivalente Motive Mond und Nacht in Verbindung mit einer bedrohlichen Naturkulisse;
- Zuordnung unterschiedlicher Erlebnisweisen zu unterschiedlichen Bildbereichen;
- Entsprechung von bedrohlichen, Gewalt andeutenden Naturbildern und der inneren Situation des Sprechers.

Inhaltliche und thematische Schwerpunkte:
Der Sprecher des Gedichts ist in einem nächtlichen Ritt zu seiner Geliebten unterwegs. Von der Begegnung wird im Wesentlichen nur die Ankunft geschildert; unmittelbar danach folgt der Abschied. Es gibt daher zwei thematische Schwerpunkte: das Naturerleben während des Rittes als Spiegel der Innerlichkeit und, wie der emphatische Schluss nahelegt, die befreiende Bedeutung, welche die Erfahrung der Liebe für einen jungen Menschen hat. Die Klärung, in welchem Verhältnis diese Themenbereiche zueinander stehen, ob eines dem anderen hierarchisch zugeordnet ist oder ob sie sich zu einem ‚Generalthema' verbinden lassen, muss einer genaueren Untersuchung vorbehalten bleiben.

Gedichtform und Autorintention:
Grundsätzlich handelt es sich um ein Liebesgedicht, dessen Sprecher am Ende die Macht der Liebe enthusiastisch verherrlicht. Dabei fallen folgende Textbefunde auf, die eine Zuordnung zu einer bestimmten Gedichtform erschweren:

- Eine starke Stimmungshaftigkeit (vgl. die Bildersprache) erinnert an typisch lyrische Gestaltungsmuster.
- Die finiten Verben stehen im Präteritum, zumindest in Teilen wird also ein zurückliegendes Geschehen oder eine vergangene Handlung berichtet beziehungsweise erzählt.
- Der Text entspricht nur teilweise den Kriterien eines rein lyrischen Gedichts.
- In den beiden ersten Strophen: Tendenz zum Handlungsgedicht mit balladenhaften Gestaltungsmerkmalen.

Doch selbst wenn man den Text als Handlungsgedicht begreift, ist als Autorintention dennoch keineswegs eine Berichts- oder Erzählabsicht zu erkennen. Vielmehr deutet alles auf die Absicht der Evokation des inneren Erlebens hin. Dies ist mit dem enthusiastisch vergegenwärtigten zentralen Ereignis – der Erfahrung der ersten authentisch empfundenen Liebe – eng verbunden. Da hierbei sowohl die Naturerfahrung als auch die Liebesbegegnung sich unter den übergeordneten Aspekt des Erlebnisses integrieren lassen, leuchtet die nähere Klassifizierung dieses Liebesgedichts als Erlebnisgedicht ein.

Aufgabe 2   Johann Wolfgang von Goethes Gedicht *Willkommen und Abschied* ist 1771 – noch ohne den später hinzugefügten Titel – entstanden und damit ein Beispiel für die Dichtung der Sturm-und-Drang-Periode der deutschen Literatur. Es gestaltet die Erinnerung des Sprechers an einen nächtlichen Ritt zu seiner Geliebten, die anschließende Begegnung und den Abschied der Liebenden als aufwühlendes Erlebnis des jungen Mannes. Thema des Gedichts sind die von der Liebe ausgehende Kraft und die Steigerung des Lebensgefühls, die diese Erfahrung bedeuten kann. Die innere Dynamik des lyrischen Ich wird nicht nur auf der Ebene des semantischen Gehalts, sondern ebenso durch die affektgeladene, vorwärtsdrängende Sprachbewegung und die Naturmetaphorik des Gedichts transportiert.

Überblick über Thema und Sprachhaltung des Gedichts

Es handelt sich also um ein Liebesgedicht, das seiner inneren Form nach zugleich ein Erlebnisgedicht ist. Was das Gedicht zeitlos aktuell erscheinen lässt, sind gerade sein Gegenstand und Thema sowie der authentisch wirkende Gefühlsausdruck. Zeitlos dabei ist auch vor allem die befreiende Wirkung, die die Erfahrung der Liebe für das Selbstverständnis des Ich annimmt.

Zeitlosigkeit des Themas

Aufgabe 3   *Der strophische Aufbau:*
Das Gedicht besteht aus vier gleichartig gebauten Strophen:
- je 8 Verse nach dem Schema des Kreuzreims (abab cd cd);
- alternierend weibliche und männliche Kadenzen;
- jede Strophe stellt eine formale und syntaktische Einheit dar und ist damit in sich abgeschlossen.

Auffällig ist das gehäufte Auftreten unreiner Reime: Verse 5 und 7; 17 und 19; 21 und 23; 25 und 27 sowie 30 und 32.

Die metrische Struktur:
Das metrische Schema ist prinzipiell in jeder Strophe gleich. Es besteht aus einem vierhebigen Jambus:

x X x X x X x X x	a (w)
x X x X x X x X	b (m)
x X x X x X x X x	c (w)
x X x X x X x X	d (m)

Rhythmus:
- Sprechrhythmus: überwiegend jambischer Viertakter;
- Dennoch kommt es innerhalb der Jambenverse immer wieder zu lebhafter rhythmischer Bewegung. Der stets mit Auftakt beginnende jambische Vers trägt grundsätzlich mit seiner steigenden Bewegung zum Gesamteindruck des dynamischen Vorwärtsdrängens bei.

Volkstümlichkeit der Form:
Da in den Strophen jeweils vier Verse durch Kreuzreim enger zusammengefasst werden und nach dem vierten Vers ein syntaktischer Einschnitt vorliegt, könnte man sich die einzelne Strophe auch als Doppelung einer vierzeiligen vierhebigen jambischen Strophe im Kreuzreim vorstellen, wie sie das Volkslied kennt. In Verbindung mit den auch im Volkslied gebräuchlichen unreinen Reimen ergibt sich dadurch jedenfalls auf den ersten Blick ein volksliedhafter oder zumindest volkstümlicher Charakter der äußeren Form des Gedichts – ein Umstand, der den Eindruck vermitteln kann, es handele sich hier weniger um ein reflektiertes ästhetisches Produkt als vielmehr um die authentische Gefühlsaussprache eines Sprechers, hinter dessen Rolle sich der Dichter selbst, sozusagen ‚ungefiltert', verbirgt.

Aufgabe 4 Die Suggestion einer Identität von Autor und lyrischem Ich zeigt, dass bei diesem Erlebnisgedicht erlebnishafte Gefühlsaussprache und Sprechersituation, vor allem die Perspektivität, aber auch die zeitliche Strukturierung eng aufeinander bezogen sind. Inwieweit in diesem besonderen Fall lyrisches Ich und Autor tatsächlich uneingeschränkt gleichzusetzen sind, kann textimmanent nicht entschieden werden. *(Verhältnis von Autor und lyrischem Ich)*

Der Sprecher ist als lyrisches Ich direkt im Gedicht anwesend, er ist notwendig auch derjenige, von dessen (realem oder fiktivem) Erlebnis das Gedicht handelt. Aber wo und wann hat sich das Erlebte ereignet? Das Präteritum der finiten Verbformen verweist in die Vergangenheit. Aber wendet sich der sich erinnernde Sprecher tatsächlich in die Vergangenheit zurück, um von einem vergangenen Ereignis, einer Liebesbegegnung, aus der Perspektive des damaligen Erlebenden zu ‚berichten'? Dazu sind die Hinweise auf eine zeitliche oder räumliche Gliederung des Geschehens zu vage, wie sich etwa am zeitlich unbestimmten Beginn des Ereignisses mit dem unvermittelten Einsatz „Es schlug mein Herz. Geschwind, zu Pferde! / Und fort, wild wie ein Held zur Schlacht" (V. 1 f.) oder der fehlenden zeitlichen Einordnung des Abschieds zeigt. Wiederholt fehlen auch Tempusformen überhaupt, und das Präteritum ist kein eigentlich episches, da es oft als Präsens zu lesen ist. Es scheint eher, als sei das Erlebnis aus dem zeitlichen Kontinuum herausgenommen und, verdichtet zu einem zeitlosen, absoluten Augenblick, in die Gegenwart des schreibenden und sprechenden Ich geholt, also vergegenwärtigt, um es in der sukzessiv fortschreitenden dichterischen Gestaltung unmittelbar zum Ausdruck zu bringen und so aufs Neue zu erleben. *(Sprechersituation)*

Diese Vermutung einer auf die Gegenwart gerichteten Sprecherperspektive ergibt sich auch aus dem Umstand, dass das Ich im zweiten Teil des Gedichts die Geliebte immer wieder direkt anspricht, als sei sie unmittelbar während der Entstehung des Textes gegenwärtig. Der Perspektive des Sprechers im Erlebnisgedicht entspricht anderseits aber auch, dass immer nur das lyrische Ich das *(Sprecherperspektive)*

Geschehen des Gedichts fomulieren kann, während die Geliebte durchweg in nonverbalen Äußerungen ihrer innigen Zuneigung erlebt wird.

Aufgabe 5 Wegen der absoluten Gleichförmigkeit der Strophenform erlaubt die äußere Form des Gedichts keine Rückschlüsse auf eine bestimmte formale Struktur. Auch inhaltliche Hinweise auf eine zeitliche oder räumliche Gliederung des Geschehens bleiben undeutlich. Da das Gedicht ein Erlebnis des Sprechers gestaltet, das sich an einem Ereignisverlauf orientiert, lassen sich jedoch unterschiedliche Erlebnisphasen erkennen, welche die innere Struktur bestimmen. Insgesamt zeichnen sich drei Phasen des äußeren Geschehens ab:

I.	Strophen 1 und 2:	Aufbruch und nächtlicher Ritt durch eine bedrohlich unheimliche Natur
II.	Strophe 3:	beglückende Begegnung der Liebenden
III.	Strophe 4, V. 25–30:	Tragik und Trauer des Abschieds
IV.	Strophe 4, V. 31 f.:	emphatische Feier der Liebe als wechselseitiges Glück im resümierenden Rückblick

Wie die Gliederung zeigt, werden die einzelnen Phasen vom Umfang her immer kürzer. In welchem Verhältnis dazu ihre Bedeutung für das Ich des Gedichts steht und welche Relevanz sie für die Entfaltung des lyrischen Vorgangs überhaupt haben, muss die Analyse der einzelnen Teile erweisen. Als Struktur ergibt sich jedenfalls eine Steigerungsfigur.

Weiterhin ist bei diesem inneren Aufbau des Gedichts auffällig, dass die einzelnen Geschehensschritte nicht als solche in einem Kontinuum erscheinen, sondern Momentaufnahmen gleich unvermittelt neben- beziehungsweise nacheinander stehen und daher teilweise auch schwer zeitlich einzuordnen sind. In einer Art ‚Gipfeltechnik' sind nur emotional besonders gewichtete Situationen mit entsprechendem Stimmungsgehalt herausgegriffen, was die Annahme bestätigt, dass es dem Sprecher nicht um ein erzählbares äußeres Geschehen geht, sondern um die innere Reaktion auf die Ereignisse, um die Entfaltung des inneren Vorgangs im lyrischen Ich, also um das, was überhaupt ein Erlebnis ausmacht.

Aufgabe 6 a) Die Innerlichkeit des Sprechers in diesem Erlebnisgedicht, seine Emotionalität, drückt sich in der spezifischen Sprachhaltung aus. Ihre charakteristischen Merkmale zeigen sich hier schwerpunktmäßig im Bereich des Satzbaus:
- Mit einer Ausnahme (V. 5–8) liegt parataktischer Satzbau vor: Die Sprecherintention ist nicht auf gedankliche Hierarchisierung durch unterordnende Nebensätze gerichtet, sondern auf unmittelbaren, spontanen Ausdruck.
- Diese Hauptsätze sind durchweg kurz, oft asyndetisch gereiht, also durch keine Konjunktionen oder Subjunktionen in ein logisches Verhältnis zueinander gebracht. Beispiele: „Es schlug mein Herz. Geschwind zu Pferde." (V. 1) oder die Verse 11–13, 19 und 25–29.
- Häufung von Ellipsen (mit Ausnahme von Strophe 2):
  – Sie suggerieren ein vor innerer Bewegung überhastetes Sprechen: „Geschwind, zu Pferde! / Und fort, wild wie ein Held zur Schlacht." (V. 1 f.) Weitere Beispiele: Verse 20, 25, 27 f. und 31 f.
  – Die Prädikatlosigkeit der Ellipsen lässt die jeweilige Aussage im zeitlich Ungefähren, dadurch verblasst der Eindruck eines im epischen Präteritum gehaltenen erinnerten Geschehens, das Erinnerte wird vielmehr in die Gegenwart des Sprechers (und Lesers) gerückt.
- Zahlreiche Inversionen (V. 4, 5, 7, 9 f. und 19) lassen sich als eine emotional bedingte Abweichung von der normalen Wortstellung im Satz verstehen. Der Sprecher setzt Wörter, die ihm gefühlsmäßig wichtig sind, mehr oder weniger unbewusst an syntaktisch oder metrisch herausgehobene Stellen, wo sie ihre größte Ausdruckskraft entfalten können. Beispiel: Das Subjekt „Nacht" in Vers 4 steht statt in der zu erwartenden Spitzenstellung erst an dritter Stelle nach einer adverbialen Bestimmung und dem Prädikat, erhält aber als letzte Hebung des Verses besonderes Gewicht.
- Die häufigen Ausrufe sind ein weiteres allgemeines Mittel der Ausdrucksprache, die den Charakter dieses Erlebnisgedichts insgesamt bestimmt.

b) Weitere sprachliche und rhetorische Mittel, welche die jeweils spezifische Art des Erlebnisses in den einzelnen Geschehensphasen verdeutlichen, sollen im Folgenden näher betrachtet werden.

I. Aufbruch und nächtlicher Ritt (V. 1–16):
Besondere sprachliche und rhetorische Mittel, die die besondere Stimmung und Atmosphäre dieser Situation schaffen oder verstärken:

- Das Platzhalter-„Es" und der Vergleich des aufbrechenden Sprechers mit einem in die Schlacht ziehenden Helden bewirken eine emotionale Überhöhung der Situation und lassen auf ein gesteigertes Selbstwertgefühl schließen.
- Die Klanggestalt in den Versen 1 f. spiegelt die Aufbruchstimmung wider: stakkatohafte rhythmische Dynamik infolge der Mittelzäsur in Vers 1 und der Tonbeugung „wild" in Vers 2; ferner rhythmische Hervorhebung der beiden für die innere Situation des Sprechers kennzeichnenden Wörter „wild" und „Held"; der Aufbruch erscheint als Wagnis, dem sich das Ich im Bewusstsein seiner Kraft stellt.
- Schlüsselwörter, die für diese Selbsteinschätzung stehen, sind: „Feuer", „Herz" und „Glut" (V. 15 f.) als Wortfeld für die Kräfte im Ich, die sein Empfinden und seine Ich-Stärke bestimmen.
- Die im Einzelnen oft nicht auflösbare Bildverknüpfung von Metaphorik (Metaphern und Vergleiche) und Personifizierung bewirkt eine zunehmende Dynamisierung der nächtlichen Natur: der die Erde wiegende Abend (V. 3); das Bild der Eiche im „Nebelkleid" (V. 5) als „getürmter Riese" (V. 6); die „hundert schwarzen Augen" der Finsternis (V. 7 f.); die leise „Flügel" schwingenden Winde, die „schauerlich" das Ohr des Ich „[u]msausten" (V. 11 f.).
- Das Wortfeld „dunkel" (immer wieder „Nacht", „schwarze Augen") bildet den Untergrund dieser metaphorisch evozierten Bedrohungskulisse.
- Hyperbeln zur Verstärkung des Gefühlsausdrucks: „hundert schwarze Augen" (V. 8), „tausend Ungeheuer" (V. 13) und der – grammatisch eigentlich nicht mögliche – hyperbolische Komparativ „tausendfacher war mein Mut" (V. 14).

II. Begegnung der Liebenden, das Glücksgefühl des Sprechers (V. 17–24):
- Markierung der Zäsur im Geschehensablauf und des Stimmungswechsels durch das Klangbild: Tonbeugung und rhythmische Hervorhebung der beiden Personalpronomen „Ich" und „dich" (V. 17).
- Modifikation der Perspektive insofern, als der Sprecher des Gedichts hier zum ersten Mal explizit als „Ich" und Subjekt in Erscheinung tritt.
- Wechsel in der Besetzung der Subjektrolle: Während des Rittes ging das Geschehen von der Natur aus, jetzt geht es von den Liebenden, also von menschlichen Subjekten aus (vgl. Häufung von Pronomen).
- Alternierende Subjekt- und Objektrolle des Sprechers als Verweis auf die wechselseitige Zuwendung.
- Wie das Erlebnis des Ritts durch Bilder der Dunkelheit bestimmt ist, wird das Empfinden der Befreiung und Beglückung durch das liebende Du

aufgrund von Bildern, mit denen man helle, freundliche Farbwerte verbindet, augenfällig (V. 21 f.) oder durch Synästhesie als alle Sinnesbereiche erfassend dargestellt, vgl. die „milde Freude" (V. 17) und den „süßen Blick" (V. 18).

III. Abschied der Liebenden (V. 25–30):
Die Intensität des vom Sprecher in der Erinnerung heraufbeschworenen Abschiedsschmerzes wird insbesondere durch folgende sprachliche und gestalterische Mittel erreicht:
- Größtmögliches Heranholen der Situation in die Gegenwart von lyrischem Ich (und Leser) durch Aussparen der Prädikate in elliptischer Rede (V. 25 bis 28): Die hier genannten Äußerungen der Liebe und der Trauer werden so unmittelbar erlebt.
- Die Häufigkeit der Ausrufe verbürgt die Tiefe der Empfindung.
- Verstärkter Einsatz rhetorischer Mittel zur Erhöhung der Eindringlichkeit:
  – Alliteration und Parallelismus verbinden die Antithese ‚Wonne – Schmerz' (V. 28) und machen so die tragische Ambivalenz der Situation bewusst.
  – Durch den Parallelismus des Gegensatzes „Du gingst, ich stund [...]" (V. 29) wird der letzte, schmerzliche Akt der Trennung pointiert festgehalten.

IV. Apotheose der Liebe (V. 31 f.):
Durch Überstrukturiertheit sind die beiden letzten Verse von Strophe 4 noch einmal formal vom vorangegangenen lyrischen Geschehen abgehoben und erscheinen so als Schlusssentenz und damit als Höhepunkt des Gedichts.
- Durch die „Und"-Anapher sind sie eng aufeinander bezogen;
- In Form eines Chiasmus („Welch Glück – geliebt zu werden : lieben – welch ein Glück") wird in der Schlusssentenz der Wechselbezug von Passiv und Aktiv in der Liebe pointiert zugespitzt.

Auch insofern es im Gedicht um erinnerndes Erleben geht, ist die Sentenz gegenüber dem bisherigen Verlauf herausgehoben: Durch die gänzlich fehlende Tempusfestlegung der elliptischen Aussagestruktur ist sie auf der Ebene der zeitlosen Allgemeingültigkeit und damit in der unmittelbaren Gegenwart des lyrischen Ich angesiedelt.

Aufgabe 7 Als entscheidendes Merkmal der Gestaltungsweise eines Erlebnisgedichts in der Art des vorliegenden Textes hat sich die erinnernde Vergegenwärtigung eines Erlebnisses des Sprechers herausgestellt. Diese Vergegenwärtigung er-

Resümee: Erlebnisgedicht als erinnernde Vergegenwärtigung

eignet sich in einer spezifischen Sprache des spontanen Gefühlsausdrucks, die auch den Leser identifikatorisch in das sich gerade vollziehende Ereignis einbezieht und es ihn so miterleben lässt. Es ist auch deutlich geworden, dass das im Gedicht gestaltete Erlebnis des lyrischen Ich nicht notwendig als ein dem Gedicht vorausgegangenes reales Erlebnis des Autors anzusehen ist, sondern dass es sich kraft der besonderen Gestaltungsweise im Gedicht selbst ereignen kann.

Bei dem im vorliegenden Gedicht evozierten Erlebnis handelt es sich um die Gestaltung der für das lyrische Ich bedeutungsvollen Erfahrung der (ersten) Liebe, die, wie die Schlussapotheose zu den Göttern jauchzend verkündet, als entscheidende Bereicherung und Erlebnis der Befreiung von unbewussten seelischen Fesseln im Sinne einer Selbstfindung empfunden wird. Das Erlebnisgedicht erscheint so auch als Medium der Selbstreflexion des lyrischen Ich – und des Dichters selbst. *Erlebnisgedicht als Selbstreflexion des lyrischen Ich*

Die Sicht der Liebe, die der Dichter das lyrische Ich hier erleben lässt, entspricht durchaus der modernen Auffassung, wie sie sich seit der Entstehungszeit des Gedichts in der zweiten Hälfte des 18. Jahrhunderts herausgebildet hat: Es ist die Erfahrung der Wechselseitigkeit in der Zuneigung zweier eigenständiger Individuen, wie sie sich in der Liebesbegegnung gezeigt hat, aber auch im Abschiedsschmerz erkennbar ist. Mit diesem Ideal gegenseitiger Liebe gleichberechtigter Partner formuliert Goethe ein Liebeskonzept, das das ganze Spektrum der Liebe von Glück über Schmerz bis hin zu Tragik und Schuld umfasst. Vielleicht liegt es gerade an der Modernität dieser Vorstellung, dass auch vielen heutigen jungen Menschen immer noch die Identifikation mit dem lyrischen Ich des Gedichts möglich ist. *Liebeskonzeption*

Ingeborg Bachmann: Dunkles zu sagen

Aufgabe 1 *Äußere Daten:*
- Erscheinungsdatum: 1953 in Bachmanns Erstlingsband *Die gestundete Zeit*
- Der Titel lässt auf ein hermetisches Gedicht schließen.

Klanggestalt und Haltung des Sprechers:
- getragenes Sprechtempo; dunkler, manchmal feierlich elegischer Ton;
- der Klagegestus wird durch die ruhige rhythmische Bewegung vermittelt sowie durch Assoziationen, die durch entsprechende Schlüsselwörter und die Bildersprache ausgelöst werden.

Schwerpunktmäßige Bild- und Motivbereiche:
- auffällige und dichte Bildersprache: Das Spektrum reicht vom einfachen Sprachbild bis hin zur absoluten Chiffre;
- drei zentrale Bild-, Motivbereiche:
  - Tod
  - Leben/Liebe
  - Gesang, Saitenspiel => Dichtung und Kunst

Erste vorläufige Vermutung zum Thema:
- das Verhältnis von Leben und Tod;
- in Analogie zum Mythos:
  - die in ihrer Absolutheit tragische Liebe,
  - die Idee der Entstehung von Musik und Dichtung aus der Klage über einen tragischen Verlust => poetologischer (dichtungstheoretischer) Aspekt

Aufgabe 2 *Verständnisschwierigkeiten und Gründe für die Sinnoffenheit:*
- Der mehrdeutige Gedichttitel als Programm, er kann
  - sich auf den Tod beziehen,
  - Inhalt und Sageweise des Gedichts als Ganzes ansprechen,
  - Zweifel der Dichterin (des Sprechers) andeuten, mit der vertrauten begrifflichen Sprache bestimmte ‚letzte' Dinge mitteilen zu können: Insofern muss die Sageweise dunkel bleiben.
- Verrätselung der Bildersprache vor allem in den Strophen 2 und 3
- Bezug zum Orpheus-Mythos: Vergleiche mit dem Sänger bieten ein zusätzliches Deutungsmuster an.

Aufgabe 3 Ingeborg Bachmanns 1953 zum ersten Mal veröffentlichtes Gedicht *Dunkles zu sagen* lässt sich keiner bestimmten Gedichtform oder -gattung zuordnen, doch wie der Titel schon andeutet, handelt es sich um ein schwer zugängliches, hermetisches Gedicht. Aber gerade weil sich der Wortsinn zunächst nur bruchstückhaft erschließen will, geht von dem Text ein Reiz des Geheimnisvollen aus.

Reiz des hermetischen Gedichts

Dabei kreist die suggestive und verrätselte Bildersprache in immer wieder neuer Abwandlung um die unauflösliche Verschränkung von Leben und Tod. Ein weiterer zentraler Bild- und Motivbereich aus dem mit Orpheus verbundenen Feld des Gesangs und Saitenspiels deutet auf das Gebiet Kunst überhaupt. Der thematische Akzent des Gedichts ist daher nicht eindeutig und eindimensional zu bestimmen; es ist vielmehr anzunehmen, dass in der Verknüpfung der Dialektik von Leben und Tod mit dem poetologischen Aspekt das Unbegreifliche dieser Erfahrung jenseits der begrifflichen Sprache mit spezifisch lyrischen Mitteln ausgedrückt werden soll.

zentraler Bildbereich und thematischer Aspekt

Aufgabe 4 *Äußere Form*
- Das Gedicht besteht aus *fünf reimlosen Strophen;* gelegentlich tritt an den Versenden *Assonanz* auf, so in den Versen 4 und 5, 15 und 17, 19 und 20 sowie 23 und 24.
- kein festes *Metrum*: freirhythmische Verse
- Die Dichterin hat sich mit der metrischen Struktur eine flexible Form geschaffen, die sich ihren Aussageintentionen geschmeidig fügt. So kann es auch nicht zu Gegenläufigkeit von metrischen und natürlichen Sprechakzenten kommen, der Sprechrhythmus des Gedichts folgt durchweg den vom Leser gesetzten Sinnakzenten. Dadurch entsteht insgesamt ein ruhiger Rhythmus.

Auch der strophische Aufbau lässt auf den ersten Blick kein eindeutiges Muster erkennen. Die Strophen sind unterschiedlich lang, ihr Umfang steigert sich jedoch von Strophe 1 bis Strophe 3 um jeweils einen Vers, sodass sich formal eine Steigerungsfigur ergibt, die in der Kürze von Strophe 4 einen abrupten und pointierten Abschluss findet. Aus diesem Muster fällt Strophe 5 aufgrund ihrer wieder zunehmenden Länge heraus. Sie nähert sich als Vierzeiler wieder

der Strophe 1 an, sodass sich im äußeren Aufbau eine zyklische Struktur anzudeuten scheint. Insofern nimmt die Strophe eine Sonderstellung ein, steht möglicherweise in ihrer Aussage nicht mehr auf derselben Ebene wie die ersten drei Strophen. Entgegen dem ersten Eindruck scheint der strophische Aufbau sich also doch nicht willkürlich ergeben zu haben, sondern als bewusst gewählte Form mit einer bestimmten Gedankenbewegung zu korrespondieren.

Aufgabe 5   Entsprechend dem Hermetismus des Gedichts ist auch die Kommunikationssituation nicht eindeutig zu bestimmen. Die Sprecherrolle wird gleich im ersten Vers explizit von einem lyrischen Ich eingenommen („Wie Orpheus spiel ich"), das sich in diesem Vergleich als ‚Sänger' zu erkennen gibt, was in unsere Zeit übertragen soviel wie Dichter oder Dichterin bedeutet. Mit „deiner Augen" (V. 4) und „du" (V. 6) wendet sich das Ich an ein Gegenüber, das nicht anwesend ist und von dem man, insbesondere hinsichtlich seiner Position dem Ich gegenüber, nichts Konkretes erfährt. Die meisten Bilder des Gedichts deuten an, dass es bereits tot sei; gegen eine solche Annahme sprechen allerdings die Verse 6 und 20. Soviel wird im Gedicht deutlich, dass es sich bei dem angesprochenen Gegenüber um einen vom Ich geliebten Menschen handeln muss. In einer Art innerem Dialog setzt es sich mit diesem Du und seiner eigenen Haltung ihm gegenüber auseinander, was letztlich einer Selbstaussprache gleichkommt. Diese Kommunikationssituation bleibt durch das ganze Gedicht hindurch erhalten.

Kommunikationssituation: lyrisches Ich im Dialog mit abwesendem Du

Aber auch die Frage, wer der Sprecher beziehungsweise die Sprecherin ist, wird nicht geklärt. Zwar wird im Gedicht der Orpheus-Mythos aufgegriffen, aber das lyrische Ich spricht nicht in der Rolle des Orpheus. Damit scheidet die Möglichkeit, dass es sich um ein Rollengedicht handelt, aus. Indem das Ich sich mit Orpheus vergleicht, stellt es allerdings ausdrücklich seine Kunst und vielleicht auch seine Beziehung zum Gegenüber in die Tradition des antiken Sängers; dann würde es sich beim lyrischen Ich und seinem Gegenüber um ein ähnlich tragisches Paar wie Orpheus und Eurydike handeln.

unklare Rolle des lyrischen Ich

Denkt man sich, aufgrund der Autorschaft Ingeborg Bachmanns, das lyrische Ich als eine Sprecherin, wären allerdings die Perspektiven gegenüber dem Mythos vertauscht: Das angeredete Gegenüber wäre als männlich zu denken.

angeredetes Du möglicherweise ein Mann

Träfe diese Hypothese zu, ließe sich aufgrund der Sprechersituation mit einigem Recht auch an einen biografischen Hintergrund der Gedichtthematik denken. Die eingangs vermuteten thematischen Aspekte würden sich so zu einem ‚Bündel' verdichten, in dem die Dichterin durch den Filter ihres lyrischen Ich eigene Verlusterfahrungen, wahrscheinlich in der Beziehung zu einem geliebten Menschen, verarbeitet und zugleich die Möglichkeit der ästhetischen Verwandlung dieser Erfahrung als poetologischen Aspekt thematisiert.

mögliche autobiografische Bezüge

Aufgabe 6 Die Analyse der äußeren Form hat bereits anhand der unterschiedlichen Strophenformen eine Dreigliedrigkeit des äußeren Aufbaus ergeben:
- Die Strophen I bis III bilden einen ersten in sich gesteigerten Teil,
- die zweizeilige Strophe IV schließt ihn pointiert ab,
- Strophe V scheint im Wiederaufgreifen der längeren Strophenform wieder zum Anfang zurückzukehren und so das Gedicht zyklisch abzurunden.

Diese grobe Einteilung wird durch Kriterien der inneren Form insofern bestätigt, als auch aufgrund der gleichen syntaktischen Struktur – mehrgliedrige überwiegend hypotaktische Sätze – die ersten drei Strophen eine Einheit zu bilden scheinen, während in Strophe 4 in Zeilenkomposition zwei kurze Hauptsätze asyndetisch gereiht sind und Strophe 5 zwei jeweils zweizeilige Hauptsätze durch die Konjunktion „und" zu einem Gesamtsatz verbindet.

Allerdings ergibt sich innerhalb des ersten Abschnitts aufgrund unterschiedlicher Zeitebenen eine zusätzliche Binnendifferenzierung: Während alle anderen Strophen im Präsens gehalten sind, stehen die Strophen 2 und 3 im Präteritum. Auf diese Weise sind sie von Strophe 1 abgesetzt und bilden eine eigene Ebene innerhalb des lyrischen Vorgangs. Zudem finden sich in den beiden Strophen, in denen das lyrische Ich das Gegenüber in einem Appell – „Vergiß nicht [...]" (V. 6) – eindringlich an gemeinsame Erfahrungen von Tod und Verlust erinnert, auch die größte Bilddichte und die dunkelsten Chiffren. Dies macht diese Rückwendung in die Vergangenheit zum eigentlichen Kern des Gedichts, in dem das Unsagbare, Dunkle metaphorisch umschrieben wird.

In Strophe 4, nun wieder in der Gegenwart, konstatiert das Ich lakonisch das Fazit aus diesem Erleben: Es bleibt nur die beiderseitige Klage.

Strophe 5 bringt dagegen, bis hin zu Teilidentität im Wortlaut der beiden ersten Verse, eine abrundende Rückwendung zur ersten Strophe. Der Einsatz mit adversativem „Aber" (V. 21) macht deutlich, dass es sich bei dieser Struktur nicht einfach um eine ringförmige Wiederkehr, sondern eher um eine spiralförmige Weiterentwicklung der Dialektik des Themas handelt.

Im Bewegungsablauf des Gedichts ergeben sich auf diese Weise vier Schritte, die sich auch mit seiner inneren Gestalt, der gedanklichen Struktur, wie sie sich vor allem aus der Bildanalyse ergibt, decken:

1.	Strophe I:	Vorgabe des Gedichtthemas in der Gleichsetzung des lyrischen Ich mit Orpheus: Das paradoxe Verhältnis von Leben und Tod als Gegenstand lyrischen Sagens
2.	Strophen II und III:	Erinnerung an die Erfahrung von Tod und Verlust als Klage: Verkehrung von Liebesmetaphern in Todesbilder
3.	Strophe IV:	Vorläufiges Resümee: Bewusstwerden der Entfremdung durch Trennung und Vergänglichkeit sowie der Verbundenheit in Klage und Trauer
4.	Strophe V:	Neubewertung der Dialektik von Leben und Tod im erneuten Bezug des lyrischen Ich auf Orpheus

Aufgabe 7 *Orpheus-Bezug:*

Das Gedicht setzt damit ein, dass sich das lyrische Ich mit dem antiken Sänger Orpheus vergleicht. Durch die Inversion und die Knappheit der durch ein Enjambement zunächst verkürzten Aussage von Vers 1 wird die identifikatorische Nähe zum mythischen Inbild von Musik und Dichtkunst besonders betont. Doch die mit diesem Vers aufgebaute Erwartungshaltung wird mit der Fortführung der Aussage in Vers 2 nicht erfüllt. Nicht der begnadete Sänger mit seiner Gabe, mit Gesang und Kitharaspiel Pflanzen, Tiere und sogar die Götter der Unterwelt zu verzaubern, ist hier angesprochen, sondern der dem Tod zugewandte, der aus Schmerz über den endgültigen Tod der geliebten Gattin wehmütige, aber gerade deshalb umso kunstvollere Klagelieder singende Orpheus.

Damit ist das Thema des Gedichts umrissen: die Dialektik von Leben und Tod, erfahren am Beispiel des Verlustes eines geliebten Menschen, aber auch Verlusterfahrung und ihre Bewältigung als künstlerische beziehungsweise dichterische Antriebskraft. In parallelen Bildern sieht das Ich die Kunst Orpheus' und sein eigenes poetisches Schaffen im Zeichen dieser Dialektik.

a) *Strophe 1*
- Wie Orpheus spielt das lyrische Ich „auf den Saiten des Lebens den Tod" (V. 2): Im paradoxen Bild (Oxymoron) findet das Unbegreifliche, die paradoxe Gegenwart des Todes mitten im Leben, seinen Ausdruck.
- Ebenso widersprüchlich wirken die beiden folgenden Bilder, die sich nun ausschließlich auf das lyrische Ich in seiner Funktion als Dichter und sein angeredetes geliebtes Gegenüber beziehen (V. 3 ff.): Den „Saiten des Lebens" entsprechen „die Schönheit der Erde" und die Schönheit „deiner Augen, die den Himmel verwalten". Die Paradoxie besteht hier darin, dass das lyrische Ich auf diese Schönheit des Makro- und Mikrokosmos nur reagieren kann, indem es „Dunkles" sagt, das heißt mit einer Metaphorik des Todes auf das Leben antwortet.
- Durch die in dieser Strophe durchgängigen Inversionen werden vor allem „Orpheus", „Tod" und „Dunkles" hervorgehoben, wobei der Titel noch verstärkend hinzutritt: Das orphische Amt des Dichters – eigentlich auf das Leben und die Liebe gerichtet – wird damit auch auf der Ebene der syntaktisch akzentuierten Schlüsselwörter von vornherein suggestiv mit dem Tod verbunden und die Entstehung von Kunst aus der Klage suggeriert.

b) *Strophen 2 und 3*
Die beiden Strophen, durch den an das Gegenüber gerichteten Appell „Vergiß nicht" (V. 6) eingeleitet, gestalten anhand eines Rückgriffs auf Erfahrungen aus der Vergangenheit das in der ersten Strophe dargestellte Verständnis der Rolle des Dichters ganz auf der Ebene der Bilder. Sie entsprechen mit ihrer besonderen Art der Bildlichkeit der Ankündigung in der Titelmetapher, „Dunkles zu sagen", womit sowohl auf die hermetische Sageweise, die Sinndunkelheit, angespielt als auch die nur schwer zu entschlüsselnde geheime ‚Botschaft', das in der Sprache der Begriffe kaum mehr mitteilbare Phänomen des Todes, gemeint sein kann.
Bei der Bildersprache der zweiten und dritten Strophe handelt es sich durchweg um rätselhafte Bilder und Metaphern, deren Wirklichkeitsbezug auf den ersten Blick nicht mehr erkennbar ist. Dennoch soll versucht werden, sie in ihrer Funktion für die Gesamtwirkung des Gedichts zu würdigen; definitive, letztgültige Bedeutungszuweisungen sind allerdings nicht möglich.

Auch in diesen beiden Strophen verweisen paradoxe Metaphern und Fügungen als assoziativ verbundene Bilder auf die Unfassbarkeit der Dialektik von Leben und Tod: Das Besondere der paradoxen Tragik ergibt sich daraus, dass Bildelemente, die assoziativ mit dem Leben und insbesondere mit Vorstellungen von Liebe verbunden sind, so mit Verweisen auf Tod und Vergänglichkeit zusammengefügt sind, dass aus Liebesmetaphern Bilder des Todes werden.

- In den Versen 6 bis 11 werden in einem die ganze Strophe umfassenden Satzgefüge Bilder, die auf das Leben und die Liebe verweisen, von Bildern, die Assoziationen an den Tod hervorrufen, entwertet. Auf der Seite des Lebens stehen die Verse 7 ff., die mit dem Bild des morgendlichen (Liebes-?) Lagers und der am Herzen des oder der Geliebten schlafenden Blume an das mittelalterliche Tagelied erinnern.
- Das Trügerische dieser vermeintlichen Idylle ergibt sich aus der Art der Blume: Die Nelke als häufige Grabbeigabe gilt wegen ihrer an die Nägel der Kreuzigung erinnernden Form weithin als ein Symbol der Passion und des Todes.
- Der plötzliche Einbruch des Todes mitten im Leben wird durch den vorbeiziehenden „dunklen Fluß" (V. 10) bildlich verdeutlicht. Dieses Bild ist mehrdeutig: Im Kontext des Orpheus-Mythos denkt man zwangsläufig an den Acheron oder Styx, die in der Unterwelt die Grenze zum Totenreich bilden. Der „dunkle[] Fluß" könnte allerdings auch als eine Anspielung auf einen schrecklichen Strom der Toten als Ereignis der Zeitgeschichte, die Shoah, aufgefasst werden. Für diese Lesart könnte zudem die teilweise Nähe der absoluten Chiffren zur Bildstruktur in Paul Celans berühmtestem Gedicht *Todesfuge* sprechen. (Ohne Absicherung durch Fakten über das Verhältnis der Österreicherin Bachmann zur deutschen Geschichte in der ersten Hälfte des 20. Jahrhunderts und zum Judentum bleibt diese nahe liegende Vermutung allerdings im Bereich von Spekulation.)

Die Tendenz zur Verschlüsselung des Unsagbaren in hermetische Bilder erfährt in Strophe 3, dem Höhepunkt der Klage, eine weitere Steigerung. Die Strophe umfasst zwei Bildkomplexe (V. 12–14 und 15–18) in zwei Sätzen.

- Der erste Satz nimmt das Motiv des dunklen Flusses aus der vorhergehenden Strophe mit der „Welle von Blut" (V. 13) wieder auf und zeigt in der Drastik dieser Metapher gegenüber dem „dunklen Fluß" eine gesteigerte Emotionalität an.
- Bei beiden Bildkomplexen handelt es sich erneut um Bildverschränkungen, die Liebesmetaphern zu Todesbildern machen. Auf der Seite

von Leben und Liebe stehen „tönendes Herz" (V. 14), „deine Locke" (V. 15) und „dein Antlitz" (V. 18), als Zeichen des Todes erscheinen die Verwandlung der Locke „ins Schattenhaar der Nacht" (V. 16), auch als mögliche Anspielung auf den Kräfteverfall des biblischen Helden Samson nach dem Verlust seines Haupthaars, und „der Finsternis schwarze Flocken" (V. 17). Die Sprachlosigkeit des lyrischen Ich angesichts des Todes findet ihren Ausdruck im Oxymoron „die Saite des Schweigens" (V. 12).

Besonders charakteristisch für die Bildkomposition der absoluten Chiffre sind die beiden letzten Verse der Strophe: Die Schneeflocken als Zeichen für das Lebendige, spielerisch Leichte werden im paradoxen Sprachbild zu „der Finsternis schwarze Flocken / beschneiten [...]" (V. 17 f.) und verweisen so auf die paradoxe Durchdringung von Leben und Tod. Solche Bilder können allerdings nicht mehr inhaltlich verstanden werden, sie wirken beim Leser oder Hörer vielmehr über Assoziationen. Dabei kann es im Einzelnen naturgemäß zu unterschiedlichen Bedeutungsnuancen kommen, entscheidend ist, dass letztlich eine bestimmte Empfindung evoziert wird, hier die Empathie mit dem klagenden lyrischen Ich angesichts der erschütternden Erfahrung der Allgegenwärtigkeit des Todes im menschlichen Leben.

Unterstützt wird diese Sinngebung auf der Bildebene durch weitere, in dieser Strophe besonders dichte gestalterische Mittel:
- Opposition von hellen Vokalen (*e:* Welle, Herz) als Zeichen des Lebens und dunklen (vor allem *a* als Leitvokal) für den dunklen Bereich des Todes (vgl. V. 16).
- Hervorhebung von Schlüsselbegriffen
  - durch Inversion, sodass sie jeweils ans Versende treten und dabei auch noch mehrheitlich als männliche Kadenzen besonderes Gewicht erhalten („Blut", „Herz", „Locke", „Nacht" und „Flocken"),
  - sowie durch Alliteration (V. 15: „Verwandelt ward", und V. 17 f.: „der Finsternis schwarze Flocken / beschneiten [...]").

c) *Strophe 4 als vorläufiges Resümee:*
- Das Präsens ordnet die Aussagen der beiden Kurzsätze der Gegenwart des Sprechers zu, knüpft damit wieder an Strophe 1 an. Der Einsatz mit der Konjunktion „Und" verbindet die Strophe dagegen als Rückverweis unmittelbar mit den vergangenheitsbezogenen Bildern der Klage in den beiden vorhergehenden Strophen. Die Aussage in Strophe 4 erscheint so als Fazit aus den Erfahrungen in der Vergangenheit, allerdings mit Bezug

zur Gegenwart des lyrischen Ich, die ja von zwei Aspekten bestimmt ist: der Dialektik von Leben und Tod in ihrer Relevanz für die Beziehung des Ich und seines geliebten Gegenübers sowie der Bedeutung dieses Wechselbezugs für die Dichtung des lyrischen Ich und vielleicht für die Entstehung von Kunst überhaupt.

d) Neubewertung des Verhältnisses von Leben und Tod in Strophe 5:
- Das Motiv aus Strophe 1 – „[…] wie Orpheus weiß ich" (V. 21) – wird in fast identischem Wortlaut und identischem Metrum (Rhythmus) x X x X x wiederaufgenommen. Auch syntaktisch sind beide Stellen parallel bis hin zur Inversion, die auch hier wieder die beiden den Hauptsinn tragenden Wörter „Orpheus" und „weiß" besonders heraushebt.
- Umso deutlicher zeichnen sich vor dem Hintergrund dieser Gleichförmigkeit die Veränderungen gegenüber Vers 1 ab. Der Einsatz mit adversativem „Aber" kündigt eine Gegenwendung an, und statt „spiel ich" heißt es nun „weiß ich" (V. 1 bzw. V. 24), wodurch angedeutet wird, dass die mit dem Motiv verbundene Thematik jetzt unter verändertem Blickwinkel gesehen wird: Die Auseinandersetzung mit dem Tode hat zu einem neuen Bewusstsein des lyrischen Ich geführt.
- Der Bewusstseinswandel wird durch die Umkehrung der Eingangschiffre illustriert: Während in Vers 2 „auf den Saiten des Lebens [der] Tod" gespielt wird, also eine Kunst, die sich auf das Leben bezieht, den Tod gestaltet, „weiß" das lyrische Ich in Vers 22 „auf der Seite des Todes das Leben". Es hat die Allgegenwärtigkeit des Lebens im Tod erkannt.
- Den aus dieser Erkenntnis resultierenden Stimmungsumschlag beim lyrischen Ich bringen die beiden letzten Verse pointiert zum Ausdruck: Die paradoxe Chiffre „mir blaut / dein für immer geschlossenes Aug" markiert mit der Chiffre „blau" den Wandel auf der Ebene der Farbsymbolik vom Dunkel der bisherigen Todesmetaphorik zur aufgehellten positiv konnotierten Farbe der Romantik und des Expressionismus und weckt im Kontext mit dem „für immer geschlossene[n] Aug" die Hoffnung auf ein sinnbestimmtes Leben im Wissen um den Tod.

Aufgabe 8 In einer Art innerem Dialog mit einem geliebten ‚Du' kommt die Klage des lyrischen Ich über die endgültige Trennung von diesem ‚Du' (vermutlich durch den Tod) zum Ausdruck. In seiner Klage sieht sich das Ich in der Tradition des mythischen Sängers Orpheus, indem es sich

Zusammenfassung von Kommunikationssituation und Thema

wie dieser mit der Unvereinbarkeit und dennoch Zusammengehörigkeit von Leben und Tod auseinandersetzt. Dieses dialektische Verhältnis von Leben und Tod durchzieht als Grundthema das ganze Gedicht und wird in gegensätzlichen Bildkomplexen, die jeweils den Bereichen von Leben und Tod zuzuweisen sind, entfaltet.

Als inneres Zwiegespräch ist diese Klage gleichzeitig eine Selbstaussprache des Ich, in deren Verlauf es zu einer veränderten Bewertung der Dialektik gelangt. Sieht es anfangs im Tod nur den Schmerz und das Verstummen, weiß es am Ende nach der Verarbeitung der Todeserfahrung, dass der Tod des geliebten Menschen nicht Trennung bedeuten muss, solange dieser in der Erinnerung lebt. Das lyrische Ich hält diese Erinnerung wach „wie Orpheus", das heißt in der ästhetischen Gestaltung des Schmerzes.

Selbstaussprache des Ich als Trost

Mit dieser für das Ich tröstlichen Erkenntnis scheint am Ende des Gedichts auch noch einmal der poetologische Aspekt als die zweite Dimension des Gedichtthemas auf. Stand zu Beginn das Bedauern des Ich im Vordergrund, in der Nachfolge Orpheus' den schöpferischen Impuls nur in der Klage zu erleben und „nur Dunkles" sagen zu können, so ist es gerade diese Qualität der Kunst des Sängers, die es nun mit Hoffnung erfüllt. Zunächst ist es die grundsätzliche Möglichkeit der Verwandlung von Schmerz und Klage in Kunst, die dem lyrischen Ich in der Tradition Orpheus' als eine Form der Bewältigung gegeben ist. Vor allem aber ist es die der Musik – und damit der seit Orpheus mit ihr verbundenen Dichtung – eigentümliche Doppelfunktion, Ausdruck von Tod, Schmerz und Verstummen zu sein, andererseits aber auch in der Erfahrung des Schmerzes Momente der Hoffnung aufscheinen zu lassen.

Doppelfunktion der Dichtung als Ausdruck von Schmerz und von Hoffnung

Es sind also die beiden Bereiche Tod und Kunst, die das lyrische Ich mit Orpheus verbinden und die auch den gedanklichen Rahmen des Gedichts ausmachen. Ihren Ausdruck findet diese thematische Zweidimensionalität in der Doppeldeutigkeit des Titels: „Dunkles zu sagen" verweist sowohl auf den Tod als Thema als auch auf die sprachkünstlerische Durchführung dieses Themas. Bedenkt man die im Mittelteil des Gedichts gelegentlich assoziativ als

Doppeldeutigkeit des Titels und Mehrdimensionalität der Aussage

Verweise auf den Holocaust verstehbaren Bilder, könnte *Dunkles zu sagen* tatsächlich auch für eine Lyrik stehen, die angesichts des Unfassbaren dieses Verbrechens nicht anders kann, als sich mit dem „dunklen Fluss" der Toten des Holocaust auseinanderzusetzen.

Da dieses Unfassbare für die Dichterin mit den Mitteln der herkömmlichen Begriffssprache nicht mehr fassbar ist, hat sie für die Klage ihres lyrischen Ich eine neue Sprache gefunden. In ihr wird das Unsagbare weniger mitgeteilt, als dass es sich vielmehr selbst dem Leser erschließt.

Zusammenhang zwischen Unfassbarkeit des Gegenstands und Struktur der Bildersprache

Johann Wolfgang von Goethe: Prometheus

Aufgabe 1   *Daten:*
Entstehung vermutlich 1774 (vgl. *Werther*!), von Goethe erst 1789 veröffentlicht; Gründe dafür?

Klanggestalt und Haltung des Sprechers:
affektbetontes Sprechen; das Ich in Erregung, Dynamik

Gegenstand:
Auflehnung des Prometheus (Sprecher des Gedichts) gegenüber dem Göttervater Zeus (Angeredeter)

Übergeordnetes Thema:
das Verhältnis eines Abhängigen zu einer übergeordneten Autorität

Teilthemen:
Versagen der göttlichen Autorität und Macht gegenüber den menschlichen Nöten, Triumph der menschlichen Erfindungs- und Gestaltungskraft über die Götter, Verachtung für die Götter

Schwerpunktmäßige Bildbereiche:
einerseits der Bereich des Heiligen, andererseits der Bereich des Menschen mit seinen kulturellen Errungenschaften

Aufgabe 2   Johann Wolfgang von Goethes Hymne Prometheus entstand wahrscheinlich 1774, also im Umfeld des Briefromans *Die Leiden des jungen Werthers,* wurde vom Autor

vorläufiges Gesamtverständnis als Arbeitshypothese

selbst aber erst 1789 in die Ausgabe seiner *Schriften* aufgenommen. Das Gedicht greift den antiken Prometheus-Stoff auf und gibt ihm eine entscheidende neue Wendung. In einem leidenschaftlich rebellischen Monolog schleudert Prometheus dem Göttervater Zeus seine Verachtung entgegen und sagt sich von ihm los. Das Gedicht wirkt einerseits wie eine zornige Abrechnung mit den jenseitigen Göttern und stellt gleichzeitig eine emphatische Verherrlichung menschlicher Genialität gegenüber göttlicher Ohnmacht dar. Sowohl diese Feier des Genies als auch die zeitliche Nähe zum *Werther* lassen die Hymne als einen typischen Text des Sturm und Drang erscheinen.

Aufgabe 3
- Die strenge Odenform ist aufgelöst, es liegt keine feste strophische Gliederung vor; stattdessen gibt es acht verschieden lange Abschnitte („Strophen"), deren Umfang zwischen zwölf (1. Strophe) und vier Zeilen (6. Strophe) schwankt.
- Auch die Verse sind unregelmäßig lang, die drei längsten umfassen neun, die letzte Zeile hingegen nur zwei Silben. Die Mehrzahl der Verse weist eine Länge von fünf bis sieben Silben auf; insgesamt dominieren also relativ kurze Verse.
- Das Gedicht ist durchweg reimlos.
- Es ist kein festes Metrum erkennbar: Die Zahl der Hebungen ist unregelmäßig, und die Anzahl der Senkungen schwankt zwischen null und vier, zum Beispiel: „Heilig glühend Herz?" (XxXxX) (V. 34); „Dem Schlafenden dadroben?"(xXxxxXx) (V. 37); „Ich dich ehren? Wofür?" (XXXxxX) (V. 38).
- Die große Zahl relativ kurzer Verse bedingt häufigeres Enjambement, indem die Satz- und Sinnstruktur über die Versgrenze hinausdrängt.

Die Befunde lassen kein bestimmtes Muster der äußeren Form erkennen.

Aufgabe 4
Da kein festes Metrum vorhanden ist, kann es auch nicht zu Gegenläufigkeit von metrischen und natürlichen Sprechakzenten kommen. Der Sprechrhythmus des Gedichts folgt durchweg den vom Leser gesetzten Sinnakzenten. Beeinflusst wird der Sprechrhythmus allerdings durch häufiger vorkommende einsilbige Wörter und gelegentlich unmittelbar aufeinander folgende Hebungen: Beides führt zu

freie Rhythmen und Dynamik des Sprechrhythmus

einer Verlangsamung des Sprechtempos, der Rhythmus fließt nicht gleichmäßig dahin, und die Hebungen werden jeweils stärker herausgehoben. Auffällig ist ferner die Akzentuierung von Schlüsselwörtern durch Enjambement.

Aufgabe 5 Die eingangs konstatierte Emotionalität in der Haltung des Sprechers zeigt sich schon in der äußeren Form des Gedichts. Mit seiner Hymne knüpft Goethe zwar an die traditionelle feierliche Odenform an, durchbricht deren Formstrenge aber, indem er in freien Rhythmen schreibt. Das Gedicht ist reimlos und weist keine feste strophische Gliederung auf, sondern ist in acht verschieden lange strophische Einheiten unterteilt, deren Umfang zwischen zwölf (1. Strophe) und vier Zeilen (6. Strophe) schwankt. Insgesamt besteht es aus 58 unregelmäßig langen Versen, die zwischen zwei und neun Silben umfassen, wobei die durchschnittliche Länge zwischen fünf und sieben Silben liegt. Es dominieren also relativ kurze Verse. Ein durchgängiges Metrum ist nicht vorhanden, in den einzelnen Versen ist die Zahl der Hebungen unregelmäßig, die Anzahl der Senkungen schwankt zwischen null und vier. Im Extremfall der letzten Verszeile lautet das metrische Schema: XX. Schon rein optisch wirkt diese Hymnenform deshalb unruhig und zerrissen, keiner formalen Ordnung unterworfen und erweist sich so als ideales Gefäß für die Leidenschaftlichkeit, mit der der Sprecher seinem Gegenüber seine Gefühle sozusagen entgegenschleudert.

Korrespondenz von äußerer Form und Emotionalität des Sprechens

Auch der Rhythmus des Gedichts ist in engem Zusammenhang mit der Gedichtform und der Ausdruckshaltung des Sprechers zu sehen. Da kein festes Metrum und damit auch kein erwartbares Betonungsmuster vorhanden ist, entsteht die rhythmische Bewegung hier nicht aus der Spannung zwischen vorgegebenen metrischen und natürlichen Sprechakzenten. Der Leser oder Vortragende ist somit weitgehend frei im Setzen der Betonungsakzente. Ob er beispielsweise in Vers 58 beide Silben gleich stark betont oder nur eine heraushebt, bleibt seiner eigenen Deutung der Situation überlassen.

kein vorgegebenes Betonungsmuster

Dennoch wird er bei seiner Entscheidung gelenkt; denn der hohe Anteil kurzer Verse bedingt zahlreiche Enjambements: „Bedecke deinen Himmel, Zeus, / Mit Wolkendunst" (V. 1 f.); „Ich kenne nichts Ärmer's / Unter der Sonn' als euch Götter." (V. 13 f.)

rhythmische Akzente durch Enjambements und Pausen

Durch solche Zeilenumbrüche mitten in der syntaktischen Einheit geraten Schlüsselwörter in eine herausgehobene Stellung im Vers und werden so auch besonders betont, wodurch zwangsläufig eine gewisse Verlangsamung des Sprechrhythmus eintritt. Daneben tragen auch häufiger vorkommende einsilbige Wörter, die sich, wenn sie gar als Hebungen unmittelbar aufeinander folgen – „Ich dich ehren?" (V. 38) oder „Wie ich." (V. 58) –, infolge der sich so ergebenden kurzen Pausen einem gefällig dahin gleitenden Sprechrhythmus sperren, zu einer stärkeren Akzentuierung von Einzelwörtern bei. Der Rhythmus wirkt dadurch wuchtiger, die jeweiligen Aussagen erhalten besonderes Gewicht und wirken – ungeachtet des dynamischen Affekts der Sprecher-Haltung – der Hymnenform gemäß streckenweise pathetisch und feierlich.

Aufgabe 6 Während der Sprecher als konkrete Figur im Diesseits aufzufassen ist, ist der Angeredete in einem mythischen Jenseits angesiedelt. Seine Position innerhalb des Konflikts wird im Gedicht nicht objektiv dargestellt, sondern ist nur aus der immer wieder vorgebrachten subjektiven Anklage des Sprechers Prometheus zu entnehmen.

der Sprecher und sein Gegenüber

Im Verlauf dieses Monologs wechselt die Sprecherperspektive zweimal: Der erwachsene Prometheus wendet sich zunächst trotzig aus seiner gegenwärtigen Situation heraus gegen Zeus (Strophen 1 und 2); dann erfolgt eine Rückwendung zur Vergangenheit und damit eine „historische" Sicht auf den Konflikt hauptsächlich aus dem Blickwinkel des heranwachsenden Prometheus (Strophen 3 und 7); zuletzt eine erneute Verschiebung hin zur Rede aus der Position des auf sein Werk stolzen autonomen Künstlers (Strophe 8). Gekoppelt ist dieser Perspektivenwechsel jeweils mit einem Wechsel vom Präsens zum

zweimaliger Wechsel in der Perspektive

Präteritum und zurück zum Präsens. Allerdings sind in die Präteritum-Passage zweimal Stellen im Perfekt (V. 33 f. und V. 38–46) eingelagert, die einen Bezug zwischen Vergangenheit und Gegenwart herstellen, Vergangenes unter der Perspektive seiner Bedeutung für die Gegenwart sehen.

Aufgabe 7   Der innere Aufbau wirkt im Detail nicht völlig stringent: Aspekte wie die Betonung des autonomen Selbsthelfertums tauchen mehrfach in unterschiedlichen gedanklichen Zusammenhängen auf (beispielsweise explizit in den Versen 33 f. oder implizit in den Versen 47–51). Ebenso erschwert die nicht konsequent durchgeführte Unterscheidung zwischen Präteritum- und Perfektpassagen die Ermittlung einer eindeutigen gedanklichen Feinstruktur. Vielleicht ist dies sogar Absicht, und Goethe will damit suggerieren, dass gerade die im zweiten Teil noch zunehmende Emotionlität des Sprechers keine absolut klare Gedankenführung mehr zulässt.

Die **Grobgliederung** lässt sich dagegen problemlos ermitteln, da sich vom Tempusgebrauch und dem damit verbundenen Perspektivenwechsel her deutliche Zäsuren und damit drei gedankliche Komplexe ergeben.

1. Die aktuelle Situation des Sprechers (V. 1–21)
   - Perspektive des erwachsenen Prometheus
   - Tempus: Präsens, zum Teil imperativisch; Haltung: herausfordernd
   - allgemeine Auflehnung: Trennung von Jenseits und Diesseits
   - Abwertung Zeus' und der übrigen Götter („dein Himmel")
   - Zurückweisung des Machtanspruchs der Götter mit dem Hinweis auf ihre tatsächliche Ohnmacht
   - Selbstbehauptung gegenüber Zeus („meine Erde")
   - Entlarvung des Göttlichen als Projektion menschlicher Bedürfnisse

2. Rückblick: Gründe der Rebellion (V. 22–51)
   - Perspektive vorwiegend des Heranwachsenden
   - Tempus: Präteritum; Erzählhaltung: monologisch (Leidensgeschichte des Prometheus als Beweisführung)
   - Versagen der Gottheit gegenüber dem Hilfe suchenden Menschen in einer feindlichen Welt
   - Tempus: Perfekt; Verknüpfung von Vergangenheit und Gegenwart
   - direkte Anrede Zeus': leidenschaftliche Anklage
   - Erfahrung der eigenen Kraft und Ebenbürtigkeit mit Zeus in der Auseinandersetzung mit dem eigenen Schicksal

3. Die aktuelle Situation des Sprechers (V. 52–58)
- Perspektive des Mannes und Künstlers
- Tempus: Präsens
- Selbstbewusstsein des autonomen gottgleich schöpferischen Genies

Es ergibt sich eine auffallende innere Entwicklung. Prometheus setzt mit der Beschreibung der Situation des Zeus ein, kontrastiert im weiteren Verlauf, indem er auf seine Leidensgeschichte zurückblickt, durchgängig die beiden Positionen seiner eigenen Unabhängigkeit und Stärke mit der Ohnmacht der Gottheit, um in der Schlussstrophe sich allein als genialen Schöpfer zu feiern. Der oberste Gott Zeus der ersten Strophe ist in der letzten vom triumphierenden Ich des Sprechers Prometheus abgelöst. Vom äußeren Ablauf her ist mit der direkten Hinwendung zu Zeus in der Sprechergegenwart wieder die gleiche Situation wie am Anfang gegeben; insofern könnte man von einem zyklischen – allerdings in sich gesteigerten – Aufbau sprechen.

Aufgabe 8 Auffällige sprachliche Besonderheiten:

Satzbau
- *Gesamtsätze* erstrecken sich ganz überwiegend *über mehrere Verse;* dies hat zahlreiche Enjambements zur Folge. Dieser Satzbau erlaubt steigernde Reihungen von Nebensätzen oder Aufzählungen und wirkt dynamisch; als Beispiel lassen sich die Verse 6 bis 12 anführen, in der deren Schlüsselwörter *Erde, Hütte, Herd* und *Glut* eine viergliedrige Klimax bilden: *Erde* (im Hauptsatz) – *Hütte* (präzisiert im Relativsatz, eine Zeile) – *Herd* (präzisiert im Relativsatz mit dem weiteren Schlüsselwort *Glut,* zwei Zeilen); ein anderes Beispiel: „[…] als wenn drüber wär'/ Ein Ohr zu hören meine Klage, / Ein Herz wie meins, / Sich des Bedrängten zu erbarmen." (V. 25–28)
- *Ellipsen als Satzverkürzungen* bis hin zum Ein-Wort-Satz („Wofür?", V. 38) führen zur Verlangsamung des Sprechtempos und dadurch zur Akzentuierung von Schlüsselwörtern, beispielsweise in: „Ich dich ehren?" (V. 38), oder in: „Wie ich." (V. 58)
- *Inversionen* als durchgängiges Charakteristikum der Ausdruckssprache: Die Wortstellung im Satz richtet sich nicht nach der grammatischen Wortfolge, sondern sorgt dafür, dass die gefühlsmäßige Bedeutung bestimmter Wörter, auch im Zusammenspiel mit dem Metrum, hervorgehoben wird: „Wer rettete vom Tode mich" (V. 31); „Hat nicht mich zum Manne geschmiedet / Die allmächtige Zeit" (V. 43 f.).

Rhetorische Mittel
- *Anaphern und Parallelismen* (oft in Verbindung), zum Beispiel: „Und meine Hütte, [...] und meinen Herd" (V. 8–10); „Wer half mir [...] / [...] / Wer rettete [...] mich"(V. 29–31); „Hast du die Schmerzen [...] / [...] / Hast du die Tränen [...]"(V. 39–41). Wirkung: eine gesteigerte Feierlichkeit und Nachdrücklichkeit des Sprechens
- *Rhetorische Fragen* als hauptsächliches Stilmittel der Anklage gegenüber Zeus (Strophen 4 bis 7) erzeugen Pathos und binden, indem sie die Antwort implizieren, den Leser beziehungsweise Hörer unmittelbar in den Gedankengang des Sprechers ein; noch stärker suggestiv wirken die *Subjektionen* (Strophen 4 und 5), die die Antworten auf die rhetorischen Fragen gleich explizit als erneute rhetorische Fragen mitliefern.
- *Klimax (viergliedrig),* etwa: „Zu leiden, weinen, / Genießen und zu freuen sich" (V. 55 f.)
- *Doppelungen:* „Die allmächtige Zeit / Und das ewige Schicksal" (V. 44 f.); „jung und gut" (V. 35)

Wortwahl
- Auffallend ist der häufige Gebrauch der *Personal- und Possessivpronomen ich* und *mein* sowie *du, ihr, dich* beziehungsweise *dein* und *euer* – oft in Verbindung mit auf- beziehungsweise abwertenden Bildern und Begriffen zur demonstrativen Trennung der Sphären und Bewertung der gegensätzlichen Positionen (vgl. Strophe 1 und 2).
- Das zentrale *Schlüsselwort* ist „Herz" oder „Heilig glühend Herz" (V. 27 und 34) als Metonymie für die dem genialen Menschen innewohnenden göttlichen Kräfte.
- Auffallend ist auch die *Neubildung (Neologismus)* „Knabenmorgen-Blütenträume" (V. 50 f.) als Ergebnis einer ungestümen „Formulierungswut" des noch jungen Dichters.
- Kennzeichnend ist ferner die *Dynamisierung eines Verbs* – „Und glühtest [...] / [...] Rettungsdank" (V. 35 f.) –, wobei ein intransitives Verb durch transitiven Gebrauch zum Bewegungsverb wird. Dieser Kunstgriff fügt sich in den Kontext des trotzigen Aufbegehrens.

Der *Tempusgebrauch* ist unauffällig, der Wechsel zwischen Präsens und Präteritum beziehungsweise Perfekt korrespondiert mit den Perspektivenwechseln. Wie auch die meisten bereits angeführten Beispiele belegen, ist die *Bildersprache* insgesamt konkret, ohne Auffälligkeiten.

Teilergebnis: Die festgestellten sprachlichen Mittel lassen sich in mehrfacher Hinsicht funktionalisieren. Zunächst sind sie generell Ausdruck des Affekts und der Subjektivität des lyrischen Ich und sorgen für die Dynamik und Emphase der Sprache. In dieser Funktion können sie pauschal gedeutet werden. Sie sind aber zudem auch charakteristisch für die grundsätzlich feierlich-pathetische Hymnenform in ihrer Ergriffenheit vom Gegenstand. Darüber hinaus haben sie mehrheitlich eine zusätzliche Funktion im Kontext bestimmter Textstellen.

Aufgabe 9 Aber was ist es, woran sich die Emphase des Sprechers so entzündet? Ausgangspunkt des lyrischen Vorgangs ist die Rolle des lyrischen Subjekts in der Gesamtkonstellation von Sprecher und Adressat der Hymne. Zunächst einmal handelt es sich um ein Rollengedicht, bei dem das lyrische Ich in der Rolle einer bestimmten Figur, hier der des mythischen Prometheus, spricht. Während der Sprecher als konkrete Figur im Diesseits aufzufassen ist, ist der Angeredete in einem mythischen Jenseits angesiedelt. Seine Position innerhalb des Konflikts wird im Gedicht nicht objektiv dargestellt, sondern ist nur aus der subjektiven Anklage des Prometheus zu entnehmen, wird ihm von diesem sozusagen zugewiesen. Sie verändert sich im Verlauf der Hymne auch nicht wesentlich, sodass der innere Aufbau des Gedichts mit der Entwicklung von Prometheus' Haltung gegenüber Zeus deckungsgleich ist, die im Folgenden nachgezeichnet werden soll.

Konstellation: Sprecher und Adressat

In der Folge eines zweimaligen Perspektivenwechsels, verbunden mit Tempuswechsel, ergibt sich ein dreigliedriger Aufbau der Hymne als Grobstruktur: Die Strophen 1 und 2 beschreiben die aktuelle Situation des Sprechers, der sich in direkter Anrede gegen Zeus und die anderen olympischen Götter auflehnt. Im längeren Mittelteil (Strophen 3 bis 7) erfolgt im Präteritum beziehungsweise Perfekt ein Rückblick des Sprechers auf seine eigene Leidensgeschichte; und in der letzten Strophe bekräftigt Prometheus, wieder aus seiner Gegenwart heraus, seine Emanzipation von Zeus, indem er sich auf die eigene schöpferische Autonomie beruft.

dreigliedriger Aufbau

Bereits in den beiden ersten Strophen der Hymne sagt Goethes Prometheus sich aus überschäumendem Kraftgefühl heraus von Zeus, der höchsten göttlichen Autorität, los. Unabhängig von den sich aus der grammatischen Deutung von „Bedecke" und „übe" ergebenden leichten Bedeutungsnuancen – imperativisch oder konjunktivisch konzessiv („Du magst bedecken ...") – werden Zeus und die Götter allgemein in jedem Fall als ohnmächtig hingestellt. Indem Prometheus ihren Machtanspruch (vgl. zum Beispiel „Eure Majestät" in Vers 18) mit ihrer tatsächlichen Machtlosigkeit konfrontiert, erscheint ihr Anspruch als bloß angemaßt.

Ablehnung des Machtanspruchs der Götter

In mythischer Vorzeit glaubten die Menschen, dass die sie beängstigenden Naturgewalten unter göttlicher Kontrolle stünden. Zeus wurde geradezu als der „Donnerer" angesprochen. Diese Verfügungsgewalt des Gottes über den Donner wird nun von Prometheus als kindische Tätigkeit verhöhnt. Einem „Knaben gleich" (V. 3) müsse der Gott sich seine Kraft beweisen, indem er „Eichen" und „Bergeshöhn" traktiere (V. 1–5). Solcher Mutwillen bleibt jedoch folgenlos für den Sprecher und damit die Menschen auf der Erde (V. 6–12.). Das vermeintlich Übernatürliche wird auf Natürliches zurückgeführt, indem die Transzendenz als törichte Projektion menschlicher Ängste und spiritueller Bedürfnisse entzaubert wird (V. 13–21). Im Gegensatz zu der von den Göttern für sich in Anspruch genommenen Autonomie wird ihnen so die Abhängigkeit ihrer Existenz von unaufgeklärten „Kinder[n]" und „Toren" und anderen Menschen, die sich wie „Bettler" in einer aussichtslosen Zwangslage befinden, verächtlich vorgeworfen.

Entzauberung der göttlichen Allmacht

Dieser radikalen Abwertung des Göttlichen stellt Prometheus als Beweis seiner Unabhängigkeit von den Göttern trotzig vorab seine Selbstbehauptung entgegen. Sie ist geprägt vom Stolz auf seine Leistung beim Aufbau einer humanen Kultur auf seiner Erde, um die Zeus ihn beneidet. Dieses Diesseits wird repräsentiert durch die Hütte und den Herd mit seiner Glut, die, indem sie Sicherheit, Geborgenheit und letztlich auch Behausung im spirituellen Sinne bieten, Garanten eines menschenwürdigen Da-

Prometheus' Stolz auf seine eigene Leistung

seins sind. Die Bedeutung dieses Gedankens wird durch einen anaphorischen Parallelismus in den Versen 8 und 10 unterstrichen. Durch den sich über zwei Verse erstreckenden Relativsatz (V. 9f.) wird dabei das Herdfeuer als Quelle von Zeus' ohnmächtigem Neid besonders hervorgehoben.

Der lange Mittelteil des Gedichts (die Strophen 3 bis 7) besteht hauptsächlich aus einer Rückwendung, die aus der Sicht eines Kindes und Heranwachsenden zeigt, aufgrund welcher Erfahrungen Prometheus der geworden ist, der er ist. Im Hinblick auf die aggressive Position, die er in den beiden ersten Strophen eingenommen hat, kommt dieser Sequenz also eine argumentative Funktion zu. Dieser Teil hat, wie das vorherrschende Präteritum unterstreicht, Erzählcharakter: Das lyrische Ich hat im Kindesalter als Reaktion auf seine Hilferufe in existenziellen Situationen – Hilflosigkeit (V. 22–28), Bedrohung (V. 29–32), seelische Not (V. 39–42) und Enttäuschungen (V. 47–51) – das Versagen und die Machtlosigkeit der Gottheit erfahren. Es erwartet von den Göttern Humanität. Das, was das Humane ausmacht, nämlich ein mitfühlendes Herz und Erbarmen – zentrale christliche Werte –, wird jedoch von den Göttern verweigert. Das lyrische Ich deutet diese Verweigerung nicht als Ausdruck der Andersartigkeit der Götter, sondern als Versagen: Die Götter, mit menschlichem Maß gemessen, werden den Ansprüchen der Menschen nicht gerecht. Insofern kann dieser Teil als Begründung für die trotzige Auflehnung im ersten Teil angesehen werden.

die Rückwendung im Mittelteil des Gedichts

Der narrative Charakter dieser Strophen wird allerdings zunehmend von einer spezifisch rhetorischen Struktur überlagert: Ab der vierten Strophe finden sich nur noch rhetorische Fragen, teilweise (in den Strophen 4 und 5) zusätzlich intensiviert durch Anaphern, ein Indiz starken affektischen Sprechens und ein besonders suggestives Mittel. In den Strophen 5 bis 7 ist diese Emphase mit einem erneuten Perspektivwechsel verknüpft, diesmal im Rückblick selbst.

rhetorische Fragen

Eine leichte Verschiebung in der Blickrichtung ab der fünften Strophe gibt dem Rückblick eine neue Bedeutungs-

Anklage gegen Zeus

variante. Während in der dritten und vierten Strophe das Ich seine Erfahrungen monologisch ausgesprochen hat, wendet es sich ab Strophe 5 wieder durchgängig in direkter Anrede an Zeus. „Ich dich ehren? Wofür?" (V. 38) klingt nach den eher etwas gedämpften Strophen 3 und 4 wie ein Paukenschlag. Indem er den Bezug zur Gegenwart wieder aufnimmt, wirkt der elliptische Vers als Scharnier: Durch zwei rhetorische Fragen und durch den mit drei aufeinanderfolgenden Hebungen harten Versbeginn, der eine Stauung des Rhythmus und die Akzentuierung jedes Einzelwortes mit sich bringt, wird hier die Leidensgeschichte des Prometheus mit einer leidenschaftlichen Anklage gegen Zeus verbunden.

Gleichzeitig wirken die Strophen 5 und 6, indem sie in ihren Perfekt-Konstruktionen die gegenwärtige Situation des Sprechers zu seinen vergangenen Leiden in Bezug setzen, wie ein Resümee seiner Entwicklung. Im Standhalten gegenüber dem „ewige[n] Schicksal" und der „allmächtige[n] Zeit" (V. 44 f.) ist er „zum Manne" (V. 43) gereift.

Resümee

Den Abschluss dieses Rückblicks bildet eine an das Gegenüber gerichtete rhetorische Frage, die die gesamte siebte Strophe einnimmt. Darin weist der Sprecher höhnisch die Zeus unterstellte Erwartung zurück, er werde aus Enttäuschung darüber, dass nicht alle seine hochfliegenden Erwartungen an das Leben, seine „Knabenmorgen-/ Blütenträume" (V. 50 f.), sich erfüllten, das Leben verachten und resignieren. Diese mögliche Entsagungshaltung erinnert mit der Formulierung „ [...] das Leben hassen, / in Wüsten fliehn" (V. 48 f.) an christliche Vorstellungen von Weltabkehr und weist damit über den antiken Kontext des Gedichts hinaus. In der einer mythologischen Figur in den Mund gelegten Absage an solche Vorstellungen scheint somit eine Absage an die Transzendenz überhaupt zu stecken.

Absage an Transzendenz überhaupt

Das selbstbewusste Aufbegehren gegen den Glauben an eine übergeordnete göttliche Macht kann jedoch nicht allein auf die Erfahrung von hilflos erlittenem Leid zurückgeführt werden. Die Revolte wurzelt vielmehr in dem Erlebnis der eigenen Kraft, die sich in der Auseinanderset-

Verherrlichung der genialen Autonomie

zung mit diesem Leid, der „allmächtige[n] Zeit" und dem „ewige[n] Schicksal" (V. 44 f.), gezeigt hat. Die entscheidenden Aussagen sind hier rhetorisch hervorgehoben: Zweimal (in den Strophen 4 und 5) werden die durchgängig rhetorischen Fragen unmittelbar beantwortet – und zwar wieder in Form von rhetorischen Fragen, wodurch die Rede von Prometheus zum dramatischen Dialog gesteigert wird und an Suggestivkraft gewinnt. Zentral für diese Erfahrung sind die Verse 33 f., in denen als entscheidender Aspekt der Autonomie das Selbsthelfertum gefeiert wird. Alle vergeblich von der Gottheit erhofften (christlich-humanen) Tugenden, wie etwa Erbarmen und Hilfe für die Beladenen, werden vom Menschen aus eigener Kraft aufgebracht. Das alliterierend betonte Zentrum dieser Kraft ist das „[h]eilig glühend Herz" (V. 34), das Göttliche im Menschen, sein Genie. Eine solche Säkularisierung sakraler Vorstellungen stellt zwar einerseits eine Provokation der (christlichen) Tradition dar, verleiht andererseits dem genialen Autonomiegefühl aber doch wieder eine, wenn auch nur innerweltliche, religiöse Aura. Ähnlich vergewissert sich in den Versen 43 bis 46 der Sprecher seines Selbstwertes im Vergleich mit Zeus. Dabei ergibt sich als wesentliches Kriterium für seine Gottgleichheit, dass er wie Zeus in seiner Autonomie nur durch „Die allmächtige Zeit / Und das ewige Schicksal", die einzigen Mächte, die er über sich anerkennt, eingeschränkt ist.

Lag der Akzent in den Strophen 3 bis 7 eindeutig auf der Autonomie einer humanen Lebensgestaltung, wird in der letzten Strophe explizit das künstlerische Schaffen thematisiert. Im Kontext der Argumentationsstruktur der gesamten Hymne handelt es sich um eine weitere Begründung der Revolte gegen Zeus, in diesem Fall aus dem Machtgefühl der eigenen Schöpferkraft heraus. Wenn Prometheus Menschen nach seinem Bilde formt, stellt er sich im Schaffensakt als Künstler auf die gleiche Stufe mit dem biblischen Schöpfergott. Somit zeigt sich auch hier wieder eine irrational-religiöse Auffassung dieser inneren Kraft, die sein schöpferisches Genie ausmacht. Es darf jedoch nicht übersehen werden, dass Prometheus nicht den

Gottgleichheit in genialer Schöpferkraft

Menschen schafft – der existiert in der Hymne bereits –, sondern ein „Geschlecht" (V. 54) von Menschen nach seinem Bilde formt. Darunter kann aber auch zusätzlich verstanden werden, dass Prometheus mit seinen Schöpfungen nach seinem eigenen Bild einen neuen Menschen schafft (oder schaffen möchte), der wie er selbst an der Gesamtheit der humanen Möglichkeiten, nämlich „Zu leiden, weinen / Genießen und zu freuen sich" (V. 55 f.) teilhat. Damit erwiese er sich einem Gott, dem diese Züge fehlen, überlegen und forderte seinen Neid heraus (vgl. V. 12).

Vor diesem Hintergrund erhält die abschließende Absage an die Autorität der Gottheit – „Und dein nicht zu achten, / Wie ich" – erst ihre umfassende revolutionäre Brisanz. Unterstrichen wird die Radikalität dieser Selbstbestimmung durch die Korrespondenz der ersten und letzten Strophe in der Gegenüberstellung von „Himmel" (V. 1) und „Hier" (V. 52) sowie in der Besetzung der Subjektrolle. Ist diese dort noch, wenn auch schon in herausforderndem Gestus, durch Zeus besetzt, wird sie hier, unwiderruflich im letzten Wort des Gedichts, vom Ich, dem in jeder Hinsicht autonomen Genie, eingenommen.

autonomes Ich an der Stelle der transzendenten Gottheit

Aufgabe 10 Indem der Autor, abweichend von allen gängigen Varianten des Mythos, Prometheus zum Sohn des obersten Gottes macht, spitzt er den Konflikt zwischen Sprecher und Angeredetem entscheidend zu und verleiht der Sprecherperspektive eine weitere Dimension. Sprecher und Angeredeter agieren damit zusätzlich in den privaten und sozialen Rollen von Sohn und Vater. Vor allem, wenn man unterstellt, dass der Rollensprecher möglicherweise stellvertretend Haltung und Gedanken des Dichters selbst wiedergeben könnte, ergibt sich so ein breiteres Deutungsspektrum.

Erweiterung des Deutungsspektrums

Aufgabe 11 Der vorherrschende Eindruck der ersten Textbegegnung hat sich im Verlauf der Analyse erhärtet. Die Prometheus-Hymne erweist sich insgesamt als ein Dokument der Auflehnung. Prometheus, der Sprecher des Rollenge-

die Hymne als ein Dokument radikaler Aufklärung und der Verherrlichung des genialen Subjekts

dichts, rebelliert gegen eine übergeordnete Autorität, den obersten Gott Zeus, dessen Machtanspruch er leidenschaftlich demontiert. Er entzaubert diesen Machtanspruch in einem Akt radikaler Aufklärung: Die vermeintliche Macht der Götter hat sich in seinem bisherigen Leben in existenziellen Situationen stets als Ohnmacht herausgestellt. Bestanden hat er alle Gefahren immer nur aus eigener Kraft, deren Zentrum sein „[h]eilig glühend Herz" (V. 34) ist, eine Metonymie für sein seinerseits als göttlich empfundenes Genie. Während er Zeus trotzig verhöhnt, pathetisch anklagt und sich von ihm lossagt, feiert er, stolz auf seine Leistung als Kulturbringer und Künstler, der sein Werk gottgleich völlig selbstbestimmt schafft, emphatisch das eigene Genie.

Die von Goethe gewählte Hymnenform, die sich über alle formalen Beschränkungen und Normen hinwegsetzt, transportiert eindringlich diese Haltung von Auflehnung und Überhöhung des Selbst. Ein zusätzlicher, die Autorintention scharf profilierender Akzent ergibt sich daraus, dass in der Gestaltung dieser Hymne auch das traditionelle Kommunikationsschema auf den Kopf gestellt wird. In einer geradezu blasphemischen Umkehr ist das angeredete Gegenüber nicht mehr der erhabene heilige Gegenstand der Ode, der gefeiert wird. An seine Stelle ist das autonome Ich getreten, das sich selbst feiert und damit heiligt.

Korrespondenz von äußerer Form und Sprecherintention

Aufgabe 12 Situation in der zweiten Hälfte des 18. Jahrhunderts

Politik und Gesellschaft:
starke Stellung des Herrschers im Feudalabsolutismus der deutschen Kleinstaaten (teilweise Willkürherrschaft), dagegen eigener Gesellschafts- und Lebensentwurf des von politischer Teilhabe ausgeschlossenen Bürgertums: Entstehung eines modernen Ich-Bewusstseins (selbstbestimmtes Subjekt), gestützt auf das Bewusstsein der Überlegenheit bürgerlicher Fähigkeiten und Werte

Allgemeine geistige Situation:
im Gegensatz zu Frankreich: revolutionäre Tendenzen in Deutschland auf Philosophie und Literatur beschränkt (zum Beispiel: Schillers *Räuber*, Sozial- und Herrschaftskritik in Sturm und Drang-Gedichten und -Dramen, etwa in den *Soldaten* oder dem *Hofmeister* von Jakob Michael Reinhold Lenz); das allen zeitgenössischen literarischen Strömungen (Aufklärung, Empfindsamkeit, Sturm und Drang) Gemeinsame: Gedanke der Emanzipation des Individuums (Entdeckung des Ich)

Literatur- und Kunstauffassung:
Genie-Gedanke: Abkehr vom französischen Vorbild der Regelpoetik (gestützt auf die zeitgenössische Shakespeare-Rezeption); ästhetisches Kriterium ist nicht mehr die verbindliche Norm, sondern die intuitive Selbstaussprache des Künstler-Individuums (seines Übermaßes an innerem Erleben), dessen Wesen sich im Zuge affektgeladenen Sprechens offenbart; die Prometheus-Gestalt als gesamteuropäisches Symbol des Geniegedankens

Aufgabe 13

Prometheus und Zeus sind offenbar als Figuren mit Verweischarakter konzipiert und stehen in grundsätzlicher Weise für Verhältnisse, in denen ein Abhängiger seine Selbstbestimmung proklamiert, indem er sich gegen eine ungerechtfertigte Autorität auflehnt. Ausgehend von dieser Abstraktion ergeben sich eine Reihe von Übertragungsmöglichkeiten auf die konkreten historischen und geistesgeschichtlichen Verhältnisse zur Entstehungszeit der Hymne, darunter auch solche, die eine Veröffentlichung zunächst als nicht opportun erscheinen lassen konnten. *(politisch-historischer Verweischarakter der Figuren)*

Während sich in Frankreich die politische Spannung zwischen den Ständen in der Revolution entlud, konnten die fortschrittlichen Kräfte in Deutschland nur auf einen allmählichen Wandel der Verhältnisse hoffen. Politisch kam es daher vorerst zu keinen wesentlichen Änderungen. Der Adel behielt seine Vorherrschaft in den absolutistisch regierten Kleinstaaten mit ihren Fürsten, die sich auf die überlebte Vorstellung des Gottesgnadentums beriefen. *(die politisch-historische Situation in Deutschland)*

Vor diesem Hintergrund – und im Kontext der in der Literatur der Aufklärung und des Sturm und Drang (etwa bei Christian Friedrich Daniel Schubart, Gottfried August *(politisch-historische Deutung der Rollenfiguren)*

Bürger und anderen) sich formierenden Kritik am Feudalabsolutismus – lag es für zeitgenössische Leser vermutlich nahe, im Zeus der Goetheschen Hymne den Willkürherrscher des Feudalstaates zu sehen, dem in der Gestalt des Prometheus das mit der Situation unzufriedene und aufbegehrende bürgerliche Individuum gegenübertritt. Gestützt auf das seiner eigenen schöpferischen Potenz und seiner Handlungsfähigkeit entspringende Autonomiebewusstsein, aber auch im Bewusstsein seiner Verinnerlichung der humanen Werte der Aufklärung formuliert es die sozialrevolutionäre Utopie eines humanen Gemeinwesens.

Zusätzliche Brisanz konnte eine weitere im historischen Kontext naheliegende Lesart mit sich bringen. Die Hymne konnte als ein religionskritischer Beitrag zu der in der Theologie und Philosophie des 18. Jahrhunderts intensiv geführten Auseinandersetzung um die Existenz Gottes verstanden werden. Die politischen Konsequenzen liegen auf der Hand: Wenn die Transzendenz wegfällt, wie aus der Hymne zu entnehmen, entfällt auch die Idee des Gottesgnadentums. *die Hymne als Religionskritik*

Über ihre philosophische und politische Dimension hinaus ist die Hymne aber vor allem ein Dokument der Neuorientierung der Poetik, die mit dem Sturm und Drang einen neuen Epochenstil begründet. Während bis dahin die am klassizistischen französischen Vorbild orientierte Kunstauffassung das dichterische Kunstwerk als rationale, klaren Regeln folgende Konstruktion begriffen hatte, trat nun, als Folge der fortschreitenden allgemeinen Emanzipation des Individuums, das Subjekt des Künstlers in den Vordergrund: Das Genie gibt sich die Regeln seiner Schöpfung selbst, das Kunstwerk wird zum Ausdruck der individuellen Erlebniswelt des Künstlers. *die Hymne als poetologisches Manifest*

Der gegen ungerechtfertigte Autorität aufbegehrende Prometheus kann als ein solches dichterisches Genie verstanden werden, das sich im Interesse seiner eigenen produktiven Autonomie bewusst von Autoritäten als Vorbildern abgrenzt. Wenn in der letzten Strophe der Hymne, sozusagen als deren Höhepunkt, Prometheus selbstbewusst *Prometheus als Genie des Sturm und Drang* betont, dass er Menschen nach seinem Bilde formt, drückt er genau diese für die Epoche revolutionäre ästhetische Position aus. Die *Prometheus*-Hymne kann somit als ein Manifest der künstlerischen Autonomie des Genies, also des zentralen Gedankens der Sturm-und-Drang-Bewegung, gelesen werden.

Das Geniale des Genies entspringt im Sturm und Drang dem eigenen empfindsam vergötterten „[h]eilig glühend[en] Herz", als dem Göttlichen im menschlichen Subjekt; die Genie-Vorstellung ist also selbst irrational. Diesem irrationalen Konzept entspricht die Emphase der affekthaften Sprache, wie sie besonders in der expressiven Sprache der Hymnendichtung zur Geltung kommt, als Medium für den Ausdruck des Übermaßes an innerem Erleben.

Geniebewegung und Emphase der Hymnensprache

Friedrich Schiller: Die Bürgschaft

Aufgabe 1 *Äußere Daten zum Gedicht:*
Erstveröffentlichung 1799 in der literaturgeschichtlichen Periode der Klassik; Gedichtgattung: Ballade, also ein Erzählgedicht, das als Mischform Elemente aller drei Dichtungsgattungen (Epik, Drama, Lyrik) in sich vereinigt.

Gegenstand:
Damon wird bei einem Attentatsversuch gegen den Gewaltherrscher von Syrakus gefasst und zum Tode verurteilt. Der Tyrann gewährt ihm drei Tage Aufschub bis zur Hinrichtung, damit er die Vermählung seiner Schwester vollziehen kann. Bedingung ist, dass sein Freund für seine rechtzeitige Rückkehr bürgt, andernfalls muss der Freund an seiner Stelle sterben, Damon ist dann allerdings frei. Im Mittelpunkt der Handlung stehen die verzweifelten Anstrengungen, die der Verurteilte gegen alle äußeren Widerstände und an ihn herangetragenen Versuchungen unternimmt, um seinen für ihn bürgenden Freund fristgerecht wieder auszulösen. Dies gelingt ihm letztendlich, und der Tyrann, gerührt von der Treue der beiden Freunde, bittet, in ihren Freundschaftsbund aufgenommen zu werden.

Thema:
Die absolute Verlässlichkeit eines Freundes auch unter extremen Bedingungen und die humanisierende Wirkung dieses vorbildlichen Verhaltens.

Vermutung zur Autorintention:
Möglicherweise vertraut der Autor selbst auf die verwandelnde Kraft des in der Ballade vorgeführten idealen Handelns und erhofft sich bei seinen Lesern eine ähnlich positive Wirkung seines Gedichts – ein Effekt, der auch den idealistischen und erzieherischen Tendenzen der deutschen Klassik entspräche.

Auffälligkeiten, charakteristische Einzelheiten:
Charakteristisch für diese Ballade erscheint vor allem der perfekte Spannungsaufbau; im Zusammenhang damit ist vielleicht auch die Atemlosigkeit der Syntax zu sehen: eine Vielzahl von Kommas, wo eigentlich Ruhepausen (Semikolon oder Punkt) angezeigt wären.
Auffällig sind auch die zwei verschiedenen Ebenen in der Wortwahl:
- ganz überwiegend anschauliche Wortwahl;
- stellenweise abstrakte Begrifflichkeit; bestimmte Begriffe verweisen auf den Idealismus der Weimarer Klassik: Pflicht, Treue, Liebe, menschlich (am Ende, sentenzhaft). Sie deuten auf die didaktische Absicht des Autors. Diese Begriffe haben zudem alle eine moralische Komponente: Möglicherweise handelt es sich um eine Parabel.

mögliche Verständnisschwierigkeiten:
- keine nennenswerten Verständnisprobleme, trotz des historischen Abstands;
- lässt Rückschlüsse auf den vom Autor anvisierten Adressatenkreis zu: angestrebte Volkstümlichkeit und Eingängigkeit;
- Haltung der absoluten Treue bis über den Tod hinaus scheint schon zur Entstehungszeit der Ballade eher ideelles Wunschdenken gewesen zu sein und ist bei realistischer Betrachtung des Falles kaum vorstellbar.

Aufgabe 2 Im Erzählgedicht wie in der epischen Dichtung überhaupt bedingen sich Darbietungsform und Kommunikationssituation gegenseitig. (Bei der Interpretation einer Ballade ist es daher naheliegend, nach der Erzählhaltung zu fragen und aus der Epik bekannte Begrifflichkeiten zu verwenden.)
Das Geschehen wird von einem neutralen Erzähler berichtet, der sich nur ausnahmsweise als auktorialer Erzähler in den Erzählvorgang einschaltet, beispielsweise jeweils zu Beginn der Verse 85 und 88, um noch einmal die Aufmerksamkeit des Lesers und die Spannung zu steigern. Der Erzähler ist zwar allwissend, wie seine gelegentlichen Beschreibungen der Gefühle und Absichten des Tyrannen und vor allem des Protagonisten erkennen lassen (vgl. die

strukturelle Parallele zwischen Ballade und epischer Dichtung

Verse 15, 43, 60 und 99). Das innere Geschehen wird jedoch hauptsächlich durch monologische oder szenisch-dramatische Figurenrede sowie ab Strophe 6 durch Verschiebung der Erzählperspektive von der neutralen Haltung hin zur Sicht Damons vermittelt. Dadurch kommt auch das dramatische Element der Ballade, das durch die szenische Vergegenwärtigung die Einfühlung fördert und Spannung schafft, eindringlich zur Geltung.

Aufgabe 3

Diese „Wundermär" (V. 131), wie es in der Ballade heißt, wird in 20 gleich gebauten Strophen zu je sieben Versen erzählt, die das Reimschema a b b a c c aufweisen. Diese Reimstellung kommt der Funktion der Strophe als jeweils kleinster Einheit im Prozess der epischen Vermittlung des Geschehens entgegen. Der zunächst scheinbar allein stehende erste Vers kündigt sozusagen den jeweils neuen Geschehensaspekt oder gar Handlungsschritt an, und die beiden letzten durch Paarreim eng verbundenen Verse bilden regelmäßig einen kräftigen Abschluss.

das Reimschema und seine inhaltliche Funktion

Auch die metrische Struktur ist grundsätzlich in allen Strophen gleich. Die männlich endenden Verse haben vier Hebungen, diejenigen mit weiblicher Kadenz nur drei. Das Metrum lässt sich nicht in ein starres Schema pressen, am besten lässt es sich als daktylisch mit Auftakt beschreiben. Mit seiner rasch fortschreitenden Bewegung bietet das Betonungsmuster ein geschmeidiges Medium für gleichmäßig und zügig voranschreitendes Erzählen eines spannenden Geschehens.

die metrische Struktur

Nur in zwei Fällen scheint die Variation des Schemas über die geschmeidige Anpassung an den Sprechrhythmus hinaus eine zusätzliche Funktion zu haben. In Strophe 1 hat Vers 1 nur drei statt vier Hebungen, und Vers 2 beginnt mit einer Hebung. Durch die Reduktion der Hebungen in Verbindung mit dem Enjambement in den Versen 1/2 und dem sich so ergebenden Aufeinandertreffen von zwei Hebungen wirkt der Beginn des Gedichtes wuchtiger. Dasselbe gilt für Vers 125 mit seiner Doppelhebung, worauf unten noch näher einzugehen sein wird.

Hervorhebung wichtiger Momente mit metrischen Mitteln

Aufgabe 4	Strophe(n)	Geschehensschritte	Einteilungskriterium
	1	Todesurteil für Damon wegen eines Attentatsversuchs auf den Herrscher	• äußerste Raffung des Erzähleingangs (Präteritum) • pointierter dramat. Dialog
	2–5	Abmachung König – Damon Zynische List des Königs: Aufschub der Hinrichtung gegen die Bürgschaft des Freundes; Vertrauen des Freundes;	• Handlung nimmt eine neue Wendung, Tempuswechsel • Szenisches Erzählen (szenisches Präsens), • (relative) Dehnung des Erzählerberichts
	6–18	Gefährdung der Rückkehr Damons und der Auslösung des Freundes	parallele Gestaltung der Strophen: • breiterer Erzählerbericht; • weitere Dehnung der Erzählzeit • verstärkter Einsatz dramatischer und rhetorischer Mittel
	19–20	Die verwandelnde Kraft des unerhörten Beispiels • Rührung des rohen Volkes • Menschlichkeit des Tyrannen	inhaltliche Wende

Der dritte, mittlere und weitaus umfangreichste Teil der Ballade kann noch einmal untergliedert werden:

Strophe(n)	Geschehensschritte	Einteilungskriterium
6–13	Gefährdung durch äußere Hindernisse	• inhaltlicher Aspekt • geringer Anteil von Figurenrede
14–18	Gefährdung durch innere Verunsicherung Damons Sieg über alle Herausforderungen und Einlösung der Bürgschaft	• inhaltlicher Aspekt • dramatische Figurenrede

Aufgabe 5 Skizze der Spannungskurve:

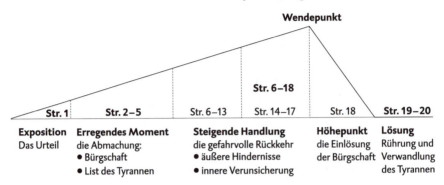

Die Abfolge der Geschehensschritte erinnert sowohl an die Dramen- als auch an die damit verwandte Novellenstruktur, wie auch die Skizze der Spannungskurve deutlich macht.

Die Darstellung der Ausgangslage (Strophe 1) hat **expositorischen Charakter** und führt den Leser auf denkbar knappste Weise in die Vorgeschichte der Balladenhandlung ein. Indem sie in einen konzentrierten epischen Eingang im Präteritum (V. 1–3) und eine knappe, pointierte szenische Wechselrede mit der Verkündung des Urteils unterteilt ist, erscheint das vergangene Geschehen als abgeschlossen; die Situation wirkt noch statisch.

Erst mit der Abmachung zwischen dem König und Damon sowie dem absoluten Vertrauensbeweis des Freundes (Strophen 2–5) kommt Bewegung in die Situation. Abmachung und Vertrauen bilden das **erregende, Spannung auf den Ausgang schaffende Moment**, zumal der ‚Vertrag' von Seiten des Königs mit einer List verbunden ist. Signalisiert wird die aufkommende Dynamik durch das mit dieser Strophe einsetzende und bis zum Schluss beibehaltene szenische Präsens, das in seiner Vergegenwärtigungsfunktion den Leser gleichsam unmittelbar ins Geschehen hineinversetzt.

Das in diesem zweiten Handlungsabschnitt sich ankündigende spannende Geschehen wird im dritten Schritt (Strophen 6–18) unter verstärktem Einsatz dramatischer und rhetorischer Mittel breit erzählt (Ballade als Mischform). Die auf den Ausgang gerichtete Spannung – nämlich die Frage, ob Damon nach der Hochzeit der Schwester rechtzeitig wird zurückkommen können, um den Freund auszulösen – wird hier in immer neuen spannungstreibenden Anläufen bis zum Höhepunkt in Strophe 18 stetig gesteigert. Grund der **steigenden Spannung** sind die zahlreichen, schier unüberwindlich erscheinenden äußeren Hindernisse und inneren Verunsicherungen, die den Protagonisten bei seiner hastigen Heimkehr aufhalten und die fristgerechte Auslösung des bürgenden Freundes immer unwahrscheinlicher wirken lassen.

Auf den **Höhe- und Wendepunkt**, die gerade noch rechtzeitige Rückkehr Damons und Einlösung der Bürgschaft, folgt in den Strophen 19 und 20 – im Unterschied zur Dramenstruktur, aber analog zur Novelle – unmittelbar die **Lösung der Spannung**: die Umarmung der beiden Freunde als Geste ihrer nie infrage gestandenen Verbundenheit sowie die Rührung des rohen sensationslüsternen Volkes und die Verwandlung des Tyrannen in einen menschlich fühlenden Herrscher.

Aufgabe 6   Der Handlungsschwerpunkt der Ballade liegt in der Darstellung der Damon von außen begegnenden äußeren Gefahren und inneren Verunsicherungen auf seinem Rückweg. Je größer diese Hindernisse und je verlockender die Versuchungen sind, aufzugeben, desto überzeugender erscheint Damons Festigkeit in seiner Treue zum Freund und zum einmal gegebenen Wort. Im Allgemeinen werden die Ereignisse der Rückkehr nach Syrakus in einem knappen, raffenden Berichtstil wiedergegeben. Damit der Leser oder Hörer mit den Anstrengungen Damons zur Bewältigung dieser äußeren und inneren Herausforderungen mitfiebert, werden jedoch zur Intensivierung des Erlebnisses an entscheidenden Stellen bestimmte kompositorische und sprachlich-rhetorische Mittel eingesetzt:

Zeitgestaltung im Erzählvorgang:
Je knapper die bis zur Hinrichtung verbleibende Zeit wird, desto mehr wird die Raffung der erzählten Zeit zurückgenommen und es kommt in den gegen Ende umfangreicheren Passagen durch die dramatische Figurenrede punktuell sogar zur Deckung von Erzählzeit und erzählter Zeit.

Strukturierung der objektiven Zeit:
Die häufigen Angaben zum Sonnenstand beziehungsweise zum Vergehen der Zeit (V. 32 ff.: Aufbruch vor dem Morgenrot; V. 53 ff.: Mittagssonne; V. 59: Vergehen weiterer Stunden; V. 78: glühende Nachmittagssonne; V. 92 ff.: lange Abendschatten; V. 101 f.: Abendrot; V. 120: Sonnenuntergang) als Zeichen des zunehmenden Zeitdrucks.

Erlebnisperspektive:
- Erzählung aus der Erlebnisperspektive Damons (Ausnahme: Strophe 16) (vgl. in den Strophen 6 bis 18 die zahlreichen Versanfänge mit „Da", jeweils

von einem Verb gefolgt, welche Damons Erleben der Ereignisfolge deutlich werden lassen und den Leser in dieses Erleben hineinziehen);
- subjektiv erlebte Zeit (vgl. die zahlreichen mit „Und" beginnenden, dicht aufeinanderfolgenden, neu einsetzenden Geschehensmomente, wodurch sowohl die schnelle Abfolge der Ereignisse als auch die Atemlosigkeit und Gehetztheit Damons angesichts des wachsenden Zeitverzugs und der so drohenden Katastrophe vermittelt werden);
- gelegentlich auch durch den Satzbau unterstützte Suggestion von Atemlosigkeit: Es finden sich Kommas, wo eigentlich Ruhepausen (Semikolon oder Punkt) zu erwarten wären (beispielsweise in Strophe 4).

Figurenrede:
Damons Gebete in den Strophen 8 und 12; das Gespräch der Wanderer in Strophe 14; dramatischer Dialog in den Strophen 11, 16 und 17 und Damons Ausruf auf dem Höhepunkt in Strophe 18 zur Steigerung der Dramatik.

Wortwahl:
- Intensivierung des Erlebens durch Steigerung von Bewegungsverben und Verben der akustischen Wahrnehmung in Strophe 6: *gießen – stürzen – schwellen – reißen – sprengen und donnern – krachen;*
- das zweimalige „kein" in Strophe 7 (V. 46 und 48) zur Untersteichung des Gefühls der Verlassenheit.

Rhetorische und poetische Mittel:
- Hyperbel zur Überhöhung der Gefahr: der zum „Meere" werdende Strom (V. 49) sowie Personifizierung und damit auch Dämonisierung des zum Strom gewordenen Baches zur Verdeutlichung seiner Gefährlichkeit: „Doch wachsend erneut sich des Stromes Wut" (V. 57);
- Alliteration: Die in Vers 57 enthaltene Alliteration von „wachsend" und „Wut", der beiden die metrischen Akzente tragenden Wörter, verstärkt diese Dämonisierung noch; andere Alliterationen (z. B. V. 66) haben in ihrer Formelhaftigkeit eher schmückende Funktion;
- Doppelungen zur intensiveren Beschreibung von Damons innerem Zustand: „und weint und fleht" (V. 50);
- Lautmalerei: Die lautmalerische Nachahmung des Quellwassers in Strophe 13 mit den Worten *sprudeln, silberhell, geschwätzig, murmeln* und alliterierend *rieselndes Rauschen* schafft hier sogar eine lyrisch-bukolische Situation als Antwort auf das dringliche Gebet.

Durchbrechung des metrischen Schemas und Rhythmuswechsel auf dem Höhepunkt (Strophe 18, V. 125):
Die höchste Erregung äußert sich im stakkatohaften Rufen Damons, ausgelöst durch die Doppelhebung zu Beginn von Vers 125, und die Sprechpausen infolge der Inversion durch die beiden vorangestellten Wörter „Mich, Henker [...]". Außerdem erhält Vers 125 durch diese das einzelne Wort stärker akzentuierende Sprechweise eine zusätzliche Hebung.

Es zeigt sich, dass alle oben beschriebenen Gestaltungsmittel wirkungsorientiert sind.

Aufgabe 7 Die genauere Analyse der Ballade hat den ersten Lektüreeindruck bestätigt. Inhalt und Gestaltungsmittel ergeben in ihrer Wechselwirkung die Apotheose einer Freundschaft, die auch die extremste Bewährungsprobe besteht und deren Vorbildlichkeit so stark wirkt, dass sich sogar ein zuvor seine Macht missbrauchender Alleinherrscher in einen menschlich empfindenden und handelnden König verwandelt. Im Text werden Haltung und Handlungsweise der beiden Freunde eine „Wundermär" (V. 131) genannt, und märchenhafte Züge trägt die Ballade in der Tat. Die Charaktere der handelnden Personen und ihre Handlungsweisen sind nicht psychologisch motiviert; und um die glückliche Rückkehr Damons nach Syrakus zu gewährleisten, muss mindestens einmal ein Wunder aushelfen.

Zwischenfazit: märchenhafte Züge ...

Dieser märchenhaften Komponente steht andererseits teilweise eine abstrakte Begrifflichkeit gegenüber, die mit Wörtern wie *Pflicht, Treue* und *Liebe* (vgl. vor allem die Strophen 17 und 20) auf das Menschenbild des Idealismus der Weimarer Klassik verweist. In Verbindung mit dem sentenzhaft klingenden Bekenntnis Damons zu seinen Prinzipien in Strophe 17 erhält die „Wundermär" den Charakter einer parabelhaften Erzählung mit erzieherischer Absicht, bei der die Figuren deshalb auch keine Individuen, sondern Ideenträger sind. Diese didaktische Intention zielt in zwei Richtungen: Indem sie die Idee der Freundschaft veranschaulicht, verfolgt sie ein primär ethisches Interesse; mit der Erziehung des Tyrannen steht der

... und Abstraktion in erzieherischer Absicht

politische Aspekt im Vordergrund. In beiden Fällen aber erschließt sich die eigentliche Textbedeutung erst im Rahmen des politischen und geistesgeschichtlichen Kontextes.

Aufgabe 8 Abhängig von der jeweiligen Vorarbeit im Unterricht könnten Sie sich spontan etwa an folgende Aspekte erinnern:
- Schillers lebenslange Beschäftigung mit dem Problem der Freiheit;
- die Französische Revolution als epochales Ereignis;
- die Französische Revolution und der deutsche Idealismus als die das deutsche Geistesleben des ausgehenden 18. Jahrhunderts bestimmenden Tendenzen;
- Schillers Haltung gegenüber der Französischen Revolution zwischen anfänglicher Sympathie und schließlicher Ablehnung;
- das Humanitätsideal der Weimarer Klassik als Gegenbild zu den Exzessen der Revolution (Schreckensherrschaft);
- das zentrale Thema in Schillers *Briefen über die ästhetische Erziehung des Menschen*: der Gedanke der sittlichen Höherentwicklung des Individuums hin zur inneren Freiheit (Menschenbild des Idealismus) als Voraussetzung für die Verbesserung der Staatsverfassung;
- die Umsetzung der Idee der ästhetischen Erziehung in und mit der Ballade.

Aufgabe 9 Die beiden die deutsche Geistesgeschichte im Ausgang des 18. Jahrhunderts bestimmenden Bewegungen sind die Französische Revolution und der mit seinem Menschenbild unter anderem auf diese reagierende deutsche Idealismus als philosophische Grundströmung der Klassik. In dieser Entwicklung spielt Friedrich Schiller mit seinem auf die Idee der Freiheit gerichteten Denken eine führende Rolle. Als Folge der Schreckensherrschaft der Jakobiner, unter deren Regime der Mob teilweise seine niedrigsten Instinkte auslebte, revidierte er seine anfängliche Sympathie für die Revolution und betrachtete sie als gescheitert. Die Ursache dafür sah er darin, dass der einzelne Mensch aufgrund seiner mangelnden inneren Freiheit für die politische Freiheit noch nicht reif sei.
geistige Tendenzen des ausgehenden 18. Jahrhunderts; Schillers Anteil daran und eigene Position

Dem während der Revolution vielfach in Erscheinung getretenen unmenschlichen Verhalten der Massen stellt er vor allem in seinen theoretischen Schriften das Humani-
Schillers Humanitätsbegriff

tätsideal des deutschen Idealismus gegenüber. Humanität bedeutet für ihn im weitesten Sinne ideelle Freiheit, das heißt innere Freiheit des Menschen von allen ihn in seinem idealen Menschentum und seinem freien Willen einschränkenden Verhältnissen und Bindungen. Frei und wahrhaft menschlich ist er somit nur, wenn es ihm gelingt, sich in einem Akt der Selbstüberwindung über seine Bindung an den Naturtrieb (die Neigung) hinwegzusetzen und diesen im Falle eines Interessenkonflikts dem Vernunftgebot (der Pflicht) unterzuordnen.

In seinen *Briefen über die ästhetische Erziehung des Menschen* hat er unter dem Eindruck der Gewaltexzesse der Französischen Revolution seine Grundüberzeugung formuliert, dass eine Verbesserung der Staatsverfassung nur gelingen könne, nachdem die Bürger sich für dieses Humanitätsideal als innerlich reif erwiesen hätten. Das Instrumentarium, mit dem sich eine solche Reife befördern lasse, sieht er in einer ästhetischen Erziehung des Individuums, das heißt einer Erziehung durch humane Vorbilder in bildender Kunst und Dichtung.

sittliche Höherentwicklung des Einzelnen als Voraussetzung für die Verbesserung der allgemeinen Verhältnisse

Dieses Menschenbild des Idealismus scheint auch in der Idee der Freundschaft in der *Bürgschaft* auf. Sowohl Damon als auch sein Freund handeln nach diesem Ideal und veranschaulichen so die Humanitätsidee der Klassik. Sie haben allerdings dieses Ideal schon verinnerlicht, geraten erst gar nicht in Konflikt mit ihrem Naturtrieb: Der Freund, indem er, ohne an die Gefährdung seines eigenen Lebens zu denken, die Bürgschaft ganz selbstverständlich übernimmt, und Damon, indem er trotz des sadistischen Angebots des Tyrannen zu keiner Zeit an eine mögliche eigene Flucht denkt, sondern nur bestrebt ist, dem Freund gegenüber seine Pflicht zu erfüllen. Dieser Antagonismus von roher Natur und Ideal ist in der Ballade in die äußere Handlung transponiert; dort zeigt er sich als Gegensatz zwischen den äußeren Hindernissen sowie den inneren Versuchungen, die den natürlichen Selbsterhaltungstrieb ansprechen, auf der einen Seite und der idealen Treue zur Pflicht auf der anderen. Insofern bei beiden Freunden der Sieg über die rohe Natur erst gar nicht erstritten werden

Propagierung dieser Ideen in der „Bürgschaft": die beiden Freunde als „schöne Seelen"

muss, weil von vornherein Neigung und Pflicht übereinstimmen, handelt es sich nach Schiller bei ihnen um „schöne Seelen", die frei und vernünftig, also ideal und human handeln. Indem die *Bürgschaft* dies vorführt und so eine Vorbildfunktion erfüllt, entspricht sie auch dem Schillerschen Konzept einer ‚Gesinnungsästhetik'.

Im zweiten inhaltlichen Schwerpunkt der Ballade wird die Wirksamkeit des Ideals in der politischen Wirklichkeit – neben seiner den Pöbel läuternden Kraft – an der „ästhetischen Erziehung" des Tyrannen vorgeführt. Mit seinem versteckten Angebot an Damon, gegenüber dem Freund wortbrüchig zu werden, lässt er sich zynisch und in sadistischer Weise von seiner Auffassung einer vermeintlich unabänderlichen Triebgebundenheit des Menschen leiten, mit der er im Übrigen auch seine Gewaltherrschaft rechtfertigen mag. Aber am Beispiel der beiden Freunde muss er erkennen, dass das Ideal „doch kein leerer Wahn" (V. 137) ist. Mit der Revision seines negativen Menschenbildes verliert auch die Gewaltherrschaft ihre Grundlage, einer Verbesserung der Staatsverfassung – in einer Art Revolution von oben – steht nichts mehr im Weg, wie die abschließende Freundschaftsgeste zeigt. Diese Aussicht macht es möglich, dass der Oppositionelle Damon, der anfangs die Gewaltherrschaft unter Anwendung von Gegengewalt beseitigen wollte, am Ende auf die Bitte des Königs und sein Freundschaftsangebot eingehen kann.

die „ästhetische Erziehung" eines Tyrannen

Rainer Maria Rilke: Spätherbst in Venedig

Aufgabe 1

Äußere Daten:
Der äußeren Form nach handelt es sich um ein Sonett. Das Gedicht entstand 1908 in Paris, wohl als Ergebnis einer oder mehrerer Reise(n) Rilkes nach Venedig. Seine Entstehung erst nach Abschluss dieser Reise(n) lässt vermuten, dass es nicht unter dem unmittelbaren Eindruck der Stadt seine endgültige Gestalt gefunden hat, sondern dass es wahrscheinlich in einem längeren ‚Verdichtungsprozess' als Essenz der Begegnung des Dichters mit der Stadt ‚gereift' ist. Das Entstehungsjahr ordnet den Text dem Zyklus der ‚Neuen Gedichte' zu, die in ihrer bewussten Auseinandersetzung mit den ‚Dingen' der Realwelt eine Neuorientierung im Dichtungsverständnis Rilkes markieren. Es wäre also nicht abwegig, auch an eine besondere, neue Form des Dinggedichts zu denken. Schwieriger ist die Zuordnung zu einer thematischen Kategorie. Vom Titel her ergeben sich Bezüge in ganz unterschiedliche Richtungen: Infrage kämen beispielsweise die Kategorien ‚Herbstgedicht' und ‚Stadtgedicht', vielleicht als Sonderform des spezifisch Rilkeschen Dinggedichts.

Voreinstellungen und Titel:
Voreinstellungen sind zwar im Allgemeinen jeweils individuell und subjektiv begründet, dennoch haben sich im Fall Venedigs über die Zeiten hinweg überindividuelle Konstanten herausgebildet, so etwa:
- die prachtvolle Touristenstadt als beliebtes Ziel von Hochzeitsreisen mit romantischen Gondelfahrten;
- Venedig als Schauplatz ausgelassenen und frivolen Karnevalstreibens;
- Thomas Manns berühmte Erzählung *Der Tod in Venedig* steht dagegen paradigmatisch für ein ganz anderes Venedigbild: das Venedig des materiellen und moralischen Verfalls mit dem Reiz des Morbiden.

Der Titel von Rilkes Gedicht verweist auf die dem Winter zugeneigte Seite des Herbstes und lässt kaum Gedanken an das malerische Venedig der Touristen aufkommen, aber auch nicht an die üblicherweise mit Herbst assoziierte Vorstellung von jahreszeitlicher Vollendung und Fülle. Viel eher werden Bilder des allgemeinen Verfalls und der Tristesse wachgerufen.

Ersteindruck von Sprechtempo und Klanggestalt:
Lautes Sprechen ergibt ein zweigeteiltes Klangbild: Im ersten Teil (bis V. 6) passen Sprechbewegung und Lautung tatsächlich zu dem vom Titel evozierten Vorstellungsbereich des Müden, Abgelebten, ab Vers 7 entsteht jedoch der Eindruck zunehmender Dynamik, der auch die ins Offene strebende Klangbe-

wegung entspricht. Die Haltung des Sprechers zu seinem Gegenstand scheint somit zweigeteilt.

Bildbereiche und Motive:
Die Sprache des Gedichts wirkt auf den ersten Blick nicht immer unmittelbar zugänglich: Sie ist reich an einprägsamen, die Assoziationstätigkeit des Rezipienten beflügelnden Bildern, die sich zu einem vielfältigen Beziehungsgeflecht verbinden. Aufgrund dieses Geflechts erschließen sich die Bilder in ihren wechselseitigen Bezügen zunehmend.
Die beim ersten Lesen spontan wahrgenommenen Bilder am Anfang des Gedichts erinnern, wenngleich verfremdet, noch an Elemente des verführerischen Venedigbilds der Reisenden; ab Vers 7 lagern sich alle Bilder um einen zentralen Aspekt der Lagunenstadt: ihre glanzvolle Vergangenheit als Seemacht.

Erste Vermutungen zu Thema und Autorintention:
In der Gegenüberstellung des konventionellen Venedigbildes der Touristen und der großen Vergangenheit der Republik Venedig formt sich das Thema des Gedichts: das eigentliche Wesen dieser Stadt. Nimmt man den Umfang der Darstellung dieser beiden Bilder als Kriterium, scheint die Sympathie des Dichters dabei auf der Seite der Vergangenheit zu liegen.

Aufgabe 2 *Der strophische Aufbau:*
- Das Gedicht besteht aus zwei Vierzeilern (Quartetten) und zwei Dreizeilern (Terzetten) und ist damit ein Sonett.
- Die Reimordnung variiert die ‚klassische' Form des Sonetts; sie ist in den Terzetten etwas eigenwillig: a b a b c d c d e f e g g f.
- Weibliche und männliche Kadenzen alternieren in den drei ersten Strophen, in den beiden ersten Versen von Strophe IV folgen unmittelbar auf die weibliche Kadenz des letzten Verses im ersten Terzett noch einmal zwei weibliche Kadenzen. Die männliche Kadenz des den Abschluss bildenden Verses 14 wirkt dadurch besonders akzentuiert.

Die Semantik der Sonettform:
Die Sonettform gilt als Form der diskursiven gedanklichen Auseinandersetzung, die häufig mit einer reflektierenden Sprachhaltung korrespondiert. Inwieweit der innere Aufbau des Gedichts tatsächlich der ‚klassischen' Sonettform entspricht, bei der die formale Zäsur zwischen den beiden Quartetten und den Terzetten sich auch in der gedanklichen Entwicklung wiederfindet, also die Gedichtform selbst semantisiert wird, muss noch offen bleiben.

Die metrische Struktur:
Das Metrum entspricht der gängigen Sonettvariante: fünfhebiger Jambus; lediglich Vers 6 ist auf vier Hebungen verkürzt.

Rhythmus:
Da es außer der einen Tonbeugung keine weiteren gegenmetrischen Betonungen gibt, kommt es zu keiner nennenswerten Gegenläufigkeit von metrischem Akzent und Sprechbewegung. Dennoch entsteht keineswegs rhythmische Gleichförmigkeit: Durch Satzakzente werden bestimmte metrisch bedingte Hebungen stärker hervorgehoben (etwa in Vers 1: x **X** x **X** x **X** x **X** x **X** x); die entscheidende rhythmische Belebung wird jedoch durch die überaus zahlreichen Enjambements (vgl. die Verse 3, 4, 5, 7, 8, 9, 11, 12 und 13) erreicht. Hier drängen die syntaktische und gedankliche Bewegung jeweils über das Versende, den erwarteten Ruhepunkt in der Sprechbewegung, hinaus in die nächste Zeile, allerdings mit unterschiedlichem rhythmischem Effekt: Im ersten Teil kommt dadurch die syntaktische Einheit in der Mitte der jeweils folgenden Zeile zur Ruhe, sodass dort, wo eigentlich Bewegung erwartet wird, erst einmal eine kleine Staupause eintritt. Im zweiten und längeren Teil, bei dem ein einziger Satz alle Vers- und Strophengrenzen überspringt und in stetigen Neuansätzen immer weiter bis zum letzten Wort drängt, entsteht sich steigernde finale rhythmische Dynamik.

Aufgabe 3 Die bisherigen Beobachtungen zum Gesamtcharakter und zur äußeren Form korrespondieren weitgehend mit der Kommunikationssituation im Gedicht. Der Sprecher tritt nicht explizit als lyrisches Ich in Erscheinung; und wenn es in Vers 3 f. heißt, die „gläsernen Paläste klingen spröder / an deinen Blick", so spricht er hier nur monologisch zu sich selbst. Das Gedicht erhält auf diese Weise zumindest im ersten Teil einen reflexiven Charakter, was sehr gut zum strengen Charakter der Sonettform im Allgemeinen und zur vermuteten Intention Rilkes passt: In der bewussten Zurücknahme des Ich und seiner Subjektivität wird der Gegenstand in seiner wesenhaften Erscheinung objektiviert, seine in der Darstellung enthaltene Deutung wirkt dadurch umso gültiger. Die im zweiten Teil erkennbare Änderung der Sprachhaltung hin zu einer den Leser in ihren Sog ziehenden Dynamik erscheint aufgrund solcher

Kommunikationssituation und Sonettform

Voraussetzungen nicht als subjektive Wertung des Sprechers, sondern als dem Gegenstand selbst inhärent. Der Eindruck, dass es sich um eine besondere Art des Dinggedichts handelt, das ganz auf das Erfassen seines Gegenstandes hin gerichtet ist, wird so noch einmal bestätigt.

Aufgabe 4 Wie die Makrostruktur der ‚klassischen' Sonettform von der formalen Binnenstruktur abweicht, so kommen beim vorliegenden Gedicht äußere Form und innere Strukturierung nicht ohne Weiteres zur Deckung:
- Die zahlreichen Enjambements verdeutlichen, dass syntaktische Struktur und strophischer Aufbau nicht übereinstimmen. Eklatant kommt dies in den durchgängigen Strophenenjambements zum Ausdruck.
- So wie hier jeweils der Satz als kleinste Einheit der gedanklichen Entwicklung über Vers- und Strophengrenzen als formalen Einheiten hinausdrängt, wird die vorgegebene Sonettstruktur insgesamt von der thematischen Gliederung überspielt.
- Der entscheidende thematische Einschnitt im Gedicht, durch adversatives „Aber" zu Beginn von Vers 7 zugleich als Neuansatz und Gegenwendung markiert, liegt in der Mitte des zweiten Quartetts.
- Gleichzeitig werden die Verse 1 bis 6, die in ihrem engen gedanklichen Zusammenhang durch Enjambements gekennzeichnet sind, durch den einzigen vierhebigen Vers abgeschlossen. Das Fehlen der fünften Hebung im inzwischen internalisierten Betonungsmuster führt beim Lesen und Sprechen zwangsläufig zu einer Pause nach „umgebracht" (V. 6), was neben anderen Effekten (siehe unten) einen Ruhe- oder Wendepunkt in der lyrischen Bewegung signalisiert.

Dieser Wendepunkt und Neuansatz nach Vers 6 bildet die Achse, um die sich das ganze Gedicht thematisch organisiert; zwei komplexe Venedigbilder werden hier vom Sprecher gegeneinandergestellt. Der Zeitpunkt des Aufscheinens beider Bilder ist der im Titel genannte Spätherbst:
- In den Versen 1 bis 6 fügen sich die in drei Sätzen vorgetragenen Impressionen des Sprechers zu einem Gesamtbild der Stadt im Spätherbst, wenn sie von den Fremden verlassen ist und nicht mehr mit deren Augen gesehen wird oder gesehen werden will. Die so entstehenden disparaten Eindrücke ergeben im Zusammenwirken ein Bild des Verfalls, das die Scheinhaftigkeit der für die Masse der Touristen von der Stadt ausgehenden Lockungen und Verführung enthüllt.

- Diese individuelle Wahrnehmung Venedigs durch den Sprecher lässt ein anderes Bild sukzessiv in seiner Imagination hervortreten, das eigentliche Venedig: die im Glanz ihrer Seemacht erstrahlende Republik der Frühzeit.
- In den Versen 7 bis 14 entfaltet sich dieses Bild in einem einzigen hypotaktischen, dynamisch nach vorne drängenden Satz.

Als Kompositionsfigur des Gedichts ergibt sich somit eine antithetische Struktur, die in ihrer Abweichung vom durch die Gedichtform vorgegebenen Muster den inneren Aufbau in eine kunstvolle Spannung zu der durch die Sonettform ausgelösten Erwartungshaltung setzt.

Dieser Kompositionsfigur entspricht folgende einfache Grobgliederung:

I   Verfall des scheinhaften Venedig der Ferienreisenden im Spätherbst: Die Stadt als „Köder" (V. 1–6).

II Hervortreten des wahren Wesens der Stadt in der Imagination des Sprechers: das frühe Venedig als Verwirklichung eines auf Macht und kämpferische Selbstbehauptung gerichteten Willens (V. 7–14).

Aufgabe 5   Teil I: (V. 1–6): Drei Sätzen entsprechen drei Impressionen des Sprechers.

1. Satz:
Das im ersten Satz vermittelte Bild der Stadt im Spätherbst, nachdem sie von den Touristen verlassen ist, ist doppelschichtig: Im Vordergrund steht der dem Sprecher als lyrischer Augenblick gegenwärtige Eindruck des Umschlags der traditionellen Venedig-Vorstellung der Reisenden in ein anderes, von ihm wahrgenommenes Bild. Diese Impression wird eingeleitet und zeitlich fixiert durch die Formulierung: „Nun treibt die Stadt schon nicht mehr wie ein Köder". (V. 1)
Dieses „Nun" korrespondiert allerdings mit einem „schon nicht mehr", das das gegenwärtige Bild für das Aufscheinen eines bisherigen, jetzt nicht mehr zutreffenden Zustands durchlässig macht. Gleichzeitig deutet das „Nun [...] nicht mehr" an, dass der Sprecher diese Veränderung, die mit der Stadt vor sich gegangen ist, zustimmend registriert, vielleicht hat er sie sogar erwartet.
Was die mit Venedig bisher verbundene Vorstellung ausmachte, wird im Vergleich der Stadt mit einem im Wasser treibenden „Köder" deutlich:

- Mit „treiben" lassen sich mehrere Vorstellungen verbinden:
  - das Amphibische der scheinbar auf dem Wasser treibenden Stadt;
  - eng damit verknüpft: Beliebigkeit, ungesteuerte Richtungs- und Ziellosigkeit aus Mangel an einem lenkenden Willen;
  - im übertragenen Sinn erinnert das Verb vor allem abwertend an mangelnde Willenskraft, Trägheit und Müßiggang.
- Auch „Köder" wirkt in diesem Kontext abschätzig.
  - Die Stadt als „Köder", der die Fremden anlockt (vgl. Thomas Manns – etwas später entstandene – Novelle *Der Tod in Venedig*), weckt Assoziationen des Unredlichen, des Anlockens unter Vorspiegelung falscher Tatsachen, um dem Opfer zu schaden.
  - Dass der Köder dann statt der Fremden allerdings „alle aufgetauchten Tage fängt" (V. 2), verwirrt an dieser Stelle etwas. Vielleicht, wenn man das „aufgetaucht" einmal ignoriert, lässt sich bei dieser Formulierung im Sinne des Ausdrucks „Tagedieb" an jemanden denken, der einem die Zeit mit Nichtigkeiten stiehlt; dies würde ins Bild der treibenden, müßiggängerischen Stadt passen.

2. Satz:
Der im nächsten Bild – „Die gläsernen Paläste klingen spröder / an deinen Blick" (V. 3 f.) – formulierte Eindruck weitet das erste Bild insofern aus, als das dort noch erinnernd angesprochene Sich-Anbieten der trägen Stadt als Köder nun einem anderen Zustand gewichen ist. Die Stadt wird widerständiger, weniger zugänglich: Die „gläsernen Paläste", als Prunk- und Repräsentationsbauwerke das Wahrzeichen der Stadt und Publikumsmagnet, erscheinen nun nicht mehr einladend. Das Schlüsselwort in diesem Zusammenhang ist der absolute Komparativ „spröder", der als Signal für einen impliziten Vergleich mit dem Zustand der Stadt vor dem Umschlag der Wahrnehmung in ein anderes Bild wirkt. Auch hier sind wieder mehrere einander ergänzende Deutungen möglich:
- Für sich allein genommen, deutet „spröde" auf eine Materialeigenschaft hin, die den betreffenden Gegenstand aufgrund seiner Beschaffenheit und Konsistenz teilweise dem Zugriff entzieht.
- Weiterhin erinnert es an eine menschliche Wesensart, die man mit starker Zurückhaltung und fehlender Zugänglichkeit verbindet; die Stadt wirkt demnach abweisender als zuvor.
- Im Kontext der dreifachen Synästhesie „[...] klingen spröder an deinen Blick", die Wahrnehmungen aus dem akustischen, dem taktilen und dem optischen Sinnesbereich ineinander übergehen lässt, gewinnt „klingen spröder [...] Blick" lautmalerische Qualität.

3. Satz:
Wie das dritte Bild eindrücklich vor Augen führt, ist das scheinhafte Venedig sozusagen saisonbedingt eng an den Sommer gebunden und verliert seine Anziehungskraft mit dessen Vergehen. Für den Verfall des sommerlichen Venedig hat Rilke im dritten Satz ein adäquates poetisches Bild gefunden (V. 4–6):

- Um das Absterben der Jahreszeit eindringlicher zu gestalten, ist der Sommer personifiziert und „hängt" aus den Gärten. Man denkt an verwelkte Blumen und Büsche, die abgeknickt und schlaff, teils über Mauern und Zäune, herunterhängen und einen Eindruck von Morbidität aufkommen lassen.
- Verstärkt wird dieser Eindruck durch die Erweiterung des Bildes im Vergleich: Zunächst wird der abgestorbene, schlaff aus den Gärten hängende Sommer präzisierend mit einem „Haufen Marionetten" gleichgesetzt, wobei die Vorstellung der Marionetten alles in sich fasst, was neben den Palästen das konventionelle Bild der Stadt bestimmt: die Scheinwelt von Theater, Masken und Spiel sowie den fehlenden eigenen Willen.
- Der Abschluss dieses Bildes mit „kopfüber, müde, umgebracht" (V. 6) suggeriert nachdrücklich das Ende des sommerlichen schönen Scheins auf mehreren Ebenen:
  – Die „Aussage" ergibt sich zunächst aus der denotativen Bedeutung der drei Wörter. Das Adverb „kopfüber" und das Adjektiv „müde" verweisen auf einen Zustand von Schwäche, darauf, dass etwas zu Ende geht. Das Partizip Perfekt „umgebracht" betont dagegen das unwiderruflich Endgültige eines abgeschlossenen Vorgangs oder Prozesses.
  – Poetisch anschaulich werden diese Begriffsinhalte allerdings erst durch die Bedeutung ihrer Lautgestalt für die Klangbewegung: Auf die beiden schläfrig klingenden langen *ü*-Laute folgt das kurze, harte *a* in „[...]bracht" als Rachenlaut, der lautmalerisch den Moment des gewaltsamen Endes sinnfällig macht.
  – Der entscheidende Effekt entsteht auf rhythmischer Ebene: Infolge der asyndetischen Reihung der drei Wörter verlangsamt sich wegen der so entstehenden kurzen Zwischenpausen die Sprechbewegung, die einzelnen Wörter werden jeweils stärker akzentuiert.
  – Zusätzlich wird das entscheidende „umgebracht" aufgrund des fehlenden fünften Taktes im Vers noch einmal besonders hervorgehoben.

Zwischenfazit:
Im dargestellten sukzessiven Verfall der verführerischen, aber oberflächlichen Fassade der berühmten Stadt scheint sich als mitgedachtes ‚Jetzt' ein anderes, sprödes und abweisendes Venedig abzuzeichnen, das sich nicht widerstands-

los in das Klischee abgelebter dekadenter Pracht fügt, dessen wahres Wesen vom Betrachter vielmehr erst ergründet werden muss.

Teil II: (V. 7–14): Ein einziger hypotaktischer Satz evoziert das andere Venedig.

Dieses andere Venedig ersteht nun im zweiten Teil des Gedichts in der Imagination des Sprechers. Gekennzeichnet ist dieses Bild durch:
- Einsatz mit adversativem „Aber" (V. 7), als Tonbeugung von zwei Senkungen gefolgt und so als Gegenwendung gegen das zuvor wiedergegebene Bild der Stadt besonders herausgehoben;
- starke Dynamik gegenüber dem ersten Teil:
  - dort quasi absteigende Entwicklung in drei kurzen Sätzen, die gemäßigt hypotaktisch beginnen, um dann über Parataxe zu den abschließenden drei Einzelwörtern in Vers 6 zu führen, deren „umgebracht" sozusagen ins Schweigen mündet;
  - dagegen hier ein einziges dynamisch nach vorne und über alle Vers- und Strophengrenzen hinausdrängendes Satzgefüge: An einen kurzen Aussagesatz schließen sich drei Nebensätze mit fortschreitend höherem Abhängigkeitsgrad an, die den Gesamtsatz immer weitertreiben bis zum finalen „strahlend und fatal" (V. 14), von dem sich nicht mehr eindeutig sagen lässt, ob es sich als Adverbiale auf „Willen", auf den Relativsatz (V. 12–14) oder gar auf den gesamten Satz bezieht. Dies ist letztlich auch unwichtig, da sich der Stellenwert dieser Phrase primär aus ihrer Klangwirkung ergibt (vgl. weiter unten);
- Bilder des Willens und der Macht als Reflex der großen Vergangenheit der einstigen Seemacht Venezia und Beschwörung ihrer visionären Wiederauferstehung:
  - „vom Grund aus alten Waldskeletten" (V. 7) als Erinnerung an die vergangene Pfahlgründung der Stadt in der Lagune als Zeichen ihres Behauptungswillens;
  - „der General des Meers" (V. 9) als Personifikation des Willens;
  - Korrespondenz von Hypotaxe und strategischer Planung;
  - nautische Bilder als Hinweise auf die frühere Handels- und Seemacht, der Venedig seinen wirtschaftlichen und politischen Rang verdankte, und als Bürgen von Effizienz;
- Verbarten und -formen als Symbolisierung des dynamischen Aufbruchs:
  - „aufsteigen", „verdoppeln", „teeren" der Morgenluft;
  - Partizipien: „ruderschlagend", „tagend", „strahlend";
- Lautsymbolik des Schlusses „strahlend und fatal" als Aufbruchssignal.

Aufgabe 6	Die bei der ersten Begegnung mit dem Gedicht empfundene Nähe zu Rilkes Haltung in den ‚Neuen Gedichten', in denen sich der Dichter das Ziel gesetzt hatte, demütig nichts als die Dinge zu zeigen, hat sich im Laufe der eingehenden Beschäftigung mit dem Text zur Gewissheit verfestigt. Tatsächlich geht es Rilke mit *Spätherbst in Venedig* ähnlich wie im traditionellen Dinggedicht darum, das Wesen der Stadt Venedig in Bildern zu entwerfen. Da er sich als Dichter dabei scheinbar ganz in den Dienst der Dinge stellt, tritt das lyrische Ich nur ganz kurz und mittelbar in Erscheinung.	*Rückgriff auf die Erstrezeption*
	Das Wesen der Stadt zeigt sich im lyrischen Augenblick des Spätherbstes in einem zweigeteilten Bildkomplex: im Verfall des den Touristen überlassenen gauklerischen Venedig im Spätherbst, das im Verlöschen seine dekadenten Züge preisgibt, und gleichzeitig im Heraufsteigen des historischen Venedigs in der Imagination des Sprechers. Die Vorstellung des uneigentlichen, dem Verfall preisgegebenen Venedigs ist geprägt von disparaten Impressionen eines nicht mehr auf eine Mitte gerichteten Daseins, wie es insbesondere das Bild der führungslosen Marionetten veranschaulicht. Das eigentliche Wesen der Stadt erschließt sich dem Sprecher dagegen in der Vision eines machtvollen, kämpferischen Venedigs der Frühzeit, das seine Entstehung, seine wirtschaftliche Prosperität und seinen politischen Glanz der Konzentration auf einen zentralen politischen Willen verdankt. Dieses Venedig eines überlegenen Willens fügt sich nicht in das Klischee abgelebter dekadenter Pracht und erschließt sich auch nicht widerstandslos der oberflächlichen Wahrnehmung des Touristen. Die Erkenntnis seines wahren Wesens muss vielmehr, um ein Schlüsselwort Rilkes zu gebrauchen, aktiv „geleistet" werden.	*das Wesen der Stadt in der Gegenüberstellung von realer Dekadenz und imaginierter histor. Größe*
	Dem in Bilder gefassten Gegensatz von Verfall und überlegenem Willen, der in Venedig historisch wirksam geworden ist, entspricht auf der Gestaltungsebene die, wenngleich eigenwillig adaptierte, Sonettform. In ihrer formalen Zweiteilung und traditionellen Affinität zum gedanklichen Diskurs stellt sie ein ideales Gefäß für die antithe-	*Leistung der Sonettform und der Bildersprache*

tische Strukturierung eines gedanklichen Prozesses dar. Dass dieses Sonett dennoch nicht an strenge und womöglich spröde Gedankenlyrik denken lässt, verdankt es der souveränen und genuin lyrischen Umsetzung seines gedanklichen Gehalts in vielfach miteinander verflochtene sprachliche Bilder und damit korrespondierende Klangstrukturen.

Aufgabe 7 Das Gedicht zeichnet sich durch eine vielschichtige Annäherung an das darin dargestellte Phänomen des Verfalls und der damit eng verbundenen Dekadenz aus. Einerseits scheint für Rilke der Verfall scheinhafter Realität Voraussetzung für das Hervortreten eigentlichen Seins zu sein, andererseits wirkt die ästhetische Überhöhung dieses Verfalls so, als sei er geradezu fasziniert (zugleich aber auch angewidert) von ihm. Diese ambivalente Haltung lässt sich – zumindest teilweise – aus dem Zeitbezug des Gedichts verstehen. *Faszination des Verfalls*

Die geistige Situation der Zeit um 1900 war durch eine allgemeine Krise des abendländischen Bewusstseins gekennzeichnet. Seit ungefähr 1880 vereinigte diese unter vielen Künstlern und Intellektuellen verbreitete Krisenstimmung unter der Bezeichnung Fin de Siècle ganz unterschiedliche Strömungen, deren Spektrum von Endzeit- bis Aufbruchstimmung reichte und die sich in Geistesgeschichte, Kunst und Literatur je anders akzentuiert äußerten. Gemeinsam war dieser Generation das Bewusstsein, in einer Welt absterbender Ideale zu leben und aus dem Gefühl von Müdigkeit, Abgestorbenheit und willensschwacher Passivität heraus zu keiner mit den großen Werken der Vergangenheit vergleichbaren schöpferischen Anstrengung mehr fähig zu sein – eine Haltung, die man bereits damals allgemein als Décadence bezeichnete. Da der vorherrschende verflachte Idealismus der Gründerzeit-Gesellschaft angelastet wurde, suchten viele Autoren und Künstler in Opposition zur sich herausbildenden Massengesellschaft Zuflucht in einer ästhetizistisch übersteigerten Aufwertung der Kunst. *Fin de Siècle und Décadence*

In Haltung und künstlerischer Gestaltung trifft Rilkes Gedicht die Stimmungslage der Zeit. Schon der Titel verweist auf zwei verbreitete Motive der literarischen Décadence: Herbst als Jahreszeit des Vergehens und Venedig als um 1900 verbreitetes Symbol für eine im Untergang begriffene Kultur. Im Sonett selbst finden sich zudem eine Reihe wesentlicher Décadence-Motive wieder. So erscheint das sich treiben lassende, sich den Touristen überlassende Venedig in seiner willensschwachen Passivität und Trägheit geradezu als Verkörperung dekadenter Todessehnsucht. Indem der Sprecher (und in diesem Fall der Dichter selbst) sich in seiner impliziten Ablehnung des verflachten Venedigerlebnisses auch gegen die Touristen selbst wendet, kommt die für den Ästhetizisten des Fin de Siècle typische elitäre Distanz zur Massengesellschaft zum Ausdruck. Was sich hier als Haltung zeigt, ist auf der Ebene der dichterischen Gestaltung als Verwirklichung eines gesteigerten Anspruchs auf künstlerische Autonomie zu beobachten: Forcierte Klangstrukturen, raffinierte Synästhesien wie in Vers 3 f. oder kühne Vergleiche und Bilder sollen in bewusster Übersteigung des Erwartbaren tendenziell die Mitteilungsfunktion der Sprache außer Kraft setzen und sich selbst genügen. Auf diese Weise hat die von Faszination begleitete dichterische Beobachtung des Verfalls zu einem vollendeten Gedicht geführt, das den objektiven Verfall in ästhetischer Überhöhung auffängt.

das Gedicht als Ausdruck des Fin de Siècle

Der wahrgenommene Reiz des Verfallenden ist jedoch keineswegs mit Freude am Verfall gleichzusetzen. Im Gegenteil: Wie es sich hier im Gedicht darstellt, bedeutet die Erfahrung von Dekadenz gleichzeitig die Wahrnehmung dessen, was verfällt, und lässt das Verlorene in seiner Auflösung noch einmal aufleben. Und so steigt die verloren gegangene schöpferische Kraft im zweiten Teil des Gedichts noch einmal als Macht- und Willensvision vom Grund der schon abgestorbenen Waldskelette herauf. Damit ist die dekadente Untergangsstimmung zwar scheinbar für einen kurzen Moment aufgehoben, aber der im Gedicht gestaltete Aufbruch vollzieht sich nur als historische Reminiszenz in der Fantasie des Sprechers.

Ambivalenz der Untergangsstimmung

Georg Heym: Die Stadt

Aufgabe 1

Äußere Daten:
- Enstehungsjahr: 1911;
- äußere Form: Sonett (vor allem in den beiden ersten Jahrzehnten des 20. Jahrhunderts beliebte Gedichtform, vgl. Rilkes Sonettdichtung).

Der Titel:
Anders als bei Gedichten erwartet, klingt der Titel recht abstrakt. Dadurch dass keine bestimmte Stadt genannt wird, sondern lediglich der bestimmte Artikel steht, weist er weg von einer konkreten Stadt und zielt auf das Typische der Gattung, „die" Stadt allgemein.

Gegenstand:
- Die Stadt wird nicht als statisches Beschreibungsobjekt gewählt; der Sprecher greift bestimmte Erscheinungsformen einer Großstadt und des Lebens ihrer Bewohner heraus und hält so das für ihn Spezifische der modernen Stadtzivilisation mosaikartig fest.
- Ein innerer Zusammenhang dieser Momentaufnahmen ist auf den ersten Blick nur undeutlich zu erkennen: Die Situationen und Bildkomplexe scheinen willkürlich herausgegriffen und aneinandergefügt.

Bildersprache:
- teilweise ungewohnte Bildersprache;
- düsteres und bedrohliches Bild einer Stadt und der andeutungsweise wiedergegebenen Naturkulisse;
- Metaphorik kreist um die Motive Nacht, Tod und Vernichtung;
- negative Sicht der Stadt wird auch auf die Menschen übertragen.

Sprechtempo und Klanggestalt:
- Monotonie als beherrschender Eindruck: weitgehend gleichförmige Aneinanderreihung von Eindrücken, geringe Variation in den Reimvokalen, Lautwiederholungen im Versinneren, Wortwiederholungen;
- Auch rhythmisch wirkt das Gedicht wenig abwechslungsreich, ist dennoch nicht ohne Dynamik.

Vermutungen zu Thema und Intention des Gedichts:
Dem Dichter kommt es nicht darauf an, ein möglichst realistisches Bild einer bestimmten Großstadt zu geben; seine Intention ist vielmehr darauf gerichtet, mehrere für die moderne Stadt charakteristische Einzelbilder zu einem Gesamteindruck der zeitgenössischen industriellen Stadtzivilisation zu verbin-

den. Der so beim Leser entstehende Eindruck des Phänomens Stadt ist negativ und beängstigend und entspricht, wie die letzte Strophe nahe legt, vermutlich einer Untergangsstimmung des Sprechers.

Verhältnis von Thematik und Form:
Die strenge Sonettform scheint im Widerspruch zur Thematik und der diskontinuierlichen Grundstruktur des Gedichts zu stehen.

Haltung (Perspektive) des Sprechers zum dargestellten Bild der Stadt:
Die Haltung des Sprechers erscheint besonders in den Quartetten registrierend und emotionslos beschreibend, in den Terzetten ist teilweise auch persönliche Anteilnahme in den Aussagen zu bemerken.

Aufgabe 2 Georg Heyms Sonett *Die Stadt* entstand 1911 und ist der Gruppe der Stadtgedichte zuzuordnen, die mit zunehmender Industrialisierung und wachsender Bedeutung der Großstadt seit der Jahrhundertwende um 1900 in der deutschen Dichtung immer stärker hervortreten. Der abstrakte Titel nennt keine bestimmte Stadt, sondern verweist mit dem bestimmten Artikel auf das Exemplarische des hier gezeichneten Stadtbildes, auf das, was für den Dichter das Typische im Erleben einer modernen (Industrie-)Großstadt ausmacht.   *Industrialisierung und Stadtgedicht*

Der Dichter verzichtet auf alle individuellen Züge, wie etwa konkrete architektonische Gegebenheiten der dargestellten Stadt. Er greift vielmehr bestimmte, nur vage zeitlich fixierbare Situationen heraus, um das Spezifische der modernen Stadtzivilisation, vor allem der Situation der betroffenen Menschen, in wenigen Momentaufnahmen mosaikartig festzuhalten.   *Momentaufnahmen der modernen Stadtzivilisation*

In diskontinuierlich gereihten Eindrücken entsteht das Gesamtbild einer Industriegroßstadt – vermutlich Berlin –, das sowohl durch die vorherrschenden Motive Nacht, Tod und Vernichtung als auch durch eine Metaphorik geprägt wird, welche die mit diesen Motiven verbundenen negativen Assoziationen noch potenziert.   *Großstadt als Inkarnation von Zerstörung und Untergang*

Aufgabe 3 *Der strophische Aufbau:*
- Die verwendete Sonettform entspricht in den Quartetten dem traditionellen Muster: es liegt jeweils umarmender Reim vor, in den Terzetten – ungewöhnlich beim traditionellen Sonett und insofern auf formale Auflösung der strengen Form deutend – jeweils Haufenreim, sodass sich folgendes Schema ergibt: abba cddc eee fff.
- Durch die Haufenreime sind die Terzette einerseits deutlich von den Quartetten abgesetzt, zwischen beiden Gedichtteilen findet sich eine klare Zäsur. Andererseits verleihen die unterschiedlichen Reime in den Terzetten diesen jeweils eine formale Eigenständigkeit, die auch zwischen ihnen noch einmal eine Zäsur andeutet, sodass sich aufgrund der äußeren Form folgende vorläufige Aufbaustruktur ergeben könnte, deren Aussagekraft allerdings noch anhand der gedanklichen Struktur zu überprüfen sein wird:
I + II / III / IV.

Besonderheiten des Reims:
Auffallend ist der minimalistische Einsatz von Vokalen. Zwar wird die Reimordnung durch sechs Reime gebildet, insgesamt kommt das Gedicht jedoch mit nur zwei Reimvokalen bzw. Diphthongen aus: ei und a, die sich auch vielfach im Versinneren als Assonanzen wiederfinden und so für das Gedicht strukturbestimmend und aussagerelevant sind:
- Aufgrund ihrer Häufigkeit erscheinen sie als Leitvokale und transportieren so bestimmte gedankliche Inhalte;
- Sie tragen zum Ersteindruck der Monotonie bei (vgl. beispielsweise die Verse 1, 2, 3, 5, 8 usw.).

metrische Struktur und Rhythmus:
- Metrum: fünfhebiger Jambus, der dem Rhythmus einen leicht vorwärtsdrängenden Charakter verleiht;
- durchgängig männliche Kadenzen sorgen für harte Versschlüsse und verleihen den Aussagen der Einzelverse jeweils stärkeres Gewicht.

Aufgabe 4 Der innere Aufbau entspricht weitgehend der äußeren Struktur, die sich durch Heyms individuelle Adaption der Sonettform als formales Muster ergeben hat.
- Die beiden Quartette bilden insofern auch inhaltlich eine Einheit, als beide konkrete und beklemmende Bilder einer Stadt beim Übergang der Nacht in den anbrechenden Tag entwerfen – soweit man überhaupt ein zeitliches Kontinuum annehmen will. In ihrem Verhältnis zueinander sind sie komplementär:

- Strophe 1 thematisiert überwiegend den rein dinglichen Aspekt in einem zweigeteilten Bild: Die Verse 1 f. skizzieren eine unheimlich wirkende Naturkulisse als Rahmen; in den beiden folgenden Versen stehen Fassaden mit im Tagesgrauen erhellten Fensterreihen für eine übermächtig und feindselig wirkende Dingwelt, von der eine unspezifische Bedrohung ausgeht.
- Strophe 2 zeigt anhand der (möglicherweise mit fortschreitendem Tagesanbruch sich entfaltenden) Betriebsamkeit in den Straßen die Situation des Menschen in der Stadt, der als Teil einer willenlosen Masse zum Objekt des Geschehens geworden ist.
- Die Terzette bilden dagegen jedes für sich eine formale und gedankliche Einheit:
  - Das erste Terzett löst die bisher vorherrschende konkrete Bildebene durch eine abstraktere Ebene ab. Auf ihr werden die insbesondere im zweiten Quartett gestalteten Eindrücke des Lebens in der Stadt zu Bildern des menschlichen Daseins überhaupt verdichtet: Das Leben erscheint dem Sprecher insgesamt sinnlos.
  - Die Eigenständigkeit des zweiten Terzetts wird auch durch eine leichte Veränderung der Perspektive unterstrichen: Der Sprecher greift die Eingangsperspektive wieder auf und richtet den Blick noch einmal in die Weite. Die Bilder im zweiten Terzett stellen jedoch eine neue Qualität im Bedrohungsszenario dar: Der latent unheimlichen Naturkulisse der ersten Strophe steht nun, vom unmittelbaren Bild der Stadt losgelöst, eine fast ins Mythische gesteigerte Vernichtungs- und Weltuntergangsvision gegenüber.

Schematisch vereinfacht ergibt sich folgende Grobgliederung:

I. Die äußere Situation des Menschen in der Stadt
   1. Übermacht einer feindseligen Dingwelt über die Menschen
   2. Vermassung und Verdinglichung des Einzelnen

II. 3. Die innere Situation der Menschen in der Stadt
   Erfahrung von Orientierungslosigkeit und Sinnleere eines monotonen Daseins

III. 4. Ausweitung des Bildes zur Bedrohung des Menschen durch eine totale Vernichtungs- und Weltuntergangsvision

Im Unterschied zur durchweg additiven Struktur des äußeren Aufbaus ergibt der gedankliche Aufbau also eine Steigerungsfigur in drei Schritten: Die Wahrnehmung der Stadt löst eine stetig intensiver werdende Empfindung der Bedrohung des Menschen und Menschlichen an sich aus. Dieses Bedrohungsgefühl setzt mit der latenten Unheimlichkeit des äußeren Rahmens ein, erfährt eine Steigerung über Bilder von Vermassung und Verdinglichung sowie die Feststellung der Sinn- und Inhaltsleere des Lebens überhaupt und kulminiert in der visionären Vorwegnahme des totalen Untergangs der Stadt und der mit ihr verbundenen (industriellen) Zivilisation und Gesellschaft insgesamt.

Aufgabe 5 Als besondere sprachliche und poetische Mittel, die den bereits bei der Untersuchung der äußeren Form festgestellten Grundton von monotoner Härte und Diskontinuität entscheidend mit bestimmen, fallen auf:
- die kurzen, durchweg parataktischen Sätze in Verbindung mit dem, abgesehen von den beiden Ausnahmen in den Versen 1/2 und 7/8, vorherrschenden Zeilenstil und den harten Fügungen der durchgehenden männlichen Kadenzen;
- asyndetische und syndetische Reihungen im Nominalstil (V. 9 f. bzw. V. 12) als weitere Form der syntaktischen Verkürzung zur Hervorhebung von Schlüsselwörtern;
- häufige Und-Anapher in den Quartetten und im letzten Terzett:
  - Indem die einzelnen Aussagen der kurzen Sätze immer wieder mit „Und" gereiht werden, entsteht weniger der Eindruck eines geordneten verbundenen Ganzen als vielmehr der einer monotonen Aneinanderreihung des immer Gleichen.

a) *Das Bild der Stadt im ersten Quartett:*
- In den beiden ersten Versen wird die Stadt in einen umfassenderen Kontext gestellt. Zunächst wird mit „Sehr weit ist diese Nacht" (V. 1) der lyrische Augenblick lapidar benannt und in der Inversion das nahende Ende der Nacht betont. Damit wird auch „diese Nacht" – im Unterschied zur unbestimmten Topografie – zum zeitlichen Bezugspunkt aller im Gedicht dargestellten Vorgänge und Situationen.
- Im folgenden Satz deutet der Hinweis auf die Naturkulisse des Monduntergangs die Einbettung dieser Situation in ein kosmisches Geschehen an, und entgegen seines mit der Mondnacht gegebenen idyllischen Potenzials wirkt dieses Geschehen unheimlich und beängstigend. Schon das Kompositum „Wolkenschein" (V. 1) wirkt nicht vertraut und weckt in Verbindung mit dem Verb „zerreißet" (V. 2) die Assoziation von Gewalt. Die Empfindung des Unheimlichen und Gewalttätigen wird da-

durch verstärkt, dass der Mond bei Heym bekanntlich eine Chiffre des Dämonischen ist.
- Die Dämonisierung der Natur wird durch die Personifizierung der toten Dingwelt auf das nächtliche Stadtbild übertragen: Indem „tausend Fenster [...] die Nacht entlang [stehn] / und blinzeln" (V. 3 f.), werden sie personifiziert und entwickeln ein bedrohliches Eigenleben. Die tückisch und abstoßend (entzündet?) wirkenden „rot[en] und klein[en]" Lider steigern das Bild ins Dämonische und Übermächtige.

b) *Situation der Menschen in der Stadt im zweiten Quartett:*
Der innere Zusammenhang der beiden Quartette zeigt sich unter anderem darin, dass das Mittel der Personifizierung zunächst auch noch im zweiten Quartett eingesetzt wird:
- Vergleich der Straßenschluchten mit dem menschlichen Adernnetz (V. 5);
- die Situation der Menschen als komplementäre Ergänzung zur Personifizierung der Dinge: In Vers 6 erscheinen die Menschen als das in einem unüberschaubaren, labyrinthischen „Aderwerk" zirkulierende Blut, wobei im Bild des Aus- und Einschwemmens die passive Rolle des Menschen erfasst wird.
- Im selben Bild findet die Sinnlosigkeit eines solchen Lebens ihren Ausdruck: Die beiden antithetischen und daher einander aufhebenden Vorsilben „aus-" und „ein-" deuten auf ziellose Aktivität;
- Ergänzung des visuellen Aspekts um den auditiven in V. 7 f.:
  - Das ziellose Auf-der-Stelle-Treten wird im „stumpfen Ton" hörbar, der „von stumpfem Sein", das nur (noch) „matt" vernehmbar ist, kündet. Das „ewig" in diesem Vers in Verbindung mit der Wiederholung des Adjektivs „stumpf" verweist auf das Quälende und Unabänderliche dieses Zustands.
  - Dieser Gedanke wird in V. 8 fortgeführt: Die bei „Eintönig" entstehende Tonbeugung und die Inversion lassen in diesem Vers die entscheidenden Begriffe an den Versbeginn bzw. -schluss treten und heben sie so als Satzakzente hervor.

Der Personifizierung der toten Dinge entspricht daher auf der anderen (komplementären) Seite die Verdinglichung des Menschen in der Stadt und auch seine Vermassung (vgl. das Attribut „unzählig" in Verbindung mit dem Schlüsselwort „schwemmen").

c) *Das erste Terzett als Zwischenfazit: Feststellung einer grundsätzlichen Sinnkrise*
Diese Strophe nimmt eine herausgehobene Stellung ein:
- Die in den anderen Strophen auffallenden Und-Anaphern fehlen; gegenüber der konkreten Bildersprache jener Strophen dominiert hier ein abstrakterer Nominalstil, der in asyndetischer Reihung von Begriffen (V. 9 f.) deutlichere Pausen zwischen den einzelnen Nomen bedingt und diesen so ein stärkeres Gewicht verleiht.
- Auch dadurch, dass, jedenfalls explizit, der unmittelbare Bezug zur Stadt fehlt, übersteigt die Strophe den Kontext des reinen Stadtbildes und wird zu einer Aussage zur menschlichen Lage schlechthin ausgeweitet.
- Der Gedanke des stumpfen, eintönigen Daseins der Menschen in der Stadt wird zwar wieder aufgenommen, aber am Beispiel von Geburt und Tod in einen grundsätzlicheren, abstrakteren Zusammenhang, den Kreislauf des Lebens allgemein, eingeordnet.
- Das Leben erscheint als „gewirktes Einerlei" (V. 9), bei dem die beiden antithetischen existenziellen Pole Geburt und Tod in der Alliteration „Lallen der Wehen, langer Sterbeschrei" (V. 10) als ununterscheidbare Vorgänge in eins gesetzt werden. Wie bei einem Karussell kreisen sie daher im „blinden Wechsel [...] dumpf" (V. 11) immer wieder monoton vorüber: Ziel- und Orientierungslosigkeit des menschlichen Lebens als Ausdruck einer grundsätzlichen Sinnkrise.

d) *Die Bildstruktur des zweiten Terzetts als Untergangsvision*
Der Bildbestand des zweiten Terzetts knüpft an die Bilder der im ersten Quartett gestalteten Naturkulisse an, erweitert diese aber und intensiviert sie durch Anlagerung weiterer, sinnverwandter Bilder und Metaphern, sodass die lyrische Bewegung hier zum Höhepunkt kommt:
- Dem „Wolkenschein" (V. 1) entspricht die „Wolkenwand" in Vers 14. Das gefährliche „rot" der tückischen Lider taucht ebenso wieder auf wie der „Schein" aus dem Kompositum „Wolkenschein" gleich zweifach genannt wird. Seine Bedrohlichkeit wird dadurch potenziert, dass er mit „Feuer", „Fackeln" und „Brand" verbunden ist, die in diesem Kontext alle Vorstellungen von Vernichtung und Tod wecken.
- Bei der Aufnahme dieser Bilder mag der Leser zunächst an den Hintergrund einer zur Stadt gehörenden Industrielandschaft mit ihren Schloten und Hochöfen als realen Bezugspunkt denken. Indem die vier Subjekte in V. 13 aber „im Weiten mit gezückter Hand [drohn]", handelt es sich wie in Strophe 1 wieder um eine Personifizierung der Dingwelt,

die über die reine metaphorische Wiedergabe der realen Objektwelt hinausgeht:
- Dadurch, dass die Drohgeste von einer übermenschlichen Hand auszugehen scheint, rückt sie in den Bereich des Dämonisch-Mythischen;
- das Aufscheinen dieser Geste in einer unbestimmten Ferne am Horizont weitet das Gesamtbild darüber hinaus zum Szenario einer quasi kosmischen Bedrohung;
- geht man vom assoziierten realen Bezugspunkt aus, nimmt sie ihren Ausgang allerdings von Erscheinungen der vom Menschen selbst geschaffenen modernen industriellen Zivilisation.

Verstärkung der Bedrohungs- und Untergangsvision auf der konnotativen und sprachlich-rhetorischen Ebene
Wie der Bildbestand in der vierten Strophe die Metaphorik der ersten verstärkend wieder aufgreift und so zur Steigerung des inneren Aufbaus beiträgt, so häufen sich vor allem in dieser Strophe auch bestimmte Vokale. Aufgrund ihres dunklen Klanges und des wiederholten Vorkommens in negativ besetzten Wörtern in früheren Strophen werden sie so zu leitmotivartigen Trägern einer düsteren, unheilschwangeren Stimmung. Die Kulmination der sich sukzessiv andrängenden Ahnung einer drohenden Katastrophe wird so in der letzten Strophe auch auf der Klangebene unterstrichen:
- Eine besondere Rolle spielt die Farbchiffre „rot": Sie ist bei Heym grundsätzlich mit Vorstellungen von Tod und Untergang verknüpft. Indem sie schon im ersten Quartett in sprachlicher Nachbarschaft mit „Mond", der Chiffre des Dämonischen, auftaucht, wird auch der Vokal *o* über seine rein klangliche Qualität hinaus zusätzlich semantisiert, sodass die mit ihm assoziierten Vorstellungen von Bedrohung auch bei jedem anderen in betonter Silbe stehenden *o* des Gedichts (z. B. „Wolkenschein" V. 1, „Tod" V. 9, „drohn" V. 13 sowie „hoch" und „Wolkenwand" V. 14) beim Leser anklingen.
- Ähnliches gilt für den schon durch den Gedichttitel, die Reimwörter in den Strophen 1, 2 und 4 sowie entsprechende Assonanzen (vgl. „Nacht" V. 1, „Nacht entlang" V. 3, „Aderwerk", „Straßen" und „Stadt" V. 5) als Leitvokal markierten Vokal *a*; im Kontext des Gedichts weckt er durchgängig Assoziationen an Nacht und Dunkel und bringt diese mit der gleich klingenden Stadt in Verbindung.

Aufgabe 6 So negativ und pessimistisch die Einschätzung der industriellen Großstadt und des mit ihr verbundenen Menschenbildes im vorliegenden Sonett auch sein mag, der Sprecher des Gedichts selbst scheint nach außen hin davon wenig berührt zu sein.

fehlende Betroffenheit des Dichters

Schon die erste Textbegegnung vermittelte den Eindruck eines weitgehend emotionslosen und distanzierten Sprachgestus, und diese Einschätzung deckt sich mit den Beobachtungen zur Sprechersituation. Der Sprecher tritt nicht als lyrisches Ich in Erscheinung, sondern bleibt als scheinbar neutraler Beobachter im Hintergrund oder nimmt vielmehr fast durchgängig die Perspektive des Außenstehenden, nicht Involvierten ein. So kann der Eindruck aufkommen, bei den im Gedicht dargestellten Momentaufnahmen handle es sich durchweg um eine Beschreibung objektiver Gegebenheiten der Stadt.

Sprachgestus und Sprechersituation

Dem entspricht die strenge, teilweise kalt wirkende Sachlichkeit, mit welcher die Einzelheiten des Stadtbildes registriert werden. Zudem deuten auch die vor allem beim lauten Lesen auffallende klangliche Monotonie und der weitgehende sprachliche Lakonismus auf eine im Gedicht nur gering ausgeprägte Emotionalität des Sprechers. Die kaum unterbrochene starre Regelmäßigkeit des Rhythmus sowie die festen Konturen der Sonettform tun ein Übriges, möglicherweise vorhandene persönliche Anteilnahme aufzufangen, sie der Form unterzuordnen.

nüchterne Sachlichkeit

Bei genauerer Betrachtung muss diese Einschätzung der Sprechersituation jedoch relativiert werden. Der hinter den Bildern angenommene Sprecher kann oder soll als Medium seines Autors seine persönliche Sicht nicht völlig ausblenden, wie die gelegentlich subjektiv deutende und wertende Wortwahl erkennen lässt. Dies zeigt sich am deutlichsten im ersten Terzett, in dem die Perspektive des Sprechers von der Außensicht auf die Dingwelt sich zur Innensicht, aus der heraus sich sein eigenes Bewusstsein zu erkennen gibt, verschoben hat. Erkennbar wird dies beispielsweise an der wertenden Zusammenfassung des bisher bildhaft Dargestellten in V. 11. Sowohl „blind[ ]" als „dumpf" stellen Wertungen eines Sprechers dar, der von

Perspektivwechsel im ersten Terzett und wertende Wortwahl als Indikator der Autorposition

dieser objektiven Situation der Stadt selbst betroffen sein muss und sie als schmerzlich empfindet. In der letzten Strophe nimmt er zwar weitgehend wieder die Außenperspektive auf, in der Metaphorik zeigt sich jedoch eine die Wirklichkeit subjektiv interpretierende und überhöhende Sicht, die dann auch im Verb „drohn" explizit ausgedrückt wird.

So gesehen, ist es auch verständlich, dass der Sprecher den drohenden Untergang der dargestellten Stadtzivilisation keineswegs beklagt. Bedenkt man seine vorausgegangene, entschieden negative Darstellung der Stadt und der von ihr bestimmten Existenz des Menschen, lässt sich sogar ein unausgesprochenes Einverständnis mit der antizipierten Katastrophe vermuten – als verstehe der Sprecher die Vernichtung als gerechte Strafe für Verfehlungen der zeitgenössischen Gesellschaft. Die apokalyptische Vision der zur Vernichtung verurteilten städtisch-technischen Zivilisation wäre dann Ausdruck einer radikalen Kultur- und Gesellschaftskritik.

Untergangsvision als Gesellschaftskritik

Aufgabe 7 Entstehungszeit, Sprachstruktur und zivilisationskritische Aussage weisen das Gedicht dem Expressionismus, der die Epoche bis zum Ende des Ersten Weltkriegs bestimmenden Kunstrichtung, zu. Inwieweit es im Einzelnen tatsächlich tragende Ideen der Epoche spiegelt und transportiert, soll anhand von Quellen zum soziokulturellen Kontext der Entstehungszeit überprüft werden.

Epochenzuordnung

Die vorliegenden Materialien lassen die Epoche in sich widersprüchlich erscheinen. Auf der einen Seite herrscht grenzenlose Fortschrittseuphorie, die von der seit der Reichsgründung 1871 anhaltenden Wachstumsdynamik der Gründerzeit genährt und von Kaiser Wilhelm II. bestärkt und für seine nationalistische Großmachtpolitik instrumentalisiert wird (Text 2). Ihre greifbare Bestätigung findet diese vor allem vom wilhelminischen Bürgertum geteilte Euphorie im rasanten Wachstum der modernen Großstadt Berlin und in der sprunghaften Entwicklung von Industrie, Naturwissenschaft und Technik (Text 1).

Auswertung der Texte: Ambivalenz der Epoche

Die gleiche Quelle zeigt aber auch die Dialektik dieser Entwicklung, wenn etwa von „Trommelfeuer", „Ungeheuerlichkeiten", „Lärm", „Erregungen" und vom „gefährlichen Tumult" der neuen Verkehrsmittel die Rede ist. Dem Fortschrittsglauben steht Fortschrittsskepsis bis hin zur Fortschrittsfeindschaft gegenüber, eine Haltung, die sich unter anderem in einer kritischen Wahrnehmung der Großstadt als Ort der Zerstörung des Ich äußert und die hauptsächlich von den Künstlern getragen wird.

Vorgeprägt ist dieser andere Aspekt des gründerzeitlichen Wachstumsschubs in dem um die vorletzte Jahrhundertwende besonders wirksamen Kulturpessimismus Nietzsches, der im Verlauf der Geschichte keine positive zielgerichtete Entwicklung erkennen kann und die Menschheit so auf die Katastrophe zutreiben sieht (Texte 4 und 5). Diese kulturpessimistische Position findet sich auch in dem autobiografischen Dokument Heyms (Text 3), allerdings zunächst auf die persönliche Situation des jungen Autors bezogen, wieder.

Kulturpessimismus

Aufgabe 8 Die herangezogenen Quellentexte erhellen unterschiedliche Kontextbereiche, die (fach-)methodische Ansatzpunkte zum tieferen Verständnis des Gedichts bieten können. Am ergiebigsten sind auf den ersten Blick die Texte 1 und 2. Sie liefern das Material für einen **historisch-gesellschaftlichen Interpretationsansatz**, der danach fragt, inwieweit objektive historische und gesellschaftliche Verhältnisse in den literarischen Text eingeflossen sind bzw. wie der Text darauf reagiert. Tatsächlich entzieht sich das Gedicht auffallend dem in weiten bürgerlichen Kreisen vorherrschenden Fortschrittsglauben und thematisiert stattdessen mit seinen bedrückenden Bildern der Stadt als eines Ortes der Entmenschlichung die negativen Seiten des allgemeinen materiellen Fortschritts. Heym konfrontiert den durch die Haltung des Kaisers ausdrücklich unterstützten Fortschrittsoptimismus mit seiner Vision einer Vernichtung der Zivilisation. Damit greift er zwar nicht explizit in die zeitgenössische

historisch-gesellschaftlicher Interpretationsansatz

Diskussion ein, das Gedicht erhält dadurch jedoch eindeutig eine gesellschafts- und zivilisationskritische Dimension. Dies umso mehr, als es den Untergang als notwendige Konsequenz der die technische Entwicklung beschleunigenden Prozesse erscheinen lässt.

Der durch den Tagebucheintrag (Text 3) sich anbietende **biografische Interpretationsansatz** deutet zunächst scheinbar in eine ganz andere Richtung, lässt das Gedicht, insbesondere das erste Terzett, als Ausdruck eines subjektiven Affekts, einer Art spätpubertären Weltschmerzes erscheinen. Im Tagebuch handelt es sich jedoch um ein Leiden an „dieser banalen Zeit", also der Gesellschaft, die in ihrer bürgerlichen Erstarrung den „Enthousiasmus" des jungen Schreibers blockiert und ihn in eine leidenschaftslose Existenz drängt. Symbolisiert werden diese Zwänge im Gedicht durch die Gefangenschaft des durch die Stadt seiner Vitalität und seiner Subjektrolle beraubten Menschen. Insofern lässt sich die kritische Haltung in *Die Stadt* auch als Protest gegen die dem Autor unerträglich erscheinende bürgerliche Kultur lesen.

Heyms Ungenügen an der bürgerlichen Kultur

Die beiden letzten Zeugnisse (Texte 4 und 5) eröffnen einen weiteren Zugang zum Gedicht aus **geistesgeschichtlicher Sicht**. Unter dieser Perspektive erscheint Heyms im Tagebuch erkennbare Auflehnung gegen die Gesellschaft nicht (nur) einem subjektiven Gefühl der Einschränkung zu entspringen, vielmehr greift er zur Beschreibung seines eigenen Daseinsgefühls auf schon von Nietzsche bereitgestellte Deutungsmuster zurück. Indem er sich Nietzsches Dekadenz-Diagnose der Zeit zu eigen macht, erscheint seine Untergangsvision im letzten Terzett geradezu als Ausdruck der Hoffnung auf die schon von Nietzsche vorausgesagte Katastrophe als einer Möglichkeit zur Veränderung der Situation. Mit dieser positiven Wertung des gewaltsamen Untergangs bisher gültiger Werte, der als notwendiger Durchgang zu gesellschaftlich und ästhetisch Neuem angesehen wurde, reiht Heym sich in jene Aufbruchbewegung ein, die zum Kennzeichen einer Hauptströmung des Expressionismus geworden ist.

Nietzsches Kulturkritik als Deutungsmuster

Aufgabe 9 — Ähnlich wie in früheren Aufbruchbewegungen wird auch heute Heyms Überhöhung der Großstadt zum Symbol einer dem Untergang geweihten Zivilisation besonders bei vielen jungen Menschen breite Zustimmung finden. Dennoch zeigt sich gerade hier auch der entscheidende Unterschied zwischen den Aufbruchbewegungen um die beiden Jahrhundertwenden. Um 1900 fehlt noch ein nennenswertes ökologisches Bewusstsein, und Heyms kritischer Affekt in diesem Gedicht ist vor allem teils kulturkritisch, teils geistesgeschichtlich oder auch biografisch motiviert und bleibt weitgehend unspezifisch und unverbindlich. Die aktuelle „Aufbruchbewegung" wird dagegen von einem ausgeprägten ökologischen Bewusstsein gespeist und wendet sich gezielt gegen eine weltweite Ideologie des hemmungslosen technischen Fortschritts und industriellen Wachstums. Sie verharrt dabei nicht in Pessimismus und Untergangsstimmung, sondern orientiert sich an konkreten Alternativen zur herrschenden Ideologie und Praxis – wie realistisch diese Konzepte auch immer sein mögen. Aber gerade die im Vergleich zur klaren Zielgerichtetheit der heutigen Alternativbewegung pragmatische Offenheit des Gedichts macht seinen poetischen Reiz aus und lässt der Fantasie des Lesers Deutungsspielraum.

Zivilisationskritik und Aufbruchbewegung in heutiger Sicht

Christian Hofmann von Hofmannswaldau: Vergänglichkeit der Schönheit

Aufgabe 1 *Äußere Daten:*
Sonett als typische Form der Barocklyrik; 1695 posthum in einer Anthologie von Gedichten des Barockzeitalters veröffentlicht;

Gegenstand und Titel:
- Titel lässt eine allgemeine Aussage über die Vergänglichkeit der Schönheit (vermutlich) junger Frauen erwarten, vielleicht auch eine Klage über das menschliche Schicksal schlechthin;
- Gegenstand könnte der körperliche Verfall des Menschen im Alter sein, dargestellt am Beispiel der Vergänglichkeit weiblicher Schönheit (Vanitas-Motiv oder Memento-mori-Devise);

Bildersprache und Motivbereiche:
- einerseits Vergänglichkeitsmotive, andererseits erotischer Bildbestand der petrarkistischen Liebeslyrik;
- petrarkistische, adressatenbezogene (subjektive) Elemente im Kontrast zum anfänglichen Gestus der Allgemeingültigkeit;

Auffälligkeiten der sprachlichen und gedanklichen Struktur:
- keine erlebnishafte Klagehaltung des lyrischen Ich, eher nüchterne Aufzählung biologischer Fakten;
- gedanklich und sprachlich durchgängig rhetorische Struktur mit antithetischem Grundmuster;
- Kontrast zwischen Memento-mori-Attitüde und poetischer Formschönheit;

Thema/Intention:
- die teilweise heterogenen Erstbefunde deuten auf eine komplexe, mehrschichtige Thematik und Intention hin.

Aufgabe 2 Das Gedicht *Vergänglichkeit der Schönheit* von Christian Hofmann von Hofmannswaldau wurde erst 1695 posthum in einer Sammlung von barocken Gedichten veröffentlicht. Die Sonettform und sein Gegenstand, der körperliche Verfall des Menschen im Alter, dargestellt am Beispiel der Vergänglichkeit weiblicher Schönheit – das im Barock allgegenwärtige Vanitas- oder Memento-mori-Motiv – weisen es als typisches Barockgedicht aus.

das Gedicht als typisches Barockgedicht

Das Gedicht wirkt allerdings ebenso komplex und teilweise in sich widersprüchlich wie das von Krieg und Seuchen heimgesuchte Zeitalter selbst: Einserseits sucht der barocke Mensch, geprägt von der schmerzhaften Erfahrung der Vergänglichkeit alles Irdischen, in der Jenseitsorientierung nach einer christlichen Sinngebung seines Daseins, andererseits strebt er in sinnlicher Hingabe an das Diesseits nach Lebensgenuss. Entsprechend ausgeprägt ist im Sonett die Polarität der Motive zwischen Memento-mori-Motiv und Carpe-diem-Devise. Diese miteinander verwobenen Schichten des Gedichts nacheinander freizulegen und in ihrer zeittypischen Bedeutung zu erfassen, soll Ziel dieses Aufsatzes sein. *Zielangabe*

Aufgabe 3 *Die äußere Gedichtform:*
- regelmäßige Sonettform und als solche unauffällig:
zwei Quartette, zwei Terzette,
Reimschema abba abba ccd eed,
annähernd gleiche Verteilung von männlichen und weiblichen Kadenzen;
- enge Bindung der Quartette dadurch, dass sie mit insgesamt nur zwei Reimen auskommen;
größere Selbstständigkeit der Terzette gegenüber den Quartetten und auch untereinander durch die beiden unterschiedlichen Paarreime (Verse 9 f. und 12 f.), anderseits Reim-Klammer in den Versen 11 und 14;
- Versmaß: der im Barock verbreitete Alexandriner: durchweg regelmäßiger sechshebiger Jambus mit Zäsur nach der dritten Hebung;
- harmonische Übereinstimmung von Satzbau und Wortstellung mit dem Metrum in den Quartetten, dadurch rhythmisch gleichmäßiger Sprachfluss in einer Art Parlandostil, zusätzlich gefördert durch gelegentliches Überspielen der Zäsur in einer Art ‚Binnenenjambement';
- Besonderheiten in den Terzetten: je nach Sprechweise ein bis zwei gegenrhythmische Betonungen:
„Denn opfert" (11) kann je nach dem beigelegten Sinn als Jambus, schwebende Betonung oder gar Tonbeugung gesprochen werden; eine deutlichere Abweichung bei „Dies und noch mehr" (12), wo durch eine Tonbeugung der Einsatz des zweiten Terzetts stark hervorgehoben wird, sodass die Terzette insgesamt rhythmisch bewegter erscheinen als die Quartette und so ihre Aussage mehr Gewicht erlangt.

Aufgabe 4 Während der Gedichttitel noch die Entfaltung eines allgemeinen Befundes, einer biologischen Gesetzmäßigkeit erwarten lässt, wird diese Allgemeingültigkeit schon vom ersten Vers an relativiert. Mit der Anrede des Sprechers an ein – allen Einzelheiten der Beschreibung nach junges – weibliches Gegenüber wird ein Kommunikationsmuster vorgegeben, welches das Gedicht durchgehend bestimmt und der Aussage eine persönliche Grundierung verleiht. Das sprechende Ich wird allerdings genauso wenig als Person greifbar wie die angesprochene Frau; beide erscheinen nicht als Individuen, sondern stehen stellvertretend für allgemeine Zusammenhänge: Ein wahrscheinlich junger Mann, der nicht mit dem Dichter identisch ist, führt einer jungen Frau (seiner Geliebten) exemplarisch für den allgemeinen Verfall irdischer Güter die Vergänglichkeit ihrer Schönheit vor Augen – als Memento-mori-Appell ein typisches Vanitas-Motiv.

klischeehafte, entindividualisierte Personenbeziehung

Aufgabe 5 Die Entfaltung des Vanitas-Motivs vollzieht sich im Wesentlichen in drei Schritten, die sich im Einzelnen noch einmal untergliedern lassen:
1. Gedichttitel: These von der Vergänglichkeit der Schönheit
2. Exemplareihe als Argumente für die These (V. 1–12)
    a. Verfall der körperlichen Reize der Geliebten (V. 1–8)
    b. Verlöschen ihrer Grazie (oder Koketterie) in Bewegung und Gebärden, ihr Eingang in die Bedeutungslosigkeit (V. 9–11)
    c. Zwischenfazit: Nichtigkeit des Körpers insgesamt (Memento-mori-Motiv, V. 12)
3. Pointierte Gegensetzung (concetto): Allein das einem Diamanten gleichende Herz der Geliebten (als Sitz von inneren Werten, z. B. Tugend) hat Bestand (V. 13 f.).

Aufgabe 6 Der Anrede an die geliebte Frau liegt also als gedankliche Bewegung eine Steigerungsfigur zugrunde. Intensiviert wird dieses Steigerungsmoment durch die in den Terzetten jeweils am Versbeginn auftretende Tonbeugung bzw. schwebende Betonung (V. 11 f.), die den Memento-mori-Aspekt hervorheben und in seiner Finalität unterstrei-

Steigerung und Pointierung

chen. Das abrupt dagegen gesetzte Tugendlob wirkt in seiner epigrammatischen Kürze umso pointierter: Nachdem der Geliebten intensiv der unumstößliche Untergang ihrer körperlichen Schönheit, ja aller Körperlichkeit überhaupt vor Augen geführt worden ist, wird ihr nun zum Trost in der Diamant-Metapher die Unsterblichkeit ihrer Tugend und Seele zugesichert.

Aufgabe 7   In seiner sprachlich-rhetorischen Struktur erweist sich das Sonett in besonderem Maße dem Barock zugehörig:
- Der Satzbau ist ganz überwiegend auf Hauptsätze beschränkt; echte Satzgefüge finden sich nur in den Versen 7 f. und 13 f., aber auch hier dienen die Nebensätze nur der Präzisierung, Momente der Reflexion fehlen. Bei den Aussagen handelt es sich damit durchgängig um Setzungen, Bekräftigung von nicht hinterfragbaren Tatbeständen. Unterstützt wird dieser Eindruck durch den deutlich dominierenden Zeilenstil mit seinen verhältnismäßig kleinen in sich abgeschlossenen Aussageeinheiten.
- Dieser Syntax entsprechen die gedankliche Struktur und die Bildersprache. In durchgängiger Antithetik werden entweder zeilenweise oder innerhalb einer Verszeile, dem Maß des Alexandriners folgend, Bilder weiblicher Schönheit und solche von Vergänlichkeit und Tod einander antithetisch gegenübergestellt.
- Gleich in den beiden ersten Versen wird die These des Titels drastisch exemplifiziert mit einer Personifikation des Todes als bleicher Liebhaber, der mit seiner „kalten Hand" die (warmen) Brüste, Inbild weiblicher Schönheit, aber auch des Lebens überhaupt, der Angeredeten streichelt.
- So wie hier werden in einer Exemplareihe bis V. 10 weitere im weitesten Sinne erotisch relevante weibliche Attribute wie „Der liebliche Korall der Lippen", „Der Schultern warmer Schnee", „Der Augen süßer Blitz", „Das Haar, das itzund kann des Goldes Glanz erreichen" usw. als typisch barocke Huldigungstopoi antithetisch mit Verben der Vergänglichkeit und des Verfalls verbunden, um ihren zukünftigen Zustand zu verdeutlichen: „verbleichen", „weichen", „nichts und nichtig werden". Oder der Sprecher benennt ihren Endzustand: Der „warme Schnee wird [...] kalter Sand" und zeigt damit die Merkmale von Verwesung, oder das goldene Haar wird zum „gemeine[n] Band".
- Ein besonderer Kunstgriff ist das Oxymoron „Der Schultern warmer Schnee": Der Schnee zielt auf das damalige Schönheitsideal eines weißen

Teints. Diesem Attribut wäre mit der Metapher ‚der warmen Schultern Schnee' Genüge getan; die direkte Zusammenfügung der sich logisch ausschließenden Begriffe „warmer Schnee" konfrontiert daher den zeitlich späteren Zustand der Kälte („kalter Sand") unmittelbar und damit höchst wirkungsvoll mit dem gegenwärtigen.
- Neben diesen teilweise preziösen Bildern ist für das Gedicht eine Überfülle von rhetorischen und oft rein schmückenden poetischen Gestaltungsmitteln charakteristisch:
Häufige Alliterationen und Assonanzen, die wie im Beispiel „warmer Schnee [...] kalter Sand" innerhalb eines Verses Gegensätzliches zusammenbinden und auf der Klangebene zeigen, dass das in der Zukunft drohende Vergehen schon in der Gegenwart angelegt ist; häufig haben sie aber auch nur schmückende Funktion (V. 2–4; 6–8).
Das Gleiche gilt für die zahlreichen Parallelismen und Anaphern (V. 3–5).
- Pathetische Ausdruckssteigerung durch gesteigerte Wiederholungsfiguren: „nichts und nichtig" oder „Dies und noch mehr als dies" (V. 10; 12).

Aufgabe 8   Zunächst dienen diese sich überbietenden sprachkünstlerischen Mittel dem barocken Autor ganz allgemein als Nachweis seiner Kunstfertigkeit. Er will demonstrieren, dass er sein „Handwerk" beherrscht, einen durch Tradition und Konvention vorgegebenen Kanon von Motiven, Bildern und rhetorischen Mitteln originell zu variieren und in Einzelheiten diese vielleicht sogar zu übertreffen weiß.
Im besonderen Fall ist diese auffallend rhetorisch durchstrukturierte Sprachgestalt aber auch Mittel der teils auf Überzeugung, teils auf Überredung gerichteten Strategie des lyrischen Ich. Denn dadurch wird die in den Exemplareihen gefeierte Schönheit der angeredeten Frau derart hervorgehoben, dass ihr in den Verfallstopoi eindringlich ausgemalter Untergang die Adressatin (und den Leser) besonders schmerzen muss. In einem umso helleren Licht muss dann auch der spirituelle Wert der unsterblichen Seele dieser jungen Frau erscheinen, wenn die Beständigkeit ihres Herzens geeignet sein soll, den materiellen Verlust von Jugend und Schönheit zu kompensieren.

barocke Kunstfertigkeit und rhetorische Strategie

Aufgabe 9 Punktuelle Bedeutungsverschiebungen im Rahmen petrarkistischer Liebeslyrik:
- spezifischere Bestimmung der Kommunikationssituation: der Sprecher als ein um die Gunst der Angesprochenen Werbender;
- die erotische Konnotation der Exempla als anschauliche Erinnerung der Liebsten an die Freuden, die ihr (und dem Sprecher) durch spätere Hinfälligkeit ihrer jugendlichen Reize entgehen;
- ironisch-spielerische Umdeutung der positiven Stärke und damit des spirituellen Gehalts des Herzens in Härte, also Hartherzigkeit;
- Tugendlob als Vorwurf;
- These von der Vergänglichkeit der Schönheit als Argument für neue appellative These: Carpe diem (Überredung).

Aufgabe 10 Was das vorliegende Vergänglichkeitsgedicht von vielen anderen Barockgedichten dieses Typus unterscheidet, ist seine ausgesprochen erotische Bildlichkeit, die es einem bestimmten Zweig der Lyrik jener Epoche zuweist: der Liebeslyrik des Petrarkismus. Auch für diese Lesart ist das Motiv der Vergänglichkeit zentral, wird aber in den Dienst der Werbung um die Geliebte gestellt. *das Sonett als Gedicht des Petrarkismus*

Unter dieser Prämisse muss die zuvor ermittelte Sprecherperspektive dahingehend präzisiert werden, dass der Sprecher mit seinem Gedicht um die Gunst seiner angeredeten Liebsten wirbt. Die durchweg erotische Konnotation der Bilder in der Exemplareihe geht demnach über das reine Schönheitslob hinaus. Diese Topoi sollen die angebetete junge Frau anschaulich daran erinnern, welche erotischen Freuden durch den Tod dereinst zunichte werden, dem Sprecher und ihr selbst im Hier und Heute aber aufgrund ihrer unangreifbaren Tugendhaftigkeit verwehrt bleiben. *das lyrische Ich als werbender Verehrer*

Die Diamant-Metapher als Ausdruck dieser Tugend ist dem zeitgenössischen Leser in ihrer Ambivalenz vertraut: Neben ihrer spirituellen Bedeutung verkörpert sie im Petrarkismus die Hartherzigkeit der angebeteten Frau, die ihren Verehrer nicht erhören will. Vor diesem Hintergrund ist das Tugendlob ironisch zu verstehen, tatsächlich ist es ein Vorwurf, ein Appell an die Geliebte, ihr Herz zu erweichen und endlich, solange es noch Zeit ist, den Tag und ihre Jugend zusammen mit ihrem Liebhaber zu *ironisches Tugendlob als Appell zum Liebesgenuss* genießen, statt an seiner Stelle den „bleichen Tod" um ihre „Brüste streichen" zu lassen.

Die barocke Lust an standardisierter und geistreich pointierter Komposition zeigt sich hier in besonderem Maße. Die Ausgangsthese von der Vergänglichkeit der Schönheit wird, indem sie in den Topoi der Exempla als Memento mori „durchdekliniert" wird, überraschend zum Argument für die endgültige These des Appells: Carpe diem.

Dialektik von Memento mori und Carpe diem

Ob es sich bei der im Gedicht dargestellten Kommunikationssituation um ein geistreiches Spiel des Autors mit dem Leser und lyrischen Mustern handelt, wie es in der stark von gesellschaftlichen und literarischen Konventionen bestimmten petrarkistischen Lyrik üblich war, oder ob vielleicht doch ein realer Hintergrund vorhanden ist, der die rhetorischen Muster tatsächlich als Mittel von Überredungskunst erscheinen ließe, muss offen bleiben. Vielleicht kann die Tatsache, dass in einer handschriftlichen Fassung des Gedichts die Angeredete mit Namen genannt ist, Anlass zu Spekulation bieten.

galantes Spiel oder realer Hintergrund?

Johann Wolfgang von Goethe: Der Musensohn
Bertolt Brecht: Schlechte Zeit für Lyrik

Aufgabe 1 *Äußere Daten:*
Entstehungszeit: *Der Musensohn* ist vermutlich 1799, das Brecht-Gedicht zwischen 1934 und 1939 im dänischen Exil entstanden;

Titel und Gegenstand:
Goethe: Titel als Verweis auf einen Künstler allgemein; Gegenstand hier: ein (Wander-)Musikant; tatsächlicher Bezug um 1800 in erster Linie der Dichter; Metapher „Musensohn" als Hinweis auf etwas dem Künstler/Dichter Wesensmäßiges: umfassenderer Aspekt der Existenzform des Künstlers (im Unterschied zum momenthaften, lediglich auf den Inspirationsaspekt zielenden „Musenkuss").
Brecht: Titel als allgemeine Aussage (bestimmte Zeitumstände als Erschwerung von lyrischer Dichtung); Gegenstand: Die Reflexion eines Dichters (des lyrischen Ich) über Bedingungen und Schaffensprozess bei seiner lyrischen Produktion.

Erster Eindruck:
Korrespondenz des Gedichttitels mit der jeweiligen äußeren Form:
- Goethe: traditionelles, regelmäßig strophisches Gedicht; harmonische Beschwingtheit;
- Brecht: unregelmäßige, auf innere Zerrissenheit deutende Form; keine „lyrische" Gestimmtheit, eher an einen stockenden inneren Monolog erinnernd; elegisch wirkend.

Zentrale Motive und Bilder:
Große Übereinstimmung im Motivbestand der beiden Gedichte:
- Natur- und Naturerleben eines Künstlers (Feld, Wald, Frühlingserwachen, Dorflinde und von der Musik angeregtes fröhliches Treiben der Jugend bei Goethe; blühender Apfelbaum, Boote und lustige Segel des Sundes bei Brecht);
- in beiden Gedichten explizit angesprochen oder implizit angedeutet: Verfahrensweisen und Wirkung des künstlerischen Schaffens („Liedchen wegzupfeifen", „sie grüßen meine Lieder", „Ich sing" „Sogleich erreg ich sie", bei Goethe; „Warum rede ich nur davon", „In meinem Lied ein Reim", „drängt mich, zum Schreibtisch" bei Brecht).

Auffallende Unterschiede:
- der Bezug auf die Musen bei Goethe als möglicher schöpferischer Impuls;
- Produktionsanlass bei Goethe: innere und äußere Harmonie des lyrischen Ich mit Natur und Umwelt;
- bei Brecht innere Zerrissenheit des lyrischen Ich zwischen Naturerleben und Wahrnehmung der schlimmen politisch-sozialen Verhältnisse;
- Widerstand gegen politische und soziale Zustände (konkret: Nazi-Diktatur, Ausbeutung und Armut) als Schreibanlass.

Erste Vermutungen zu Thema/Intention:
Gemeinsames Thema: das Selbstverständnis des Künstlers bzw. Dichters in Bezug zu Natur und Gesellschaft. Dabei gegensätzliche Auffassungen (Harmonie bei Goethe vs. von den Verhältnissen erzwungene innere Zerrissenheit und Disharmonie bei Brecht).

Aufgabe 2

Die Gedichte *Der Musensohn* von Johann Wolfgang von Goethe und *Schlechte Zeit für Lyrik* von Bertolt Brecht thematisieren – auch wenn Goethe vordergründig einen beschwingten Wandermusikanten als den „Musensohn" schlechthin auftreten lässt – das Selbstverständnis des Dichters. Beide Autoren gelangen allerdings zu ganz unterschiedlichen, teilweise gegensätzlichen Auffassungen von den das künstlerische Schaffen bestimmenden Faktoren und der Rolle des Dichters in der Gesellschaft.

Themengleichheit; unterschiedliches Dichtungsverständis

Die konträren Haltungen finden auch ihren Ausdruck in der jeweiligen poetischen Gestaltung und sind zweifellos auf den deutlichen zeitlichen Abstand der Gedichte voneinander zurückzuführen. Das Lebensgefühl des mit sich und seiner Umwelt im Einklang lebenden Musikers in Goethes vermutlich 1779 entstandenem Gedicht wird in der Liedhaftigkeit und harmonischen äußeren Form sinnlich erlebbar. Gegenüber dieser heiter-lyrischen Gestimmtheit wirkt der Sprecher in Brechts Gedicht, das im skandinavischen Exil gegen Ende der 1930er-Jahre entstanden ist, geradezu introvertiert. Innerlich zerrissen, reflektiert er über die Möglichkeit lyrischer Produktion angesichts politisch-gesellschaftlicher Verhältnisse, die der traditionellen Vorstellung von Lyrik entgegenstehen.

gegensätzlicher Charakter der Gedichte

Beide Gedichte behandeln somit letztlich poetologische Fragen. Bei Brechts *Schlechte Zeit für Lyrik* hat der poetologische Aspekt darüber hinaus auch eine – für uns heute selbstverständliche – politisch-historische Dimension. Ob man diese Dimension der ganz anderen Position Goethes grundsätzlich absprechen kann, mag ein eingehender Vergleich erweisen.

poetologischer Aspekt und Kontext

Aufgabe 3 Ein wesentlicher Unterschied zu Brecht zeigt sich schon in der von Goethe gewählten Perspektive: Während sich der Dichter bei Brecht mit dem lyrischen Ich selbst ausspricht, handelt es sich bei Goethes *Musensohn* um ein Rollengedicht. Das lyrische Ich ist damit nicht notwendig identisch mit dem Verfasser, sondern spricht bis zum Ende in der Rolle des Musensohns, eines Wandermusikanten, der in konsequenter Ich-Form von seiner Lebensweise und seinem künstlerischen Schaffen berichtet. Die Sprecherperspektive ändert sich erst mit der letzten Strophe, in der das lyrische Ich mit dem Musenanruf zum ersten Mal ein Gegenüber anspricht.

Sprecherperspektive

Die Vermutung, dass die so vorgebrachten Vorstellungen und Handlungsweisen der Auffassung Goethes selbst entsprechen, liegt nahe, zumal damals unter einem „Musensohn" ganz überwiegend ein Dichter verstanden wurde. Dafür, dass sich hinter der Rolle des Musikanten tatsächlich ein Dichter verbirgt, spricht auch, dass das künstlerische Schaffen des Musensohns mehrfach unterschiedlich benannt wird (z. B. V. 2; 10; 12 und Str. IV), wobei „Liedchen" und „Lieder" in ihrer Textbindung auch die Vorstellung eines poetischen Textes aufrufen.

Identität von Musensohn und Dichter allgemein

Andererseits steckt in der Figurenrede zugleich ein Moment der Verfremdung: Der Autor hat durch diesen Kunstgriff „seinen" Musensohn ein Stück von sich weg gerückt und deutet damit die Möglichkeit an, dass sich im Gedicht nicht ungefiltert Subjektivität ausspricht. Er stellt vielleicht eine Existenzform dar, die seinem eigenen dichterischen Selbstverständnis zur Entstehungszeit des Gedichts nicht oder nicht mehr in jeder Hinsicht entspre-

Rollengedicht und Autorposition

chen muss. Möglicherweise zeigt sich hierin sogar eine leicht ironische Distanzierung des Autors von seinem jugendlich beschwingten Rollen-Ich, wie das Diminutiv „Liedchen" andeuten könnte.

Aufgabe 4 Der lineare äußere Aufbau in fünf gleichmäßig gebauten Strophen lässt zunächst keine besondere Struktur erkennen. Eine erste innere Strukturierung ergibt sich durch den Perspektivenwechsel von Strophe IV zu Strophe V:
- Die Strophen I bis IV entfalten im Präsens der Zeitlosigkeit des immer Gleichen das Bild eines Künstlers am Beispiel typischer Bilder aus dem Leben eines Wandermusikanten, seiner Schaffensweise und der Wirkung seiner Kunst auf seine Mitmenschen.
- Strophe V nimmt eine herausgehobene Stellung ein: Mit der Anrede an die Musen wird das bisherige Parlando der Darstellung abgebrochen und das in der Selbstaussage des Sprechers entworfene Bild des Musensohns erhält eine neue Dimension, da das lyrische Ich hier seine Situation reflektiert.

Aufgabe 5 Der lyrische Vorgang in I bis IV vermittelt den Eindruck einer beschwingten Leichtigkeit der Künstlerexistenz und gleichzeitig das Bild einer Belebung der Welt durch die Kunst.

Existenzform des Künstlers:
- Ruhelosigkeit, vielleicht auch Ungebundenheit dieses Daseins („schweifen", V. 1; „von Ort zu Ort", V. 3; „Ich sing' ihn in der Weite […] Breite", V. 13 f.)
- Diminutiv und saloppe Beschreibung seiner Kunst („Liedchen wegzupfeifen", d. h. zu dichten, V. 2) unterstreichen die Leichtigkeit dieser Existenzform;
- enge Verbindung von Künstlerexistenz, künstlerischem Schaffen und Natur (Inspiration) (V. 1 f.);
- Verdeutlichung des Gleichklangs von Künstler und Naturerleben durch wiederholten, anaphorischen Parallelismus (V. 4 f.; 8 ff.).

Gegenstand und Schaffensweise:
- Das dichterische Talent erscheint, da wesensmäßig den Musen zugehörend, als unbewusst und mühelos schaffendes Medium; („Und nach dem Takte reget, / Und nach dem Maß beweget / Sich alles an mir fort.", V. 4 ff.);

- Gegenstand der künstlerischen (dichterischen) Produktion: der von der Begegnung mit der schöpferischen Natur (V. 10) inspirierte Traum (V. 12) von der verwandelnden Kraft des Schönen, der selbst wiederum Schönheit hervorbringt;
- idyllische Frühlingsmotive („Die erste Blum' im Garten / Die erste Blüt' am Baum", V. 8 f.) – alliterierend zusätzlich „ästhetisiert" – als Verkörperung des Schönen;
- „Sie [diese idyllischen Motive] grüßen meine Lieder" (V. 10 f.) als Ausdruck des Wechselbezugs zwischen Natur- und Kunstschönheit;

Wirkung von Kunst/Dichtung:
allgemein:
Verwandlung und Verklärung der Wirklichkeit durch den „Traum", besonders kunstvoll durch Chiasmus (V. 12 f.) gesteigert, hervorgehoben im paradoxen Bild

„Ich sing ihn [jenen Traum] [...]
Auf Eises Läng' und Breite,
Da blüht der Winter schön!"

Spezifisches Verhältnis von Kunst/Dichtung und Gesellschaft:
- Das Bild der „bebauten Höhn" (V. 18) als Überleitung zur Wirkung der Kunst auf die Kultur schaffenden und Gemeinschaft bildenden Menschen:
- „Gesellschaft" als traditionsgebundene intakte Gemeinschaft in der volksliedhaften Idylle: „bei der Linde" (V. 19); soziale Integration des Künstlers/Dichters;
- das ambivalente „junge Völkchen" (V. 20) und die Charakterisierung von Bursche und Mädchen als „stumpf" bzw. „steif" als Signal einer gewissen Distanzierung des Künstlers von dieser grundsätzlich kunstfernen bodenständigen Sphäre;
- das Diminutiv „Völkchen" aber auch als ein Zeichen von Wohlwollen und Verständnis: Seine Rolle in der Gesellschaft ist ihre Unterhaltung, an ihrer „Freude" (V. 17) hat er, wenn er zum Tanz aufspielt, selbst teil.
- Gleichzeitig übt er mit seiner Kunst auch einen harmonisierenden und humanisierenden Einfluss auf den einzelnen Menschen aus: Bursche und Mädchen werden von seiner „Melodie" eingefangen, treten, wenigstens für einen Augenblick, aus ihrer Beschränktheit heraus, wie die Begriffsoppositionen ‚stumpf' - ‚bläht sich' und ‚steif' – ‚dreht sich' zeigen.

Aufgabe 6   Die letzte Strophe greift die Thematik der Eingangsverse wieder auf. Das lyrische Ich wendet sich an die „lieben holden Musen", die es als Quell seiner Gestaltungskraft ansieht und in deren allegorisches Bild es seine Sicht des dichterischen Genius fasst: Sie geben den Antrieb zu seinem Schweifen (V. 1) und verleihen seinen „Sohlen" gleich dem Götterboten Hermes „Flügel" (V. 25) und treiben ihn „weit von Haus" (V. 27). Mit dem Motiv der Wanderschaft klingt – in allerdings wesentlich abgemilderter Form – die Geniekonzeption des jungen Goethe an, nach welcher der geniale Mensch und Dichter dem Symbolbereich des unbehausten „Wanderers" zugeordnet ist und deshalb am Bereich von „Hütte" und Idylle, dem die Frau angehört, allenfalls nur vorübergehend und betrachtend Anteil haben kann.

Musen als Allegorie der genialen Schöpferkraft

Die entscheidende Veränderung gegenüber dieser früheren Position wird in der zweiten Strophenhälfte deutlich. In einer Art Seufzer „Wann ruh' ich ihr am Busen / Auch endlich wieder aus?" (V. 29 f.) drückt das lyrische Ich seine Sehnsucht (vgl. „endlich") nach der Geliebten und nach Bindung und Behaustheit aus. Die genialische Getriebenheit als poetische Kraftquelle ist zurückgenommen, dafür ist ihr als Korrektiv der Gedanke an die Liebe zumindest gleichrangig als ein Moment an die Seite gestellt, das die poetische Schaffenskraft inspiriert.

Liebe und Bindung als Korrektiv

Aufgabe 7   Die Leichtigkeit der Existenzform des Künstlers und die Harmonie des Sprechers mit Natur und Mitmenschen werden nicht zuletzt durch die äußere Form des Gedichts und die vorherrschende Sprachstruktur nachdrücklich vermittelt:
- fünf regelmäßig gebaute Strophen, dreihebiger Jambus als Versmaß, durch den regelmäßigen Auftakt steigende Bewegung; Ausnahme: die gegenmetrische Betonung des „Wann ruh ich […]" zu Beginn von V. 29, wodurch das folgende Pronomen „ihr", bezogen auf die Liebste als Gegenpol zu den Musen, die das Ich in die Ferne treiben, besonders herausgehoben wird;
- Schweifreim (aabccb); bei nur drei Hebungen relativ kurze Zeilen mit überwiegend weiblichen Kadenzen; deutliches Überwiegen von Zeilenstil und kurzen parataktischen Sätzen: Liedform, sangbarer, tänzerischer Rhythmus;

- volkstümliche Einfachheit bei Wortwahl (z. B. die Diminutive, die Harmonie und Einverständnis von Sprecher und Leser suggerieren, oder das saloppe „wegzupfeifen", Schlüsselwörter aus dem Bereich der Freude und der Naturschönheit) und spezifisch poetischen Gestaltungsmitteln (anaphorischer Parallelismus und einfache, an naives, reihendes Erzählen erinnernde Konjunktion „Und" an Satz- und Versbeginn).

Zwischenfazit:
Der ausgeglichenen inneren Haltung des lyrischen Ich, seinem harmonischen Einklang mit sich selbst sowie mit Natur und Gesellschaft entsprechen die vollkommene Harmonie der äußeren Form des Gedichts und seine schlichte Schönheit.

Aufgabe 8

a) Einen grundlegend anderen Eindruck vermittelt dagegen die äußere Form von *Schlechte Zeit für Lyrik*. Wo bei Goethe regelmäßige Harmonie und lyrische Formschönheit herrschen, zeichnet sich Brechts Gedicht durch formale Unregelmäßigkeit und äußere Zerrissenheit aus.

b) Im Einzelnen:
- fehlende regelmäßige strophische Gliederung, stattdessen fünf unregelmäßig lange Abschnitte/Strophen (zwischen zwei und sieben Zeilen Länge);
- unterschiedlich lange freirhythmische (reimlose) Verse mit vorwiegend daktylischem Muster (von 3 bis zu 15 Silben Länge);
- mit Ausnahme eines Objektsatzes (V. 12) kurzer parataktischer Satzbau; zahlreiche Enjambements, die v. a. bei längeren Versen durch das Weiterdrängen der Aussage in die jeweils folgende Zeile dort zu Pausen an Stellen führen, wo eine fließende Bewegung erwartet wird, sodass hier Staupausen entstehen. Die so bewirkte Verlangsamung des Sprechens lässt bestimmte Schlüsselwörter stärker hervortreten (z. B. „[...] Von allem / sehe ich nur / der Fischer rissiges Garnnetz."; V. 9 f.) und den Leser kurz innehalten und reflektieren.
- Ähnlich wirken Inversionen (z. B. V. 15 f., wo unter anderem die beiden Schlüsselwörter „Reim" und „Übermut" erst durch die exponierte Stellung ihre Bedeutsamkeit voll entfalten).

Gegenüber der bei Goethe vorherrschenden sprachlichen Dynamik und fröhlichen Gewissheit fallen bei Brecht Reflexivität und eher zögerndes Sprechen auf.

Aufgabe 9 Die insgesamt zurückgenommene Sprachhaltung bei Brecht verweist auf innere Verunsicherung des Sprechenden. Das grundsätzlich monologische Sprechen des lyrischen Ich ist hier zu einer Art Selbstbefragung und Selbstrechtfertigung gesteigert: Der Dichter reflektiert sein Selbstverständnis als Lyriker in einer Zeit, in der die politisch-sozialen Umstände lyrischer Gestimmtheit entgegenstehen. Der eigentliche Inhalt des lyrischen Gedichts ist für ihn wie auch für Goethe die Schönheit (der Natur), sein Konflikt besteht jedoch darin, dass er die glückliche Natur nicht mehr ungetrübt, d. h. ohne schlechtes Gewissen wahrnehmen kann kann.

relfexive Sprachhaltung und Verunsicherung

Aufgabe 10 Der innere Widerspruch bestimmt als antithetische Grundstruktur die innere Form des Gedichts:

(I/II)
Verweis auf (scheinbar) allgemeingültige ästhetische Grundsätze (eingeleitet mit „Ich weiß doch" als Vorwegnahme und Entkräftung von Kritik an der eigenen Haltung):
- Zusammenhang von ästhetischer Erscheinung (Schönheit) und innerer Harmonie (das Gesicht des Glücklichen);
- verkrüppelter Baum als Beleg ex negativo: Rückschlüsse auf fehlenden Harmoniezustand aufgrund der äußeren Erscheinung (obwohl der verkrüppelte Baum für seinen Zustand nicht verantwortlich ist).

(III)
Konkretisierung am Beispiel des lyrischen Ich – der Zwiespalt als Grundwiderspruch (Disharmonie):
- einerseits Freude an der glücklichen, schönen Naturidylle (grüne Boote, lustige Segel, Brüste der Mädchen);
- andererseits Verdrängung dieser Bilder zugunsten der Wahrnehmung des rissigen Garnnetzes der Fischer und der gekrümmten Vierzigjährigen, weil an diesen das soziale Elend und die ökonomische Ausbeutung eher zu erkennen sind als an den „lustigen Segel[n]".

(IV)
Andeutung der poetologischen Konsequenz:
- Verzicht auf Reim als einer klanglichen Suggestion von Sinnharmonien, die die Wirklichkeit nicht mehr treffen; damit Rücknahme des Kunstcharakters beim Gedicht (V. 15 f.);
- Einschränkung dieser Erwägung mit der Formulierung „ein Reim / käme mir fast vor wie Übermut.": Der ästhetische Anspruch der Lyrik bleibt erhalten, Reim wird nicht kategorisch abgelehnt, der Verzicht darauf steht unter mehrfachem Vorbehalt: Formulierung im Irrealis „Käme", Beschränkung der Aussage auf die eigene Position („In meinem Lied", „Käme mir [...] vor" und „Übermut" könnte u. a. auch die Möglichkeit der trotzigen Reimverwendung trotz aller dagegen sprechenden Gründe einschließen).

Aufgabe 11 a) *Brechts Entscheidung:*
In der letzten Strophe stellt Brecht die beiden widerstreitenden Extrempositionen auf seine eigene dichterische Praxis bezogen einander pointiert gegenüber (V. 17 ff.):

> „In mir streiten sich
> Die Begeisterung über den blühenden Apfelbaum
> Und das Entsetzen über die Reden des Anstreichers."

gesellschaftliche Funktion von Literatur

In der „Begeisterung über den blühenden Apfelbaum" klingt der klassische Topos der dichterischen Inspiration an, auf die sich auch Goethe bezogen hat, aber aus den „Reden des Anstreichers" ergibt sich die Notwendigkeit zu politischem Engagement im Gedicht. Indem „nur das zweite" ihn zum Schreibtisch „Drängt", hat er sich für das politische Engagement als besondere Form einer gesellschaftlichen Funktion von Literatur entschieden.

b) *Kosequenzen für die poetische Praxis:*
Dennoch hinterlässt das reimlose Gedicht nicht, wie die Klage in den Strophen II und IV vermuten lassen könnte, den Eindruck von poetischer Einbuße, es handelt sich keineswegs um ein plattes agitatorisches Pamphlet. Tatsächlich beweist es, dass eine „Schlechte Zeit für Lyrik" nicht notwendig auch schlechte Lyrik hervorbringen muss. Wenn auch der aktuelle politische Anlass („die Reden des Anstreichers") den Dichter zum Schreibtisch

politisches Engagement und ästhetischer Anspruch

drängt, die syntaktisch und semantisch parallel geführte „Begeisterung über den blühenden Apfelbaum" bleibt daneben dialektisch in ihrem Recht bestehen. Zwar hat der Dichter auf Endreim verzichtet, aber eine Reihe von besonderen poetischen Gestaltungsmitteln und Gedankenfiguren – syntaktischer Parallelismus in Verbindung mit Antithese (V. 18 f.) und zahlreiche Klangeffekte wie Assonanzen (ei- und ü-Laute) oder Alliteration („blühenden Apfelbaum) – belegen in dieser Strophe, dass Brecht den ästhetischen Anspruch nicht grundsätzlich aufgegeben hat. Darüber hinaus hat sich der Autor mit seinem kunstvoll eingesetzten unregelmäßigen Rhythmus ein ästhetisches Instrument geschaffen, das geeignet ist, beim Leser – ähnlich dem Verfremdungseffekt in seinem epischen Theater – rationale Aktivität freizusetzen.

Aufgabe 12 Die beiden Gedichte stehen für grundsätzlich unterschiedliche Auffassungen vom Dichter und der Funktion der Dichtung. Goethes Musensohn vertritt die Position der ästhetischen Autonomie, d. h., er verfolgt mit seinem Gedicht keinen außerliterarischen Zweck. Auch der Musensohn als Sprecher des Gedichts bleibt mit den Wirkungen seiner Kunst auf den ästhetischen Bereich beschränkt, und indem er mit seiner Kunst die Bedürfnisse der Gesellschaft befriedigt, sie in ihren bestehenden Strukturen bestätigt, wirkt er von seiner Intention her durchaus affirmativ. Brecht dagegen sieht in Anbetracht von Nazidiktatur und infolge seiner marxistischen Sicht der ökonomischern Verhältnisse die Notwendigkeit zum kritischen Widerspruch und damit zum politischen Engagement des Dichters. Wie Goethe bezieht er zwar den eigentlichen dichterischen Impuls aus seiner Freude an der harmonischen Schönheit der Natur und fühlt sich nach wie vor dem ästhetischen Anspruch verpflichtet, kann diesem in einer Zeit äußerer und innerer Disharmonie aber nicht mehr mit traditionellen formalen Mustern wie dem Reim entsprechen. Er findet deshalb für sich mit reimlosen Gedichten in unregelmäßigen Rhythmen ein poetisches Ver-

ästhetische Autonomie vs. gesellschaftliche Wirkungsabsicht fahren, das sowohl seinem ästhetischen Anspruch als auch der gesellschaftlich-politischen Intention gerecht wird.

Ist die in Goethes *Musensohn* vertretene Auffassung von der Autonomie von Dichter und Dichtung dagegen völlig frei von einem gesellschaftlichen oder gar politischen Bezug? Aufschluss gibt der literarhistorische Kontext der Weimarer Klassik, deren auf Ausgleich und Harmonie gerichtetes ästhetisches Konzept sich in der auf Takt und Maß bedachten formalen Struktur, aber auch im Gehalt wiederfindet. Der Musensohn als Dichter oder Künstler im weitesten Sinn, der mit seiner Kunst seine Mitmenschen nicht nur erfreut, sondern auch tendenziell im Sinne einer Entwicklung zum Humanen hin verändert, entspricht durchaus der Programmatik, die Schiller und Goethe im sog. Klassischen Jahrzehnt entwickelt haben. Angesichts der Schreckensherrschaft der Französischen Revolution sieht Schiller in seinen Briefen *Über die ästhetische Erziehung des Menschen* in der Kunst das geeignete Instrument zur Erziehung des Individuums zu Mündigkeit und Humanität, die für ihn eine Voraussetzung zur Verbesserung der Staatsverfassung darstellt – also durchaus eine im weitesten Sinne politische Funktion. Wäre es völlig abwegig, diese „veredelnde" Wirkung auf das Publikum auch bei dem zum Tanz aufspielenden Musensohn angedeutet zu sehen, auch wenn sie im Gedicht nicht ausdrücklich angestrebt wird?

Wirkung der Dichtung auf die mentale Basis

Fachbegriffe

Allegorie: bildhafte Darstellung eines abstrakten Begriffs oder einer Idee, z. B. der Idee der Gerechtigkeit als Frau mit Schwert, verbundenen Augen und einer Waagschale in der Hand

Alliteration: gleicher Anlaut aufeinanderfolgender Wörter, z. B. *Komm Kühle, komm küsse den Kummer ...*

Assonanz: Gleichklang von Vokalen, im engeren Sinn vokalischer Halbreim: „Reimwörter" lauten nur in den Vokalen gleich, z. B. *Kies/siegt*

Asyndeton: (Adj. asyndetisch) unverbundene Aneinanderreihung von Wörtern, Satzgliedern oder kurzen Sätzen *... er kam, sah, siegte ...* (Gegensatz: Polysyndeton)

Denotat: (Adj. denotativ) lexikalische Bedeutung eines Wortes oder Aussageeinheit

Konnotat: (Adj. konnotativ) mit der wörtlichen (denotativen) Bedeutung bei einer größeren Adressatengruppe mitschwingende zusätzliche Bedeutung (im Unterschied zur individuell unterschiedlichen Assoziation)

Ellipse: (Adj. elliptisch) Verkürzung der Aussage (eines vollständigen Satzes) durch Auslassung eines aus dem Kontext heraus leicht ergänzbaren Redeteils

Enjambement: Zeilensprung. Das Satz- oder Teilsatzende fällt nicht mit dem Versende zusammen, sondern der Satz- oder Sinnzusammenhang wird über die Versgrenze hinweg fortgeführt:
dränge sie zur Vollendung hin und jage/ die letzte Süße in den schweren Wein.

Inversion: (Umkehrung) Umstellung der regelmäßigen Wortfolge im Satz (im engeren Sinn nur von Subjekt und Prädikat) zur (oft emphatischen) Hervorhebung bestimmter Wörter an ungewohnter Stelle

Kadenz: männliche K: der Vers endet mit einer betonten Silbe; weibliche K: der Vers endet mit einer unbetonten Silbe

Klimax: rhetorische Steigerungsfigur auf einen Höhepunkt hin, häufig in einem Dreischritt: *Heute back' ich, morgen brau' ich, übermorgen hol' ich der Königin ihr Kind.* (Gegensatz: Anti-Klimax)

Metaphorik: (1) allgemein: Bildersprache (2) Metapher (→ s. Merkkasten zu Formen bildhaften Sprechens, S. 39)

Metonymie: (Adj. metonymisch) Sonderform der Metapher. Für das eigentliche Wort wird ein anderes gesetzt, das in einer realen Beziehung zu dem ersetzten Wort steht, z. B. eine Person-Sache-Beziehung: *Wir lesen zur Zeit Goethe* oder *Berlin muss das Gesetz noch genehmigen.*

Motiv: (lyrisches Motiv) sprachliche Bilder, Gegenstände, Sachverhalte oder Situationen, die jeweils für sich (meist aufgrund einer langen lyrischen Tradition) thematisch bedeutsam werden, wie z. B. das Bild der *Rose* als Motiv auf das Thema „Liebe" verweist, oder typisch lyrische Motive wie *Einsamkeit*, *Abschied* oder *Fern-* bzw. *Heimweh* als typisch romantische Motive

Oxymoron: Unmittelbare Verbindung von sich gegenseitig ausschließenden Begriffen:
federleichtes Joch oder *schwarze Milch* oder *warmer Schnee*

Parallelismus: Wiederholung derselben Wortgruppenreihenfolge in aufeinanderfolgenden Sätzen oder Satzteilen:
Du gingst, ich stund … oder *Heute back ich, morgen brau ich …*
häufig in Verbindung mit Anapher:
Und Welle auf Welle zerrinnet, Und Stunde an Stunde entrinnet.

Pars pro toto: Ein Teil (einer Sache) steht für das Ganze: *ein Hundert-Seelen-Dorf; ein Dach über dem Kopf haben*

Personifikation: (rhetor. Figur) Darstellung von Abstrakta, von Kollektiva, von Naturerscheinungen oder von leblosen Dingen als handelnde menschliche Gestalten

Reim: Gleichklang von Wörtern vom letzten betonten Vokal ab
singen – klingen; Mut – Glut
Unterschieden wird u. a. nach **Reimformen**, hauptsächlich:
reiner Reim: *neige/Feige*
unreiner Reim: *neige/… Schmerzensreiche*
männlicher Reim: *starrt/hart*
weiblicher Reim: *starren/Karren*

und nach **Reimstellung**, vor allem die Endreime:
Paarreim: (aa)
*Denk ich an Deutschland in der Nacht,
Dann bin ich um den Schlaf gebracht*

Kreuzreim: (abab)
*Schläft ein Lied in allen Dingen,
Die da träumen fort und fort.
Und die Welt hebt an zu singen,
Triffst du nur das Zauberwort.*

umarmender Reim: (abba)
*Ein reiner Reim ist sehr begehrt,
doch den Gedanken rein zu haben,
die edelste von allen Gaben,
das ist mir alle Reime wert.*

Schweifreim: (aabccb)
*Durch Feld und Wald zu schweifen,
Mein Liedchen wegzupfeifen,
So geht's von Ort zu Ort!
Und nach dem Takte reget,
Und nach dem Maß bewegt
Sich alles an mir fort.*

Haufenreim: (aaaa)
*Augen, meine lieben Fensterlein,
Gebt mir schon so lange holden Schein,
Lasset freundlich Bild um Bild herein:
Einmal werdet ihr verdunkelt sein!*

und Binnenreim als Reim innerhalb eines Verses:
Sie blüht und glüht und leuchtet

Rhythmus: die sich oft abweichend vom metrischen Betonungsmuster ergebende Sprechbewegung. Sie ist u. a. abhängig von Betonungsakzenten, die sich beim Sprechen sinntragender Wörter ergeben, oder von Pausen. Man unterscheidet z. B. *fließenden, gestauten* oder *tänzerischen Rhythmus*

Semantik: hier: Bedeutung der sprachlichen Zeichen (Wörter und Wortfolgen)

Subjektion: rhetorisches Mittel: Sonderform der rhetorischen Frage. Der Sprecher stellt eine Frage und, indem er sie sofort selbst beantwortet, bindet er den Adressaten suggestiv in seine Argumentation ein: *Wer rettete vom Tode mich, / Von Sklaverei? / Hast du's nicht alles selbst vollendet, / Heilig glühend Herz?*

Symbol: → s. Merkkasten zu Formen bildhaften Sprechens (S. 39)

Synästhesie: Vermischung verschiedener Sinnesbereiche:
Ihr klingt des Himmels Bläue süßer noch

Tonbeugung: Abweichung vom restlichen Metrum; eine unbetonte Silbe bekommt auf Kosten einer zu betonenden den metrischen Akzent (Wolfgang Kayser):
Und ewig stumpfer Ton von stumpfem Sein
Eintönig kommt heraus in Stille matt.

Topos: (Pl. Topoi) „Gemeinplatz", z. B. der Topos der „bösen Stiefmutter"; fest gefügte Wendungen und formelhafte Bilder, die teilweise aus der antiken Literatur stammen und immer wieder verwendet werden, z. B. der „liebliche Ort", das „angenehme Plätzchen" (lat. *locus amoenus*) in der Natur

Vergleich: (→ s. Merkkasten zu Formen bildhaften Sprechens S. 39)

Zäsur: Einschnitt in der (rhythmischen oder syntaktischen) Bewegung eines Verses oder in der gedanklichen Bewegung einer Strophe oder eines Gedichts (oft durch eine Konjunktion des Gegensatzes markiert):
Itzt lacht das Glück uns an/bald donnern die Beschwerden.

Zeilenstil: (auch: Zeilenkomposition) Im Unterschied zum Enjambement kommen hier Versende, syntaktische und gedankliche Bewegung zur Deckung, jeder Vers bildet eine kleine gedankliche und sprachliche Einheit (auch: Zeilenkomposition).
Und tausend Fenster stehn die Nacht entlang
Und blinzeln mit den Lidern, rot und klein.

Literaturhinweise
(eine Auswahl aus der herangezogenen und weiterführenden Fachliteratur)

BLUME, BERNHARD: *Rilkes „Spätherbst in Venedig"*. In: Interpretationen 1. Deutsche Lyrik von Weckherlin bis Benn. Hrsg. von Jost Schillemeit. Frankfurt a. M. und Hamburg: Fischer Bücherei 1965, S. 277–290

FREUND, WINFRIED: *Abenteuer Barock. Kultur im Zeitalter der Entdeckungen.* Darmstadt: Wissenschaftliche Buchgesellschaft 2004

HOFFMANN, DIETER: *Arbeitsbuch deutschsprachige Lyrik seit 1945.* Tübingen und Basel: Francke 1998

KAISER, GERHARD: *Augenblicke deutscher Lyrik. Gedichte von Martin Luther bis Paul Celan.* Frankfurt a. M.: Insel Verlag 1987

KAISER, GERHARD: *Geschichte der deutschen Lyrik von Goethe bis zur Gegenwart.* Bd. II: Von Heine bis zur Gegenwart. Frankfurt a. M.: Insel Verlag 1996

KAISER, GERHARD: *Wozu noch Literatur? Über Dichtung und Leben.* München: Beck 1996

LAMPING, DIETER: *Das lyrische Gedicht. Definitionen zu Theorie und Geschichte der Gattung.* Göttingen: Vandenhoeck u. Ruprecht 1989

LINK, JÜRGEN: *Das lyrische Gedicht als Paradigma des überstrukturierten Textes.* In: Helmut Brackert u. Eberhard Lämmert (Hrsg.): Funkkolleg Literatur. Studienbegleitbrief 4, Weinheim u. Basel: Beltz Verlag 1976

LOTMANN, JURIJ M.: *Die Struktur des künstlerischen Textes.* Frankfurt am Main: Suhrkamp 1973

MEID, VOLKER u. a. (Hrsg.): *Gedichte und Interpretationen.* 7 Bd. Stuttgart: Reclam 1982/1984

SCHWEIKLE, GÜNTER u. IRMGARD (Hrsg.): *Metzler-Literatur-Lexikon. Stichwörter zur Weltliteratur.* Stuttgart: Metzler 1984

SELBMANN, ROLF: *Dichterberuf. Zum Selbstverständnis des Schriftstellers von der Aufklärung bis zur Gegenwart.* Darmstadt: Wissenschaftliche Buchgesellschaft 1994

WILPERT, GERO VON: *Sachwörterbuch der Literatur.* Stuttgart: Alfred Kröner Verlag ²1959

Bildquellenverzeichnis

Umschlag: © ullstein bild – Granger Collection
Seite 1: www.visipix.com
Seite 6: www.visipix.com
Seite 10: www.visipix.com
Seite 17: www.visipix.com
Seite 19: © Gordan / Dreamstime.com
Seite 23: www.visipix.com
Seite 24: www.visipix.com
Seite 31: © Hans-Georg Schede
Seite 32: © bpk
Seite 34: © bpk / RMN / Michèle Bellot
Seite 35: © ullstein bild – Granger Collection
Seite 38: © www.visipix.com
Seite 40: © ullstein bild – Granger Collection
Seite 42: © picture-alliance / akg-images
Seite 44: www.visipix.com
Seite 47: www.visipix.com
Seite 49: © Emmanuell Ulloa/www.sxc.hu
Seite 56: © DLA / Marbach
Seite 57: www.wikimedia.com
Seite 59: © DLA / Marbach
Seite 63: © Cinetext
Seite 64: © ullstein bild – histopics
Seite 66: © bpk
Seite 71: Foto: bpk / Kunstbibliothek, SMB / Knud Petersen, Urheberrechte © VG Bild-Kunst, Bonn 2009
Seite 73: Foto: bpk / SBB / Dietmar Katz, Urheberrechte © VG Bild-Kunst, Bonn 2009
Seite 75: Foto: bpk / Kupferstichkabinett, SMB / Jörg P. Anders, Urheberrechte © VG Bild-Kunst, Bonn 2009
Seite 77: picture-alliance / HB-Verlag
Seite 81: © www.visipix.com
Seite 87 links: www.visipix.com; rechts: Deutsches Bundesarchiv (German Federal Archive), Bild 183-W0409-300 / Foto: Kolbe
Seite 91 links: ullstein bild – Jost; rechts: bpk / Nationalgalerie, SMB / Andres Kilger

Ihre Meinung ist uns wichtig!

Ihre Anregungen sind uns immer willkommen. Bitte informieren Sie uns mit diesem Schein über Ihre Verbesserungsvorschläge!

Titel-Nr.	Seite	Vorschlag

Die echten Hilfen zum Lernen ... **STARK**

19-V1T_GW

Bitte ausfüllen und im frankierten Umschlag an uns einsenden. Für Fensterkuverts geeignet.

**STARK Verlag
Postfach 1852
85318 Freising**

Zutreffendes bitte ankreuzen!
Die Absenderin/der Absender ist:

- ☐ Lehrer/in in den Klassenstufen:
- ☐ Fachbetreuer/in
- ☐ Fächer:
- ☐ Seminarlehrer/in
- ☐ Fächer:
- ☐ Regierungsfachberater/in
- ☐ Fächer:
- ☐ Oberstufenbetreuer/in

- ☐ Schulleiter/in
- ☐ Referendar/in, Termin 2. Staatsexamen:
- ☐ Leiter/in Lehrerbibliothek
- ☐ Leiter/in Schülerbibliothek
- ☐ Sekretariat
- ☐ Eltern
- ☐ Schüler/in, Klasse:
- ☐ Sonstiges:

Unterrichtsfächer: (Bei Lehrkräften)

Absender (Bitte in Druckbuchstaben!)

Kennen Sie Ihre Kundennummer?
Bitte hier eintragen.

Name/Vorname

Straße/Nr.

PLZ/Ort/Ortsteil

Telefon privat   Geburtsjahr

E-Mail

Schule/Schulstempel (Bitte immer angeben!)

Bitte hier abtrennen

Sicher durch das Abitur!

Effektive Abitur-Vorbereitung für Schülerinnen und Schüler:
Klare Fakten, systematische Methoden, prägnante Beispiele sowie Übungsaufgaben auf Abiturniveau mit erklärenden Lösungen zur Selbstkontrolle.

Deutsch

Dramen analysieren und interpretieren	Best.-Nr. 944092
Erörtern und Sachtexte analysieren	Best.-Nr. 944094
Gedichte analysieren und interpretieren	Best.-Nr. 944091
Epische Texte analysieren und interpretieren	Best.-Nr. 944093
Abitur-Wissen Erörtern u. Sachtexte analysieren	Best.-Nr. 944064
Abitur-Wissen Textinterpretation Lyrik, Drama, Epik	Best.-Nr. 944061
Abitur-Wissen Deutsche Literaturgeschichte	Best.-Nr. 94405
Abitur-Wissen Prüfungswissen Oberstufe	Best.-Nr. 94400
Kompakt-Wissen Rechtschreibung	Best.-Nr. 944065

Englisch

Übersetzung	Best.-Nr. 82454
Grammatikübung	Best.-Nr. 82452
Themenwortschatz	Best.-Nr. 82451
Grundlagen, Arbeitstechniken, Methoden mit CD	Best.-Nr. 944601
Sprachmittlung	Best.-Nr. 94469
Sprechfertigkeit mit CD	Best.-Nr. 94467
Klausuren Englisch Oberstufe (G8)	Best.-Nr. 905113
Abitur-Wissen Landeskunde Großbritannien	Best.-Nr. 94461
Abitur-Wissen Landeskunde USA	Best.-Nr. 94463
Abitur-Wissen Englische Literaturgeschichte	Best.-Nr. 94465
Kompakt-Wissen Abitur Themenwortschatz	Best.-Nr. 90462
Kompakt-Wissen Abitur Landeskunde/Literatur	Best.-Nr. 90463
Kompakt-Wissen Abitur Landeskunde/Literatur – NRW	Best.-Nr. 50463
Kompakt-Wissen Kurzgrammatik	Best.-Nr. 90461
Kompakt-Wissen Grundwortschatz	Best.-Nr. 90464

Sprachenzertifikat

Sprachenzertifikat Englisch Niveau A 2 mit Audio-CD	Best-Nr. 105552
Sprachenzertifikat Englisch Niveau B 1 mit Autio-CD	Best.-Nr. 105550

Französisch

Landeskunde Frankreich	Best.-Nr. 94501
Themenwortschatz	Best.-Nr. 94503
Literatur	Best.-Nr. 94502
Textarbeit Oberstufe	Best.-Nr. 94504
Sprachmittlung · Übersetzung	Best.-Nr. 94512
Abitur-Wissen Französische Literaturgeschichte	Best.-Nr. 94506
Kompakt-Wissen Abitur Themenwortschatz	Best.-Nr. 945010
Kompakt-Wissen Kurzgrammatik	Best.-Nr. 945011

Latein

Abitur-Wissen Lateinische Literaturgeschichte	Best.-Nr. 94602
Abitur-Wissen Prüfungswissen Latinum	Best.-Nr. 94608
Kompakt-Wissen Kurzgrammatik	Best.-Nr. 906011

Erdkunde

Geographie – Abitur 2010 Baden-Württemberg	Best.-Nr. 84903
Geographie 11. Klasse – Bayern (G8)	Best.-Nr. 94911
Erdkunde – Atmosphäre · Relief- und Hydrosphäre · Wirtschaftsprozesse und -strukturen · Verstädterung	Best.-Nr. 94909
Abitur-Wissen GUS-Staaten/Russland	Best.-Nr. 94908
Abitur-Wissen Entwicklungsländer	Best.-Nr. 94902
Abitur-Wissen Die USA	Best.-Nr. 94903
Abitur-Wissen Europa	Best.-Nr. 94905
Abitur-Wissen Der asiatisch-pazifische Raum	Best.-Nr. 94906
Kompakt-Wissen Abitur Erdkunde Allgemeine Geografie · Regionale Geografie	Best.-Nr. 949010
Lexikon Erdkunde	Best.-Nr. 94904

(Bitte blättern Sie um)

Geschichte

Geschichte 1 – Baden-Württemberg –
Die Entwicklung der politischen Kultur im Kaiserreich und in der
Weimarer Republik · Die Zerstörung der Demokratie durch den
Nationalsozialismus... Best.-Nr. 84761
Geschichte 2 – Baden-Württemberg
Deutschland seit 1945 · Die bipolare Welt........... Best.-Nr. 84762
Geschichte 1 – Bayern
Vom 19. Jahrhundert bis zum Ende des
Nationalsozialismus .... Best.-Nr. 94781
Geschichte 2 – Bayern
Deutschland seit 1945 · Europäische Einigung
Weltpolitik der Gegenwart .... Best.-Nr. 94782
Geschichte 1 – NRW
Vom 19. Jahrhundert bis zum Ende des
Nationalsozialismus... Best.-Nr. 54761
Geschichte 2 – NRW
Deutschland und Europa
nach dem Zweiten Weltkrieg .... Best.-Nr. 54762
Geschichte 1 – Deutschland vom 19. Jahrhundert bis zum
Ende des Nationalsozialismus .... Best.-Nr. 84763
Geschichte 2 – Deutschland seit 1945 · Europäische Einigung
Weltpolitik der Gegenwart .... Best.-Nr. 84764
Methoden Geschichte .... Best.-Nr. 94789
Abitur-Wissen Die Antike .... Best.-Nr. 94783
Abitur-Wissen Das Mittelalter .... Best.-Nr. 94788
Abitur-Wissen Die Französische Revolution .... Best.-Nr. 947810
Abitur-Wissen Die Ära Bismarck: Entstehung und
Entwicklung des deutschen Nationalstaats .... Best.-Nr. 94784
Abitur-Wissen Imperialismus und Erster Weltkrieg Best.-Nr. 94785
Abitur-Wissen Die Weimarer Republik .... Best.-Nr. 47815
Abitur-Wissen
Nationalsozialismus und Zweiter Weltkrieg .... Best.-Nr. 94786
Abitur-Wissen
Deutschland von 1945 bis zur Gegenwart .... Best.-Nr. 947811
Kompakt-Wissen Abitur Geschichte Oberstufe .... Best.-Nr. 947601
Lexikon Geschichte .... Best.-Nr. 94787

Kunst

Abitur-Wissen Malerei, Plastik, Architektur (G8) . Best.-Nr. 949618
Abitur-Wissen Malerei (G9) .... Best.-Nr. 94961
Abitur-Wissen Analyse und Interpretation (G9) .. Best.-Nr. 94962

Wirtschaft/Recht

Wirtschaft – Markt und Preise,
Die Zukunft der Sozialen Marktwirtschaft .... Best.-Nr. 84851
Betriebswirtschaft .... Best.-Nr. 84851
Abitur-Wissen Volkswirtschaft .... Best.-Nr. 94881
Abitur-Wissen Rechtslehre .... Best.-Nr. 94882
Kompakt-Wissen Abitur Volkswirtschaft .... Best.-Nr. 948501

Politik

Abitur-Wissen Internationale Beziehungen .... Best.-Nr. 94802
Abitur-Wissen Demokratie .... Best.-Nr. 94803
Abitur-Wissen Sozialpolitik .... Best.-Nr. 94804
Abitur-Wissen Die Europäische Einigung .... Best.-Nr. 94805
Abitur-Wissen Politische Theorie .... Best.-Nr. 94806
Kompakt-Wissen Abitur Politik/Sozialkunde ...... Best.-Nr. 948001
Lexikon Politik/Sozialkunde .... Best.-Nr. 94801

Ethik

Ethische Positionen in historischer Entwicklung ... Best.-Nr. 94951
Abitur-Wissen Philosophische Ethik .... Best.-Nr. 94952
Abitur-Wissen Glück und Sinnerfüllung .... Best.-Nr. 94953
Abitur-Wissen Freiheit und Determination .... Best.-Nr. 94954
Abitur-Wissen Recht und Gerechtigkeit .... Best.-Nr. 94955
Abitur-Wissen Religion und Weltanschauungen .. Best.-Nr. 94956
Abitur-Wissen Politische Ethik .... Best.-Nr. 94958

Religion

Katholische Religion 1 – gk .... Best.-Nr. 84991
Katholische Religion 2 – gk .... Best.-Nr. 84992
Abitur-Wissen GK ev. Religion
Der Mensch zwischen Gott und Welt .... Best.-Nr. 94973
Abitur-Wissen GK ev. Religion
Die Verantwortung des Christen in der Welt .... Best.-Nr. 94974
Abitur-Wissen Glaube und Naturwissenschaft .... Best.-Nr. 94977
Abitur-Wissen Jesus Christus .... Best.-Nr. 94978
Abitur-Wissen Die Frage nach dem Menschen .... Best.-Nr. 94990
Abitur-Wissen Die Bibel .... Best.-Nr. 94992
Abitur-Wissen Christliche Ethik .... Best.-Nr. 94993

Erziehungswissenschaft

Erziehungswissenschaft NRW GK/LK .... Best.-Nr. 54941
Erziehungswissenschaft .... Best.-Nr. 94941

Pädagogik/Psychologie

Grundwissen Pädagogik .... Best.-Nr. 92480
Grundwissen Psychologie .... Best.-Nr. 92481

Sport

Bewegungslehre · Sportpsychologie .... Best.-Nr. 94981
Trainingslehre .... Best.-Nr. 94982

Bestellungen bitte direkt an:
STARK Verlagsgesellschaft mbH & Co. KG · Postfach 1852 · 85318 Freising
Tel. 0180 3 179000* · Fax 0180 3 179001* · www.stark-verlag.de · info@stark-verlag.de
* 9 Cent pro Min. aus dem deutschen Festnetz